事业单位会计制度讲解

（第二版）

事业单位会计制度研究组 编写

东北财经大学出版社
Dongbei University of Finance & Economics Press
大 连

图书在版编目（CIP）数据

事业单位会计制度讲解 / 事业单位会计制度研究组编写. —2版. —大连：东北财经大学出版社，2016.8（2017.8重印）
ISBN 978-7-5654-2432-8

Ⅰ.事… Ⅱ.事… Ⅲ.单位预算会计-会计制度-中国 Ⅳ.F810.6

中国版本图书馆CIP数据核字（2016）第187757号

东北财经大学出版社出版
(大连市黑石礁尖山街217号 邮政编码 116025)
网 址：http：//www.dufep.cn
读者信箱：dufep@dufe.edu.cn
大连图腾彩色印刷有限公司印刷 东北财经大学出版社发行
幅面尺寸：170mm×240mm 字数：369千字 印张：18.75 插页：1
2016年8月第2版 2017年8月第10次印刷
责任编辑：李智慧 责任校对：王 娟
封面设计：张智波 版式设计：钟福建
定价：39.00元

教学支持 售后服务 联系电话：（0411）84710309

如有印装质量问题，请联系营销部：（0411）84710711

第二版前言

为了帮助事业单位会计从业人员准确理解《事业单位会计准则》和《事业单位会计制度》的内容，我们组织了一批长期从事政府会计实务、教学及培训工作的专家、学者，成立了事业单位会计制度研究组，组织编写了《事业单位会计制度讲解》一书。2015年末，财政部颁布了《政府会计准则——基本准则》《政府财务报告编制办法（试行）》等一系列文件，对事业单位会计核算产生了重大的影响，事业单位会计改革进入了新的阶段。结合事业单位会计改革的最新进展，研究组对本书的内容进行了及时的修订。

本研究组成员各尽所能，充分发挥其在事业单位会计学术界或实务界之所长，对事业单位会计理论和实务问题进行了深入、全面的探讨。在透彻理解《政府会计准则——基本准则》《事业单位会计准则》《事业单位会计制度》的基础上，以实用性和可操作性为目标，经过充分酝酿，研究组重新设计了本书的编写框架。在介绍事业单位会计基本理论与方法的基础上，本书全面阐述了事业单位会计核算的业务流程及财务报告的编制方法。在第一版的基础上，按照政府会计准则和政府综合财务报告制度的要求，本书第二版对第一章、第七章和第八章的内容作了较大的修改，同时对其他章节的部分内容进行了相应的更新。

本书第二版的特点主要包括：

1. 深入贯彻《政府会计准则——基本准则》，全面讲解事业单位权责发生制政府部门财务报告的编制方法，体现最新的法律法规及会计准则、制度的要求，与事业单位会计改革的进程保持一致。

2. 以事业单位会计核算为核心内容，全面讲解《事业单位会计制度》的内容与具体操作方法，简要介绍《医院会计制度》《高等学校会计制度》《科学事业单位会计制度》《中小学校会计制度》等行业事业单位会计制度的特点，内容体系更加系统、完整。

3. 在讲解事业单位会计制度的同时，介绍了《事业单位财务规则》《行政事业单位内部控制规范（试行）》的主要内容，将事业单位的会计核算与预算管理、财务管理和内部控制有机结合。

4. 力求理论密切联系实际，较为详细地讲解事业单位会计的主要账务处理过程，并配有大量例题或实例，设置“小资料”栏目，旨在增强本书的实用性，提高会计人员的实际操作能力。为满足事业单位会计人员学习与培训的需要，本书配有教学课件等资源。

本书共分八章。第一章为事业单位会计准则与制度，介绍事业单位会计的概念框架及政府会计准则、事业单位会计准则、事业单位会计制度的基本内容；第二章至第六章为事业单位会计核算实务，按照收入、支出、资产、负债和净资产的顺序讲解各会计要素的确认、计量、记录方法与账务处理流程；第七章为事业单位的财务报告，讲解事业单位财务报告的构成、编制与分析方法；第八章为行业事业单位会计制度，讲解医院、高等学校、科学事业单位、中小学校等行业事业单位会计的特点和主要核算方法。

本书由事业单位会计制度研究组成员何东平、常丽和魏红元编写。具体分工如下：第一章至第六章由何东平编写，第七章由常丽与何东平共同编写，第八章由魏红元编写。本书的编写参考并引用了财政部颁布的《政府会计准则——基本准则》《事业单位会计准则》《事业单位会计制度》等文件和相关解读，本书的出版得到了东北财经大学出版社编辑的支持与协助，在此一并表示感谢！

本书可以用于事业单位会计人员会计准则、会计制度和部门财务报告制度的培训，也可作为事业单位会计人员后续学习、提高的教材，还可以作为高等学校会计学专业教学的参考材料。

事业单位会计处于改革阶段，《政府会计准则——基本准则》将于2017年1月1日起施行，与其配套的具体准则、应用指南等尚未完全发布，政府会计制度也面临修订，本书的内容还需要后续的充实与完善。由于时间仓促，加之水平所限，作者对会计制度的理解可能存在偏差，书中不妥乃至错误之处在所难免，敬请同仁和广大读者不吝指正。

事业单位会计制度研究组

2016年7月

目　录

第一章 事业单位会计准则与制度

第一节 事业单位会计概述

学习事业单位会计，领会《事业单位会计制度》的内容和精髓，需要了解事业单位的基本情况，理解事业单位会计的含义和特点，明确事业单位财务管理和内部控制的相关规定。本节主要介绍事业单位的范围界定，阐述事业单位会计的含义、分类与规范体系，熟悉事业单位财务管理和内部控制的对事业单位会计的要求。

一、事业单位的界定与分类

（一）事业单位的界定

事业单位是国家为了社会公益目的，由国家机关举办或者其他组织利用国有资产举办的，从事教育、科技、文化、卫生等活动的社会服务组织。事业单位有两个属性，一是具有国有性质，二是具有社会公益性质。首先，事业单位具有国有性质，事业单位必须是国家出资设立的或者由社会其他组织利用国有资产举办的。社会其他组织和个人利用非国有资产举办的公益性组织不属于事业单位。其次，事业单位具有社会公益性质，以社会公益活动为目的。事业单位是提供各种社会服务的公益性组织，不以盈利为目的，注重社会效益，满足人们对物质文化生活的需要。

事业单位实行登记管理制度。根据《事业单位登记管理暂行条例》的规定，事业单位经县级以上各级人民政府及有关主管部门批准成立后，应当依照规定登记或者备案。事业单位的活动领域较为广泛，主要集中在教育、科研、文化、卫生、体育、新闻出版、广播电视、社会福利、救助减灾、统计调查、技术推广与实验、公用设施管理、物资仓储、监测、勘探与勘察、测绘、检验检测与鉴定、法律服务、资源管理事务、质量技术监督事务、经济监督事务、知识产权事务、公证与认证、信息与咨询、人才交流、就业服务、机关后勤服务等。

（二）事业单位的分类

我国事业单位管理体制正处于改革与完善中。根据事业单位分类及相关改革的方案，现有事业单位按社会功能可以划分为行政支持类、社会公益类、经营开发服务类三种类型。

（1）行政支持类事业单位。行政支持类事业单位是指依据法律、法规授权，完全从事具体行政执法、监督检查的事业单位。行政支持类事业单位是为政府行政行为执行提供必要的支持和保障的单位，此类事业单位只允许政府举办，经费来源完全靠政府财政拨款，其管理体制和运行机制可适当参照国家机关，主要包括政策研究机构、数据统计机构等。

（2）社会公益类事业单位。社会公益类事业单位是指为实现社会公共利益和国家长远利益举办的、面向社会提供公益产品和公共服务的事业单位。根据职责任务、服务对象和资源配置方式等情况，将从事公益服务的事业单位细分为两类：承担义务教育、基础性科研、公共文化、公共卫生及基层的基本医疗服务等基本公益服务，不能或不宜由市场配置资源的，划入公益一类；承担高等教育、非营利医疗等公益服务，可部分由市场配置资源的，划入公益二类。

（3）经营开发服务类事业单位。经营开发服务类事业单位是指从事生产经营、技术开发和中介服务等活动的事业单位，可以通过市场配置资源，如技术开发应用型科研机构、出版发行机构、工程勘察设计机构、培训中心后勤服务机构等。这类事业单位需要逐步向企业过渡。

根据国务院关于分类推进事业单位改革的指导意见的要求，对承担行政职能的事业单位，逐步将其行政职能划归行政机构或转为行政机构；对从事生产经营活动的事业单位，逐步将其转为企业；对从事公益服务的，继续将其保留在事业单位序列，强化其公益属性。今后，不再批准设立承担行政职能的事业单位和从事生产经营活动的事业单位。

（三）事业单位的预算体系

事业单位预算是指事业单位根据事业发展目标和计划编制的年度财务收支计划。事业单位预算由收入预算和支出预算组成。国家对事业单位实行核定收支、定额或者定项补助、超支不补、结转和结余按规定使用的预算管理办法。

我国的财政预算体系包括中央预算和地方预算，各级预算由财政总预算和部门（或单位）预算组成。事业单位的预算属于部门预算，隶属于不同级次的财政总预算。每一个事业单位均有一个上级主管单位，同当级财政部门存在经费报领关系。我国的事业单位一般均隶属于相应的行政单位，是所属行政单位的二级预算单位。如果事业单位隶属于中央行政单位，由中央财政拨付经费，则该事业单位为中央事业单位；如果事业单位隶属于地方政府行政单位，由省（自治区、直辖市）、市（自治州）、县（不设区的市、市辖区）和乡（镇）财政拨付经费，则该事业单位为地方事业单位。

小资料1-1

按照预算管理权限，行政事业单位预算管理分为下列级次：向同级财政部门申报预算的单位，为一级预算单位；向上一级预算单位申报预算并有下级预算单位的单位，为二级预算单位；向上一级预算单位申报预算，且没有下级预算单位的单位，为基层预算单位。一级预算单位有下级预算单位的，为主管预算单位。各级预算单位应当按照预算管理级次申报预算，并按照批准的预算组织实施，定期将预算执行情况向上一级预算单位或者同级财政部门报告。

二、事业单位会计的含义与规范体系

（一）事业单位会计的含义

事业单位会计是以事业单位实际发生的各项业务活动为对象，记录、反映和监督事业单位财务状况、事业成果、预算执行情况及结果的专业会计。我国的政府会计体系包括财政总预算会计、行政单位会计和事业单位会计，因此事业单位会计是我国政府会计的重要组成部分。在政府会计体系中，事业单位会计属于政府单位会计，以部门预算资金为会计核算对象，向会计信息使用者提供有用的会计信息，为预算管理以及单位的经济与财务管理服务。

事业单位是向社会提供公益性服务的组织，各项业务活动不以盈利为目的，其经费主要来源于财政补助和服务收费。财政补助是财政部门拨给事业单位的预算资金，体现国家对公益事业发展的支持。服务收费是事业单位开展各项服务活动所取得的有偿收入，用以弥补事业经费的不足，以便更好地从事社会公益事业活动。事业单位会计需要反映财政预算资金的运用情况，以及单位的业务资金运用情况，合理组织收入，严格控制经费支出，认真进行会计监督，做好日常会计核算工作。

（二）事业单位会计的分类

按照事业单位从事的专业业务是否具有行业特征，事业单位会计分为普通事业单位会计和行业事业单位会计。

（1）普通事业单位是不具有行业特点的事业单位。普通事业单位的公益性较强，不能或不宜由市场配置资源，以财政补助为主要收入来源。普通事业单位包括行政支持类事业单位、公益一类事业单位和其他没有行业特征的事业单位。普通事业单位会计执行统一的会计制度，侧重为预算管理服务，兼顾事业单位财务管理的需要。

（2）行业事业单位是具有行业特点的事业单位。事业单位分布在不同的领域，有些事业单位的行业特征显著，有着不同于普通事业单位的业务活动；有些事业单位需要通过市场配置资源，主要通过专业业务活动获取收入。行业事业单位主要包括医院、科学事业单位、高等学校、中小学校、彩票机构等。行业事业单位会计执行特定的行业会计制度，在满足预算管理要求的前提下，侧重反映单位的业务活动情况和事业成果，提供有助于经济决策的会计信息。

（三）事业单位会计的规范体系

事业单位的会计规范体系包括法律、行政规章和会计准则与制度三个层次。在会计准则与制度层面上，事业单位会计的规范包括会计准则和会计制度。其中，会计准则包括《政府会计准则——基本准则》和《事业单位会计准则》，会计制度包括《事业单位会计制度》和各行业事业单位会计制度。

1.《政府会计准则——基本准则》

为了规范政府的会计核算，保证会计信息质量，加快推进政府会计改革，构建统一、科学、规范的政府会计标准体系，建立权责发生制政府综合财务报告制度，财政部于2015年10月颁布了《政府会计准则——基本准则》，自2017年1月1日起施行。《政府会计准则——基本准则》建立了统一的政府会计的概念基础和框架，是政府会计核算的统一标准。事业单位会计是政府会计的组成部分，其会计核算应当遵循政府会计基本准则。政府会计准则体系包括基本准则、具体准则和应用指南，具体准则和应用指南目前正在制定或征求意见中。

2.《事业单位会计准则》

为规范事业单位的会计核算，提高事业单位会计信息质量，财政部于2012年12月颁布了《事业单位会计准则》，自2013年1月1日起施行。事业单位会计准则为事业单位会计体系建立了统一的概念基础和框架，其内容包括财务报告目标、会计基本假设、会计信息质量要求、会计要素的确认与计量原则、财务报告编制要求等在内的基本问题，是制定事业单位会计制度、行业事业单位会计制度的基础和依据，对事业单位会计制度体系的制定发挥统驭作用。

3.《事业单位会计制度》

为规范事业单位的具体的会计核算行为，根据《事业单位会计准则》，财政部于2012年12月颁布了《事业单位会计制度》，自2013年1月1日起施行。事业单位会计制度是事业单位会计要素的确认、计量、记录与报告的操作性规范，其内容主要包括制度的适用范围、会计事项确认与计量的具体方法、会计科目设置及使用说明、会计报表格式及编制说明等。

4.行业事业单位会计制度

我国的事业单位分布在不同的领域，有些行业的事业单位的业务特点显著，有独特的会计核算要求，需要在《事业单位会计准则》的基础上单独制定相关的行业事业单位会计制度。目前已经颁布的行业事业单位会计制度主要有《医院会计制度》《高等学校会计制度》《科学事业单位会计制度》《中小学校会计制度》《彩票机构会计制度》等。其他行业事业单位会计制度正在制定之中。

三、事业单位会计核算的组织

（一）会计机构与人员

会计工作的组织，是为实现会计工作目标，完成日常会计核算工作，而对会计机构设置、会计岗位设置、会计人员配备以及会计管理制度、财务管理制度、内部控制制度的制定的具体安排。正确、科学、合理地组织会计工作，对于全面完成事业单位的会计任务，充分发挥会计在预算管理与经济管理工作中的作用具有重要意义。

事业单位应当根据《中华人民共和国会计法》《会计基础工作规范》的规定及会计业务的需要，设置会计机构和配备会计人员。事业单位一般设立专门的会计机构，负责组织、领导和从事会计工作。事业单位应当根据会计业务需要设置会计工作岗位，配备会计人员。工作岗位主要包括会计机构负责人、会计主管人员、出纳人员、收入支出核算、财产物资核算、资金往来结算、总账报表等。从事会计工作的人员，必须取得会计从业资格证书，具备必要的专业知识和专业技能，熟悉国家的相关法律、法规和会计制度，遵守会计职业道德。会计机构负责人应当具有会计专业技术资格，熟悉国家财经法律、法规、规章和方针、政策，掌握事业单位业务管理的有关知识，并具有较强的组织能力。事业单位应当制定完善的内部会计管理制度、财务管理制度和内部控制制度，规范会计工作。实行会计信息化的事业单位，应当遵循财政部制定的相关会计信息化工作规范。

（二）会计组织体系

按照预算管理级次，事业单位分为一级预算单位、二级预算单位和基层预算单位，其会计组织体系也相应分为一级预算单位会计、二级预算单位会计和基层预算单位会计。一级预算单位、二级预算单位和基层预算单位实行独立会计核算，负责组织管理本部门、本单位的全部会计工作。不具备独立核算条件的事业单位，实行单据报账制度，作为“报销单位”管理。

（三）会计核算中心

事业单位实行国库集中收付制度改革后，经费拨付方式产生了根本性的变化。在国库集中收付制度下，事业单位存在着“集中收支，分散核算”和“集中收支，集中核算”两种会计核算方法。在“集中收支，分散核算”的模式下，尽管资金由财政部门统一直接支付，但单位依然需要保留会计核算部门，按正常的业务进行会计核算，编制会计报表，这一模式适用于一些规模较大的事业单位。在“集中收支，集中核算”的模式下，资金由财政部门统一集中支付，单位不再保留会计核算部门，由财政部门或上级单位设立的“会计核算中心”统一核算，各单位只设“报账员”，这一模式适用于一些数量较多但规模较小的事业单位。

许多地区的事业单位设立了会计核算中心，采用了“会计集中核算”的模式。会计集中核算是指在财政部门或上级单位成立会计核算中心，在资金所有权、使用权、财务自主权不变的前提下，取消所属各事业单位的会计机构以及会计岗位，以会计核算中心为单位，集中办理会计核算事项，实行统一的会计监督。会计核算中心按“单一账户，集中支付，统一核算”的管理办法，对事业单位的财务收支集中进行核算，实行单位报账的会计管理制度，加强了财政监督和会计监督，从而改变了分单位、分部门、按级次逐级开户的现状，提高了财政资金的使用效益。

四、事业单位的财务管理

（一）事业单位财务管理的规范

事业单位财务管理的规范包括事业单位财务规则和行业事业单位财务制度。为了进一步规范事业单位的财务行为，加强事业单位财务管理和监督，提高资金使用效益，保障事业单位健康发展，财政部于2012年2月颁布了《事业单位财务规则》（财政部令第68号），自2012年4月1日起施行。《事业单位财务规则》是事业单位财务制度体系中的基本制度，是制定行业事业单位财务制度及事业单位内部财务管理办法的依据。在此基础上，针对医疗卫生、高等教育、科学研究、文化体育等行业财务管理的特殊性，财政部颁布了一系列行业财务管理制度，规范行业事业单位的财务行为。

（二）事业单位财务管理的原则与任务

《事业单位财务规则》规范了事业单位的财务行为，明确了事业单位财务管理的目标、基本原则和主要任务。事业单位财务管理的基本原则是：执行国家有关法律、法规和财务规章制度；坚持勤俭办事业的方针；正确处理事业发展需要和资金供给的关系，社会效益和经济效益的关系，国家、单位和个人三者的利益关系。

事业单位财务管理的主要任务是：合理编制单位预算，严格预算执行，完整、准确编制单位决算，真实反映单位财务状况；依法组织收入，努力节约支出；建立健全财务制度，加强经济核算，实施绩效评价，提高资金使用效益；加强资产管理，合理配置和有效利用资产，防止资产流失；加强对单位经济活动的财务控制和监督，防范财务风险。

（三）事业单位财务管理的内容

事业单位财务管理的主要内容包括单位预算管理、收入管理、支出（成本费用）管理、结转和结余管理、专用基金管理、资产管理、负债管理、财务清算、财务报告和财务分析、财务监督等。

事业单位会计是为管理服务的，应当满足预算管理、财务管理对会计信息的要求。《事业单位财务规则》在强化事业单位预算管理以及进一步规范事业单位收入、支出、结转结余、资产、负债管理等方面提出了若干新的要求，需要通过加强日常会计核算与管理落实新的财务管理要求。新的《事业单位会计制度》与《事业单位财务规则》在适用范围、会计核算基础定位、收入支出科目分类、资产负债确认与计量等方面保持了基本一致，二者的协调统一有利于发挥会计基础性作用，在兼顾财务管理需求的同时体现财政预算管理的信息需求。

小资料1-2

《事业单位财务规则》是事业单位财务管理的基本规范，适用于各级各类事业单位的财务活动。为适应事业单位分类改革的需要，规范特定行业事业单位的财务行为，财政部颁布了一系列行业事业单位财务管理制度，主要包括《医院财务制度》《高等学校财务制度》《中小学校财务制度》《科学事业单位财务制度》《文化事业单位财务制度》《文物事业单位财务制度》《体育事业单位财务制度》《人口和计划生育事业单位财务制度》等。根据财政部《权责发生制政府综合财务报告制度改革方案》的要求，事业单位的财务制度将要进行修订。

五、事业单位的内部控制

（一）事业单位内部控制的规范

为了提高事业单位内部管理水平，规范内部控制，加强风险防控机制建设，财政部于2012年12月颁布了《行政事业单位内部控制规范（试行）》，于2014年1月1日起施行。事业单位经济活动的内部控制，应当遵循《行政事业单位内部控制规范（试行）》的要求。

《行政事业单位内部控制规范（试行）》充分考虑了现阶段我国事业单位经济活动的内在特点和相互之间的关系，将内部控制的基本原理与我国事业单位的实际情况相结合，瞄准内部管理中的薄弱环节，重点强化机制建设，将制衡机制嵌入到内部管理制度中，提高内部管理制度的执行力，在事业单位建立具有中国特色的内部控制体系。

为加强行政事业单位的内部控制建设，财政部于2015年12月颁布了《关于全面推进行政事业单位内部控制建设的指导意见》。该意见的指导思想是：规范行政事业单位内部经济和业务活动，强化对内部权力运行的制约，防止内部权力滥用，建立健全科学高效的制约和监督体系，促进单位公共服务效能和内部治理水平不断提高，为实现国家治理体系和治理能力现代化奠定坚实基础、提供有力支撑。行政事业单位内部控制建设的主要任务是：健全内部控制体系，强化内部流程控制；加强内部权力制衡，规范内部权力运行；建立内控报告制度，促进内控信息公开；加强监督检查工作，加大考评问责力度。

（二）事业单位内部控制的目标

事业单位内部控制是指事业单位为实现控制目标，通过制定制度、实施措施和执行程序，对经济活动的风险进行防范和管控。事业单位内部控制的目标主要包括：合理保证单位经济活动合法合规、资产安全和使用有效、财务信息真实完整，有效防范舞弊和预防腐败，提高公共服务的效率和效果。

事业单位应当根据《行政事业单位内部控制规范（试行）》建立适合本单位实际情况的内部控制体系，并组织实施。具体工作包括梳理单位各类经济活动的业务流程，明确业务环节，系统分析经济活动风险，确定风险点，选择风险应对策略，在此基础上根据国家有关规定建立健全单位各项内部管理制度并督促相关工作人员认真执行。

（三）事业单位内部控制的内容

事业单位内部控制体系包括风险评估和控制方法、单位层面内部控制、业务层面内部控制、评价与监督等。

（1）风险评估和控制方法。事业单位应当建立经济活动风险定期评估机制，对经济活动存在的风险进行全面、系统和客观的评估。经济活动风险评估至少每年进行一次；外部环境、经济活动或管理要求等发生重大变化的，应及时对经济活动风险进行重估。风险评估包括单位层面的风险评估和经济活动业务层面的风险评估。事业单位内部控制的方法包括不相容岗位相互分离、内部授权审批控制、归口管理、预算控制、财产保护控制、会计控制、单据控制和信息内部公开。

（2）单位层面内部控制。事业单位应当单独设置内部控制职能部门或者确定内部控制牵头部门，负责组织协调内部控制工作。同时，应当充分发挥财会、内部审计、纪检监察、政府采购、基建、资产管理等部门或岗位在内部控制中的作用。事业单位经济活动的决策、执行和监督应当相互分离。事业单位应当建立健全内部控制关键岗位责任制，明确岗位职责及分工，确保不相容岗位相互分离、相互制约和相互监督。

（3）业务层面内部控制。业务层面内部控制主要包括预算业务控制、收支业务控制、政府采购业务控制、资产控制、建设项目控制和合同控制。

（4）评价与监督。事业单位应当建立健全内部监督制度，明确各相关部门或岗位在内部监督中的职责权限，规定内部监督的程序和要求，对内部控制建立与实施情况进行内部监督检查和自我评价。内部监督应当与内部控制的建立和实施保持相对独立。

第二节　政府会计准则——基本准则

2015年10月，财政部颁布了《政府会计准则——基本准则》（财政部令第78号，以下简称《基本准则》），自2017年1月1日起施行。《基本准则》的实施，是政府会计改革进程中的重要事件，将对事业单位的会计核算产生深远的影响。

一、《基本准则》的制定背景

（一）政府会计改革的进程

我国现行政府会计体系包括财政总预算会计、行政单位会计和事业单位会计，是在1998年建立起来的预算会计的基础上发展起来的。预算会计是反映各级政府财政、行政单位和事业单位预算执行情况及结果的专业会计，以收付实现制为主要确认基础，侧重满足财政预算管理的要求。

随着社会经济的发展和财政预算改革的深入，社会对政府会计信息的需求日益增加，现行预算会计体系已经不能满足社会发展的需要。政府会计既要为预算管理服务，也要为经济与财务管理服务。从2012年开始，财政部对预算会计制度进行了修订，陆续颁布了修订后的预算会计制度，包括《事业单位会计准则》(2012)、《事业单位会计制度》(2012)、《行政单位会计制度》(2013)、《财政总预算会计制度》(2015) 等。现行预算会计以会计制度为主要规范模式，分别政府财政、行政单位和事业单位（包括行业事业单位）制定会计制度。现行预算会计在侧重为预算管理服务的基础上，兼顾了经济管理、财务管理等其他方面的需要。现行预算会计制度在加强预算管理及国有资产管理等方面发挥了重要的作用，但依然存在一定的缺陷，主要表现在以下几个方面：一是现行预算会计层次较多，体系繁杂，缺乏统一的会计标准；二是现行预算会计兼顾了预算管理和财务管理的需要，采用“双基础”“双分录”等技术，核算方法不够清晰；三是现行预算会计侧重反映政府的预算收支执行情况，不能完整地反映政府的财务状况与运行情况，不利于科学评价政府的运营绩效；四是现行预算会计不能提供权责发生制基础的政府财务报告，无法充分披露政府受托责任的履行情况。完善政府会计制度，建立政府会计标准体系，是政府会计改革的必然趋势。

2013年11月，党的十八届三中全会通过的《中共中央关于全面深化改革若干重大问题的决定》明确提出“建立权责发生制的政府综合财务报告制度”，为政府会计的改革指明了方向。2014年8月，新修订的《中华人民共和国预算法》对各级政府财政部门按年度编制以权责发生制为基础的政府综合财务报告提出了明确要求。至此，我国政府会计改革进入了一个新的阶段，其目标是建立权责发生制的政府综合财务报告制度。

小资料1-3

新修订的《中华人民共和国预算法》第九十七条规定，各级政府财政部门应当按年度编制以权责发生制为基础的政府综合财务报告，报告政府整体财务状况、运行情况和财政中长期可持续性，报本级人民代表大会常务委员会备案。这从法律层面上对政府会计报告提出了新要求。

（二）政府会计改革的方案

2014年12月，国务院批转财政部《权责发生制政府综合财务报告制度改革方案》，明确了权责发生制政府综合财务报告制度改革的总体目标、主要内容和实施步骤。权责发生制政府综合财务报告制度改革是基于政府会计规则的重大改革，总体目标是通过构建统一、科学、规范的政府会计准则体系，建立健全政府财务报告编制办法，适度分离政府财务会计与预算会计、政府财务报告与决算报告功能，全面、清晰地反映政府财务信息和预算执行信息，为开展政府信用评级、加强资产负债管理、改进政府绩效监督考核、防范财政风险等提供支持，促进政府财务管理水平提高和财政经济可持续发展。我国政府会计体系的改革方向，是在现有政府预算会计的基础上建立政府财务会计。政府会计由政府预算会计和政府财务会计“双体系”构成，二者适度分离又相互衔接。

为实现政府会计改革的目标，根据《权责发生制政府综合财务报告制度改革方案》，政府会计的改革措施可以归纳为“一套标准、两份报告、三项制度、四项措施”。[①]一套标准，是指要建立一套统一、科学、规范的会计标准体系，主要包括政府会计基本准则、具体准则及应用指南和政府会计制度；两份报告，是指要同时编制政府决算报告和政府财务报告；三项制度，是指要建立政府财务报告审计制度、政府财务报告公开制度、政府财务报告分析利用制度；四项措施，是指要修订完善相关财务制度、健全资产管理制度、进一步完善决算报告制度、优化政府财政管理信息系统。各项政府会计改革的任务正在稳步推进，《基本准则》已经颁布，各项具体准则正在制定或征求意见中。政府会计准则是编制政府财务报告的重要依据，是规范政府经济业务和事项的会计确认、计量、记录和报告的标准体系，在权责发生制政府综合财务报告制度改革中具有重要的基础作用。

小资料 1-4

建立权责发生制的政府综合财务报告制度涉及的改革内容较多，应当分阶段、分步骤、分重点地逐步推进。为此，财政部制定了改革的时间表和路线图。2014—2015 年，建立健全政府会计准则体系和财务报告制度框架体系；2016—2017 年，开展政府综合财务报告编制试点；2018—2020 年，全面开展政府综合财务报告编制工作，建立健全政府财务报告分析应用体系，制定发布政府财务报告审计制度、公开制度等。

（三）政府会计标准体系

我国的政府会计标准体系由政府会计准则和政府会计制度组成。其中政府会计准则包括基本准则、具体准则和应用指南。制定政府会计准则，是政府会计改革的一个重要步骤。

（1）基本准则是政府会计准则体系的概念基础和框架，指导具体准则的制定，并为政府会计实务问题提供处理原则。基本准则的内容包括政府会计目标、会计信息质量要求、会计要素的定义、确认与计量原则及列报要求等。

（2）具体准则用于规范政府发生的具体经济业务或事项的会计处理，详细规定经济业务或事项引起的会计要素变动的确认、计量和报告。具体准则包括存货准则、固定资产准则、投资准则、无形资产准则等。

（3）应用指南是对具体准则的实际应用作出的操作性规定。每项具体准则对应一个应用指南，对具体准则中的条款进行操作指引。

① 财政部会计司．财政部政府会计准则委员会成立并召开第一次全体会议［EB/OL］．［2015-12-18］．http://kjs.mof.gov.cn/zhengwuxinxi/gongzuodongtai/201512/t20151218_1621149.html.

(4) 政府会计制度主要规范政府会计科目及其使用说明、报表格式及编制说明等，便于会计人员进行日常核算。条件成熟时，还要制定政府成本会计制度，主要规定政府运行费用归集和分摊方法等，反映政府向社会提供公共服务支出和机关运行成本等信息。

(四)《基本准则》的作用

在政府会计标准体系中，基本准则发挥着重要的作用，为构建统一、科学、规范的政府会计准则体系奠定了基础，有利于规范各级政府、各部门、各单位的会计核算，提高政府会计信息的质量。

(1) 统驭具体准则、会计制度的制定。基本准则规范了包括财务报告目标、会计基本假设、会计信息质量要求、会计要素的定义及确认与计量原则、财务报告等在内的基本问题，是制定具体准则和会计制度的基础，对各项具体准则和会计制度的制定起着统驭作用，可以确保各具体准则和会计制度的内在一致性。

(2) 为政府会计实务问题提供处理原则。基本准则为政府会计主体的经济业务或事项的会计处理提供了基本原则，如果在政府会计实务中出现具体准则尚未作出规范的经济业务或事项，应当严格遵循基本准则的总体要求，依照基本准则关于会计要素的定义及确认与计量等方面的规定予以处理，从而确保会计准则体系对所有会计实务问题的规范作用。

二、《基本准则》的结构及总体要求

(一)《基本准则》的结构

《基本准则》对政府会计行为进行了原则性的规范，建立了政府会计体系的概念框架，明确了政府会计信息的总体要求。

《基本准则》共六章62条。第一章为总则，指出了立法目的和制定依据、适用范围、政府会计体系与核算基础、基本准则的定位、报告目标和使用者、会计基本假设和记账方法等。第二章为政府会计信息质量要求，明确了政府会计信息应当满足的质量要求。第三章为政府预算会计要素，规定了政府预算会计要素的定义、确认和计量标准以及列示要求。第四章为政府财务会计要素，规定了政府财务会计要素的定义、确认标准、计量属性和列示要求。第五章为政府决算报告和财务报告，规定了决算报告、财务报告和财务报表的定义、主要内容和构成。第六章为附则，规定了相关基本概念的定义，明确了施行日期。

(二)《基本准则》的适用范围

《基本准则》适用于政府会计主体，包括各级政府、各部门、各单位。

(1) 各级政府是指根据国家政权结构、行政区域划分设置的各级人民政府，包括中央政府和地方政府。各级政府财政部门负责管理政府的财政资金，组织会计核算。目前，各级政府财政会计执行《财政总预算会计制度》。

(2) 各部门、各单位是指与本级政府财政部门直接或者间接发生预算拨款关系的国家机关、政党组织、社会团体、事业单位和其他单位。政府部门、单位分为行政单位和事业单位，目前其会计核算执行《行政单位会计制度》《事业单位会计制度》和行业事业单位会计制度。军队、已纳入企业财务管理体系的单位和执行《民间非营利组织会计制度》的社会团体，不适用政府会计准则。

《基本准则》适用于各政府会计主体，有利于消除政府财政、行政单位和事业单位执行不同的会计制度所导致的信息差异，提高了政府会计信息的可比性。

（三）政府会计体系

政府会计既要为预算管理服务，也要为政府经济与财务管理服务。为此，《基本准则》构建了包括政府预算会计和政府财务会计的“双体系”，在完善预算会计功能基础上，增强政府财务会计功能。

1.政府预算会计

政府预算会计是指以收付实现制为基础对政府预算执行过程中发生的全部收入和全部支出进行会计核算，主要反映和监督预算收支执行情况的会计。政府预算会计编制政府决算报告，向决算报告使用者提供与政府预算执行情况有关的信息，综合反映政府预算收支的年度执行结果。

2.政府财务会计

政府财务会计是指以权责发生制为基础对政府发生的各项经济业务和事项进行会计核算，反映和监督政府财务状况、运行情况、运行成本和现金流量等信息的会计。政府财务会计编制政府财务报告，提供有助于财务报告使用者作出决策或进行监督和管理的信息。

政府预算会计与政府财务会计适度分离并相互衔接，二者分别设置会计要素，采用不同的会计确认基础，编制不同的报告。现行政府会计制度将预算会计和财务会计的功能相融合，在满足预算管理要求的前提下，兼顾了政府宏观经济管理和单位财务管理的需要。

（四）政府会计的基本假设

会计基本假设是政府会计确认、计量和报告的前提，是对会计核算所处时间、空间环境等所作的合理设定。政府会计基本假设包括会计主体、持续运行、会计分期和货币计量。

（1）会计主体。政府会计主体应当对其自身发生的经济业务或者事项进行会计核算。

（2）持续运行。政府会计核算应当以政府会计主体持续运行为前提。

（3）会计分期。政府会计核算应当划分会计期间，分期结算账目，按规定编制决算报告和财务报告。

（4）货币计量。会计期间至少分为年度和月度。会计年度、月度等会计期间的起讫日期采用公历日期。政府会计核算应当以人民币作为记账本位币。发生外币业务时，应当将有关外币金额折算为人民币金额计量，同时登记外币金额。

（五）政府会计信息质量要求

为保证政府会计信息的质量、规范政府会计行为，《基本准则》对政府会计信息质量进行了规定，内容包括：

1.可靠性

政府会计主体应当以实际发生的经济业务或者事项为依据进行会计核算，如实反映各项会计要素的情况和结果，保证会计信息真实可靠。

2.全面性

政府会计主体应当将发生的各项经济业务或者事项统一纳入会计核算，确保会计信息能够全面反映政府会计主体预算执行情况和财务状况、运行情况、现金流量等。

3.相关性

政府会计主体提供的会计信息，应当与反映政府会计主体公共受托责任履行情况以及报告使用者决策或者监督、管理的需要相关，有助于报告使用者对政府会计主体过去、现在或者未来的情况作出评价或者预测。

4.及时性

政府会计主体对已经发生的经济业务或者事项，应当及时进行会计核算，不得提前或者延后。

5.可比性

政府会计主体提供的会计信息应当具有可比性。同一政府会计主体不同时期发生的相同或者相似的经济业务或者事项，应当采用一致的会计政策，不得随意变更。确需变更的，应当将变更的内容、理由及影响在附注中予以说明。不同政府会计主体发生的相同或者相似的经济业务或者事项，应当采用一致的会计政策，确保政府会计信息口径一致，相互可比。

6.明晰性

政府会计主体提供的会计信息应当清晰明了，便于报告使用者理解和使用。

7.实质重于形式

政府会计主体应当按照经济业务或者事项的经济实质进行会计核算，不限于以经济业务或者事项的法律形式为依据。

小资料1-5

在会计基本假设、会计信息质量要求方面，《基本准则》与现行《事业单位会计准则》的要求基本一致。《基本准则》在会计信息质量要求中增加了“实质重于形式”原则，对于经济业务或事项的经济实质和法律形式不一致的情况下，要求按照其经济实质进行会计确认、计量和报告。

三、政府预算会计

（一）政府预算会计的目标

政府预算会计编制政府决算报告，向决算报告使用者提供预算管理方面的会计信息。政府决算报告使用者包括各级人民代表大会及其常务委员会、各级政府及其有关部门、政府会计主体自身、社会公众和其他利益相关者。

政府决算报告的目标是向决算报告使用者提供与政府预算执行情况有关的信息，综合反映政府会计主体预算收支的年度执行结果，有助于决算报告使用者进行监督和管理，并为编制后续年度预算提供参考和依据。

（二）政府预算会计的要素

政府预算会计服务于政府预算管理，主要反映政府会计主体的预算执行情况及结果。根据《基本准则》，政府预算会计的要素包括预算收入、预算支出和预算结余。

1.预算收入

预算收入是指政府会计主体在预算年度内依法取得的并纳入预算管理的现金流入。

2.预算支出

预算支出是指政府会计主体在预算年度内依法发生并纳入预算管理的现金流出。

3.预算结余

预算结余是指政府会计主体预算年度内预算收入扣除预算支出后的资金余额，以及历年滚存的资金余额。预算结余包括结余资金和结转资金。结余资金是指年度预算执行终了，预算收入实际完成数扣除预算支出和结转资金后剩余的资金。结转资金是指预算安排项目的支出年终尚未执行完毕或者因故未执行，且下年需要按原用途继续使用的资金。

（三）政府预算会计的确认基础

根据《基本准则》，政府预算会计实行收付实现制，国务院另有规定的，依照其规定。收付实现制是指以现金的实际收付为标志来确定本期收入和支出的会计核算基础。凡在当期实际收到的现金收入和支付的现金支出，均应作为当期的收入和支出；凡是不属于当期的现金收入和支出，均不应当作为当期的收入和支出。

政府预算会计的预算收入和支出应当与预算管理的要求保持一致，按照收付实现制基础确认。因此，预算收入一般在实际收到时予以确认，预算支出一般在实际支付时予以确认。预算结余一般在年末确认，其结果取决于当期预算收入和预算支出。

（四）政府预算会计的计量方法

政府预算会计的计量，主要是预算收入和预算支出的计量。在收付实现制下，预算收入一般以实际收到的金额计量，预算支出一般以实际支付的金额计量。预算结余的金额取决于预算收入和预算支出的计量结果。

小资料1-6

政府预算以收付实现制基础编制，但也存在权责发生制基础的特殊事项，如政府财政的应付国库集中支付结余、行政事业单位的财政应返还额度等。预算收入和预算支出的确认与计量应当与预算编制的基础保持一致，对于特殊的预算收支事项，应当按照权责发生制基础确认和计量。

（五）政府预算会计的列报

政府预算会计应当编制年度决算报告，而决算报表是决算报告的重要组成部分。决算报表是以表格形式反映的政府年度预算执行情况的信息，由一系列预算收入决算表、预算支出决算表组成。

预算收入、预算支出和预算结余是决算报表的要素，符合预算收入、预算支出定义及确认条件的项目，以及形成的预算结余，应当列入政府决算报表。

四、政府财务会计

（一）政府财务会计的目标

政府财务会计编制政府财务报告，向财务报告使用者提供经济与财务管理方面的会计信息。政府财务报告使用者包括各级人民代表大会常务委员会、债权人、各级政府及其有关部门、政府会计主体自身和其他利益相关者。

政府财务报告的目标是向财务报告使用者提供与政府的财务状况、运行情况和现金流量等有关的信息，反映政府会计主体公共受托责任履行情况，有助于财务报告使用者作出决策或者进行监督和管理。

（二）政府财务会计的要素

政府财务会计服务于政府经济与财务管理，主要反映政府会计主体的财务状况和运行情况。根据《基本准则》，政府财务会计的要素包括资产、负债、净资产、收入和费用。

1.资产

资产是指政府会计主体过去的经济业务或者事项形成的，由政府会计主体控制的，预期能够产生服务潜力或者带来经济利益流入的经济资源。服务潜力是指政府会计主体利用资产提供公共产品和服务以履行政府职能的潜在能力。经济利益流入表现为现金及现金等价物的流入，或者现金及现金等价物流出的减少。

政府会计主体的资产按照流动性，分为流动资产和非流动资产。流动资产是指预计在1年内（含1年）耗用或者可以变现的资产，包括货币资金、短期投资、应收及预付款项、存货等。非流动资产是指流动资产以外的资产，包括固定资产、在建工程、无形资产、长期投资、公共基础设施、政府储备资产、文物文化资产、保障性住房和自然资源资产等。

符合资产定义的经济资源，在同时满足以下条件时，确认为资产：（1）与该经济资源相关的服务潜力很可能实现或者经济利益很可能流入政府会计主体；（2）该经济资源的成本或者价值能够可靠地计量。

2.负债

负债是指政府会计主体过去的经济业务或者事项形成的，预期会导致经济资源流出政府会计主体的现时义务。现时义务是指政府会计主体在现行条件下已承担的义务。未来发生的经济业务或者事项形成的义务不属于现时义务，不应当确认为负债。

政府会计主体的负债按照流动性，分为流动负债和非流动负债。流动负债是指预计在1年内（含1年）偿还的负债，包括应付及预收款项、应付职工薪酬、应缴款项等。非流动负债是指流动负债以外的负债，包括长期应付款、应付政府债券和政府依法担保形成的债务等。

符合负债定义的义务，在同时满足以下条件时，确认为负债：（1）履行该义务很可能导致含有服务潜力或者经济利益的经济资源流出政府会计主体；（2）该义务的金额能够可靠地计量。

3.净资产

净资产是指政府会计主体资产扣除负债后的净额。净资产的金额取决于资产和负债的计量。

4.收入

收入是指报告期内导致政府会计主体净资产增加的、含有服务潜力或者经济利益的经济资源的流入。

收入的确认应当同时满足以下条件：（1）与收入相关的含有服务潜力或者经济利益的经济资源很可能流入政府会计主体；（2）含有服务潜力或者经济利益的经济资源流入会导致政府会计主体资产增加或者负债减少；（3）流入金额能够可靠地计量。

5.费用

费用是指报告期内导致政府会计主体净资产减少的、含有服务潜力或者经济利益的经济资源的流出。

费用的确认应当同时满足以下条件：（1）与费用相关的含有服务潜力或者经济利益的经济资源很可能流出政府会计主体；（2）含有服务潜力或者经济利益的经济资源流出会导致政府会计主体资产减少或者负债增加；（3）流出金额能够可靠地计量。

（三）政府财务会计的确认基础

根据《基本准则》，政府财务会计实行权责发生制。权责发生制是指以取得收取款项的权利或支付款项的义务为标志来确定本期收入和费用的会计核算基础。凡是当期已经实现的收入和已经发生的或应当负担的费用，不论款项是否收付，都应当作为当期的收入和费用；凡是不属于当期的收入和费用，即使款项已在当期收付，也不应当作为当期的收入和费用。

政府财务会计为政府的经济与财务管理服务，应当完整地反映政府会计主体的财务状况和运行情况，进行业绩考核与评价。所以，财务会计以权责发生制为确认基础。

（四）政府财务会计的计量方法

政府财务会计的计量，主要是资产和负债的计量。根据《基本准则》，资产与负债可选择的计量属性有所不同。

1.资产的计量属性

资产的计量属性主要包括历史成本、重置成本、现值、公允价值和名义金额。（1）历史成本计量是资产按照取得时支付的现金金额或者支付对价的公允价值计量；（2）重置成本计量是指资产按照现在购买相同或者相似资产所需支付的现金金额计量；（3）现值计量是指资产按照预计从其持续使用和最终处置中所产生的未来净现金流入量的折现金额计量；（4）公允价值计量是资产按照市场参与者在计量日发生的有序交易中，出售资产所能收到的价格计量；（5）无法采用上述计量属性的，采用名义金额（即人民币1元）计量。

政府会计主体在对资产进行计量时，一般应当采用历史成本。采用重置成本、现值、公允价值计量的，应当保证所确定的资产金额能够持续、可靠计量。

2.负债的计量属性

负债的计量属性主要包括历史成本、现值和公允价值。（1）历史成本计量是指负债按照因承担现时义务而实际收到的款项或者资产的金额，或者承担现时义务的合同金额，或者按照为偿还负债预期需要支付的现金计量；（2）现值计量是负债按照预计期限内需要偿还的未来净现金流出量的折现金额计量；（3）公允价值计量是指负债按照市场参与者在计量日发生的有序交易中，转移负债所需支付的价格计量。

政府会计主体在对负债进行计量时，一般应当采用历史成本。采用现值、公允价值计量的，应当保证所确定的负债金额能够持续、可靠计量。

（五）政府财务会计的列报

政府财务会计应当编制年度财务报告，而财务报表是财务报告的重要组成部分。财务报表是以表格形式反映政府的财务状况和运行情况，由资产负债表、收入费用表等会计报表及附注组成。

资产、负债和净资产是资产负债表要素，符合资产、负债定义和确认条件的项目，以及净资产项目，应当列入资产负债表。收入和费用是收入费用表要素，符合收入、费用定义和确认条件的项目，应当列入收入费用表。

小资料1-7

《基本准则》构建了政府预算会计和财务会计适度分离并相互衔接的政府会计核算体系，确立了“3+5要素”的会计核算模式，科学界定了会计要素的定义和确认标准，明确了资产和负债的计量属性及应用原则，建立了政府决算报告和财务报告制度。在现行事业单位会计制度下，政府预算会计和财务会计并未分离，事业单位会计融合了预算会计与财务会计的功能，兼顾了预算管理与财务管理的需要。

五、政府决算报告与政府财务报告

（一）政府决算报告

政府决算报告是综合反映政府会计主体年度预算收支执行结果的文件。编制决算报告的目的，是向决算报告使用者提供与政府预算执行情况有关的信息，综合反映政府会计主体预算收支的年度执行结果，有助于决算报告使用者进行监督和管理，并为编制后续年度预算提供参考和依据。各级政府财政编制财政决算报告，反映本级政府预算收支执行结果的总体情况。各政府部门、单位编制部门决算报告，反映本部门、单位的预算收支执行结果。

事业单位编制的决算报告属于部门决算报告。部门决算报告是指政府部门、单位编制的，反映本部门、单位预算执行结果的总结性文件。部门决算报告以收付实现制为基础，主要反映政府部门、单位的各项收入、支出的预算执行结果等信息。年度终了，事业单位应当根据财政部门决算编审要求，在日常会计核算的基础上编制本单位决算报告。事业单位应当按照预算管理关系，采取自下而上的方式，逐级汇总报送决算报告。财政部门批复后的部门决算报告应当向社会公开。

部门决算报告包括决算报表和其他应当在决算报告中反映的相关信息和资料，通常由部门决算报表和部门决算说明与分析组成。部门决算报表以表格形式反映政府部门年度预算执行情况，由一系列收支决算表和附表组成。部门决算说明与分析是对部门决算报表的基础数据所作的说明，以及对部门年度预算执行情况进行的分析。

（二）政府财务报告

政府财务报告是反映政府会计主体某一特定日期的财务状况和某一会计期间的运行情况和现金流量等信息的文件。编制财务报告的目的，是向财务报告使用者提供与政府的财务状况、运行情况有关的信息，反映政府会计主体公共受托责任履行情况，有助于财务报告使用者作出决策或者进行监督和管理。政府财务报告包括政府综合财务报告和政府部门财务报告。政府综合财务报告由政府财政部门负责编制，反映政府整体财务状况和运行情况。政府部门财务报告由政府部门编制，主要反映本部门财务状况及运行情况。

事业单位编制的财务报告属于部门财务报告。部门财务报告是指各政府部门、单位编制的，反映本部门、单位财务状况、运行情况等信息的总结性文件。部门财务报告以权责发生制为基础，主要反映资产负债状况、收入费用情况等信息。事业单位应当以经核对无误的会计账簿数据为基础编制本单位财务报表，会计账簿相关数据不符合权责发生制原则的，应当在提取数据后按照相关报告标准进行调整。事业应当对所属各单位财务报表进行合并，编制本部门的合并财务报表。事业单位应当采取自下而上的方式逐级报送财务报告，最终报送同级政府财政部门。

部门财务报告包括财务报表和其他应当在财务报告中披露的相关信息和资料，通常由部门财务报表和部门财务分析组成。政府部门财务报表包括会计报表和报表附注。会计报表包括资产负债表、收入费用表和现金流量表，报表附注是对会计报表中所列示项目进行的说明和补充。部门财务分析是对政府部门的财务状况和运行情况所作的分析。

小资料1-8

部门财务报告处于试点编制阶段。根据《政府财务报告编制办法（试行）》（财库［2015］212号）和《政府部门财务报告编制操作指南（试行）》，会计报表主要包括资产负债表、收入费用表、当期盈余与预算结余差异表、净资产差异表。由于现金流量表与收入支出表的信息存在较多重复，而且改革初期编制现金流量表难度较大，现阶段并未要求编制现金流量表。同时，增加了反映与决算报表存在差异的“当期盈余与预算结余差异表”和“净资产差异表”。当期盈余与预算结余差异表反映政府部门权责发生制基础当期盈余与现行会计制度下当期预算结余之间的差异；净资产差异表反映政府部门权责发生制基础年末净资产与现行会计制度下年末净资产之间的差异。

第三节　事业单位会计准则

《事业单位会计准则》是制定事业单位会计制度的基础和依据，为事业单位会计制度建立统一框架。本节讲解《事业单位会计准则》的基本内容，阐述事业单位的会计目标、基本假设、会计要素和会计信息质量要求。

一、事业单位会计准则的结构与适用范围

（一）事业单位会计准则的结构

会计准则是事业单位会计核算的基本规范，明确事业单位会计核算的基本要求，为事业单位会计建立统一的概念基础和框架，对事业单位会计制度体系的制定发挥统驭作用，是制定事业单位会计制度的依据。

《事业单位会计准则》包括九章内容。第1章为总则，明确了会计准则的适用范围、会计目标、会计假设、确认与计量方法等基本事项；第2章为会计信息质量要求，阐述了事业单位的会计信息质量特征；第3章至第7章分别阐述了资产、负债、净资产、收入和支出（或费用）各会计要素的含义、内容、确认与计量的基本方法；第8章为财务会计报告，阐述了事业单位会计报告的构成内容；第9章为附则，说明了会计准则的施行时间。

（二）事业单位会计准则的适用范围

《事业单位会计准则》约束事业单位会计行为，事业单位（包括行业事业单位）的会计核算，应当遵循会计准则的规定。但是，纳入企业财务管理体系的事

业单位执行企业会计准则或小企业会计准则；参照《公务员法》管理的事业单位对会计准则的适用，由财政部另行规定。

二、事业单位会计的目标

（一）事业单位会计的总体目标

会计目标是会计所要达到的根本目的，是对会计信息作出的基本要求。会计目标需要明确谁是会计信息的使用者，会计信息的使用者需要什么样的会计信息，以及能够为会计信息使用者提供哪些会计信息。会计目标是会计的理论基础，是会计的最高层次概念。

根据会计所提供信息的侧重点不同，会计目标分为决策有用观和受托责任观两种观点。决策有用观认为，会计目标是向会计信息使用者提供对决策有用的经济信息，会计所提供的信息应当有助于会计信息使用者作出正确的经济决策。受托责任观认为，会计目标是向会计信息使用者报告受托责任的履行情况和结果，会计所提供的信息应当有助于会计信息使用者评价管理者受托责任的履行情况。决策有用观和受托责任观是相互联系的，都要求提供具有相关性的会计信息。二者的区别在于侧重点不同，决策有用观侧重于为会计信息使用者提供决策信息，受托责任观侧重于向会计信息使用者报告受托责任的履行情况。

事业单位会计的总体目标，是向会计信息使用者提供有用的会计信息，反映其预算执行情况与结果，披露其受托责任的履行情况，为事业单位的经济决策服务。

（二）事业单位会计信息使用者

事业单位会计信息使用者包括政府及其有关部门、举办（上级）单位、债权人、事业单位自身和其他利益相关者。事业单位会计是我国政府会计的重要组成部分，以部门预算资金为会计核算对象，反映事业单位预算资金的收支情况和结果。同时，事业单位作为公益性社会组织，在向社会提供服务时产生业务资金运动，事业单位会计还需要反映其业务运营情况。

事业单位的会计信息使用者包括决算报告使用者和财务报告使用者，不同的会计信息使用者对事业单位会计信息有着不同的需求。决算报告使用者，要求提供对预算管理有用的会计信息，侧重于反映预算收支情况及结果，为财政预算管理和事业单位的预算管理服务。财务报告使用者，要求提供反映社会受托责任的会计信息，以便进行业绩评价与考核，为合理配置社会资源进行经济决策服务。因此，事业单位会计不但要为预算管理服务，还要为事业单位的财务管理服务；不但要反映事业单位受托责任履行情况，还要提供有助于作出经济决策的信息。

（三）事业单位会计的具体目标

《事业单位会计准则》规定，“事业单位会计核算的目标是向会计信息使用者提供与事业单位财务状况、事业成果、预算执行等有关的会计信息，反映事业单位受托责任的履行情况，有助于会计信息使用者进行社会管理、作出经济决策。”事业单位会计核算目标兼顾了事业单位预算管理与财务管理、受托责任与决策有用的需要。

事业单位会计为“双目标”：一方面，要为部门预算管理服务，反映与单位预算执行情况有关的信息；另一方面，要为单位的财务管理服务，满足单位资产、负债、成本等管理的需要，反映事业单位受托责任履行情况，提供有助于作出经济决策的信息。事业单位会计核算的目标兼顾了事业单位财务、预算、资产、成本等方面管理的需要，促使事业单位的财务状况、事业成果、预算执行情况得到更为全面、真实、合理的反映，对于提高事业单位会计信息质量、加强财政对事业单位的科学化精细化管理、提升事业单位的财务管理水平、促进事业单位健康可持续发展具有十分重要的意义。

小资料1-9

兼顾事业单位预算管理与财务管理、受托责任与决策有用的需要，是《事业单位会计准则》的一个重要特点。《事业单位会计准则》制定时，并未建立政府预算会计和财务会计的概念，事业单位会计是一个“单系统”，承担着政府预算会计和财务会计的功能，不但要反映事业单位的预算收支情况与结果，还要反映事业单位的财务状况与运行情况。

三、事业单位会计的假设

会计假设是会计核算的前提条件，是对会计核算设定的基本条件。《事业单位会计准则》规定，事业单位会计包括会计主体假设、持续运营假设、会计分期假设和货币计量假设四个基本前提条件。

（一）会计主体假设

会计主体假设要求会计核算以会计主体为对象，所提供的会计信息仅限定于会计主体范围。《事业单位会计准则》规定，“事业单位应当对其自身发生的经济业务或者事项进行会计核算”。

（二）持续运营假设

持续运营假设设定会计主体的运营活动会按照既定的目标存续下去，不会在可预见的未来被终止，除非有充分的相反证明。《事业单位会计准则》规定，“事业单位会计核算应当以事业单位各项业务活动持续正常地进行为前提”。

（三）会计分期假设

会计分期假设将持续的运营活动分割为若干会计期间，分别按照会计期间提供会计信息。《事业单位会计准则》规定，“事业单位应当划分会计期间，分期结算账目和编制财务会计报告。会计期间至少分为年度和月度。会计年度、月度等会计期间的起讫日期采用公历日期”。

（四）货币计量假设

货币计量假设规定了会计的计量尺度，要求以统一的货币单位反映会计信息。《事业单位会计准则》规定，“事业单位会计核算应当以人民币作为记账本位币。发生外币业务时，应当将有关外币金额折算为人民币金额计量。”

四、事业单位会计的要素

会计要素是对会计对象的基本分类，是会计对象的具体化。会计要素也是会计报表的构成要素，是财务报告的基本内容。《事业单位会计准则》规定，“事业单位会计要素包括资产、负债、净资产、收入、支出或者费用”。

（一）资产

资产是指事业单位占有或者使用的能以货币计量的经济资源，包括各种财产、债权和其他权利。事业单位的资产按照流动性，分为流动资产和非流动资产。

（二）负债

负债是指事业单位所承担的能以货币计量，需要以资产或者劳务偿还的债务。事业单位的负债按照流动性，分为流动负债和非流动负债。

（三）净资产

净资产是指事业单位资产扣除负债后的余额。事业单位的净资产包括事业基金、非流动资产基金、专用基金、财政补助结转结余、非财政补助结转结余等。

（四）收入

收入是指事业单位开展业务及其他活动依法取得的非偿还性资金。事业单位的收入包括财政补助收入、事业收入、上级补助收入、附属单位上缴收入、经营收入和其他收入等。

（五）支出或者费用

支出或者费用是指事业单位开展业务及其他活动发生的资金耗费和损失。事业单位的支出或者费用包括事业支出、对附属单位补助支出、上缴上级支出、经营支出和其他支出等。

小资料1-10

事业单位的会计是政府预算会计与财务会计的融合，既包含了预算会计要素，也包含了财务会计要素。事业单位的“支出或者费用”要素需要根据事业单位的行业属性及会计制度的规定选择是设置“支出”要素还是设置“费用”要素。一般来说，普通事业单位设置“支出”要素，行业事业单位设置“费用”或“支出”要素。例如，《事业单位会计制度》规定，“事业单位会计要素包括资产、负债、净资产、收入和支出”；《医院会计制度》规定，“医院会计要素包括资产、负债、净资产、收入和费用”。

五、事业单位会计信息的质量要求

为保证事业单位会计信息质量，《事业单位会计准则》对事业单位会计信息质量进行了规定，主要包括：

（一）可靠性

事业单位应当以实际发生的经济业务或者事项为依据进行会计核算，如实地反映各项会计要素的情况和结果，保证会计信息真实可靠。

（二）全面性

事业单位应当将发生的各项经济业务或者事项统一纳入会计核算，确保会计信息能够全面反映事业单位的财务状况、事业成果、预算执行等情况。

（三）及时性

事业单位对于已经发生的经济业务或者事项，应当及时进行会计核算，不得提前或者延后。

（四）可比性

同一事业单位不同时期发生的相同或者相似的经济业务或者事项，应当采用一致的会计政策，不得随意变更。确需变更的，应当将变更的内容、理由和对单位财务状况及事业成果的影响在附注中予以说明。同类事业单位中不同单位发生的相同或者相似的经济业务或者事项，应当采用统一的会计政策，确保同类单位会计信息口径一致，相互可比。

（五）相关性

事业单位提供的会计信息应当与事业单位受托责任履行情况的反映、会计信息使用者的管理、决策需要等相关，有助于会计信息使用者对事业单位过去、现在或者未来的情况进行评价或者预测。

（六）明晰性

事业单位提供的会计信息应当清晰明了，便于会计信息使用者理解和使用。

第四节　事业单位会计制度

《事业单位会计制度》详细地阐述了事业单位各项业务的操作流程与核算方法，是事业单位会计核算的操作指引。本节介绍会计制度的基本内容，讲解事业单位会计确认、计量、记录与报告的基本方法，为后续具体核算方法的学习奠定基础。

一、事业单位会计制度的结构与适用范围

（一）事业单位会计制度的结构

《事业单位会计制度》详细规定会计科目使用及财务报表编制，较为全面地规范了事业单位经济业务或者事项的确认、计量、记录和报告方法，为事业单位会计核算的操作提供了指引。

《事业单位会计制度》包括五部分内容：第一部分为总说明，明确了事业单位会计制度的适用范围，界定了事业单位的会计要素和确认基础，提出了会计科目运用、财务报表编报的要求；第二部分为会计科目名称和编号，以会计科目表的形式列出了事业单位会计科目的序号、编号和名称；第三部分为会计科目使用说明，详细说明了事业单位各会计科目的核算内容、明细科目设置和主要账务处

理方法；第四部分为会计报表格式，规范了事业单位会计报表的编号、名称、编制期和表格式样；第五部分为财务报表编制说明，明确了会计报表各栏目、项目的内容和填列方法。

（二）事业单位会计制度的适用范围

所有事业单位均须执行《事业单位会计准则》，事业单位应当根据行业属性选择执行《事业单位会计制度》、相关的行业事业单位会计制度或者其他规范。一般来说，《事业单位会计制度》适用于普通事业单位，不适用于特殊行业事业单位、实行企业化管理的事业单位和参照公务员法管理的事业单位。具体规定如下：

（1）《事业单位会计制度》适用于普通事业单位。普通事业单位与行业事业单位相对应，主要包括行政支持类事业单位、公益类事业单位等。这些事业单位的公益性较强，以财政补助为主要收入来源，需要加强预算管理。

（2）《事业单位会计制度》不适用于执行行业会计制度的事业单位。如果事业单位所处的行业存在国家统一规定的行业事业单位会计制度，则该事业单位适用特定的行业事业单位会计制度。没有国家统一规定的特定行业事业单位会计制度的事业单位，都适用《事业单位会计制度》。

（3）纳入企业财务管理体系的事业单位，执行企业会计准则或小企业会计准则，不执行《事业单位会计制度》。我国有些事业单位，生产经营业务较多，采用企业化管理方法，并逐步向企业组织转变。这些单位尽管属于事业单位，但执行企业会计的有关规范。纳入企业财务管理体系的主要是事业单位附属独立核算的生产经营单位、事业单位经营的接受外单位要求投资回报的项目，以及经主管部门和财政部门批准的具备条件的其他事业单位。

（4）参照公务员法管理的事业单位对事业单位会计制度的适用，由财政部另行规定。参照公务员法管理的事业单位具有法律、法规授权的公共事务管理职能，其人员纳入事业编制，享受国家公务员待遇。

小资料1-11

行业事业单位具有显著的行业特征，由财政部会同相关部委（如国家卫生会计和计划生育委员会、国家教育部、国家科学技术部等）共同制定其行业事业单位会计制度。目前已经颁布并执行的行业事业会计制度主要有《医院会计制度》《高等学校会计制度》《科学事业单位会计制度》《中小学校会计制度》和《彩票机构会计制度》等。

二、事业单位会计的确认基础

（一）会计确认基础的含义

会计确认是将发生的会计事项归于特定的会计要素及相应账户的过程。事业单位发生一项特定的业务或会计事项，必须首先经过会计确认，才能进行后续的会计计量、会计记录和会计报告等过程。会计确认的内容包括会计要素确认和会计确认基础两个层次。会计要素的确认，是将发生的会计事项，按会计规范的要求，确认为资产、负债、净资产、收入和支出（费用）等会计要素。每一项会计要素均有其含义和确认条件，事业单位发生的业务或会计事项只有符合会计要素的定义及满足规定的条件，才能被确认为相应的会计要素。

会计确认基础是解决何时确认的问题，在发生的会计事项计被确认为特定的会计要素后，需要确定其记入相应会计账户的时间。会计确认基础对事业单位会计报告有着较大的影响，不同确认基础下的会计信息有着不同的含义。事业单位会计应当根据会计目标的要求和会计规范的规定，合理选择会计确认基础。

（二）会计确认基础的种类

会计确认基础主要包括收付实现制和权责发生制，也存在介于二者之间的修正的收付实现制或修正的权责发生制。

（1）收付实现制确认基础，也称为现金制，是以实际收到或付出款项为标准，来记录收入的实现和支出（费用）的发生。按照收付实现制，收入和支出（或费用）的归属期间，将与现金收支行为的发生与否紧密地联系在一起。只要实际发生了现金收支，即可在发生时确认收入和支出（或费用），而不考虑与现金收支行为相连的经济业务在实质上是否发生。

（2）权责发生制确认基础，也称为应计制，是以应收应付作为标准，来记录收入的实现和支出（费用）的发生的。按照权责发生制，凡属本期已获得的收入，不管是否已收到现款，均作为本期的收入处理，凡属本期应负担的支出（费用），不管是否付出了现款，都作为本期的支出（费用）处理。

（3）修正的收付实现制或修正的权责发生制，也称为“双基础”，是收付实现制和权责发生制的结合。在这种确认制度下，并不采用单一的收付实现制或权责发生制，而是有些会计事项采用收付实现制，而另一些会计事项采用权责发生制。根据修正程度的不同，分为修正的收付实现制和修正的权责发生制。修正的收付实现制是以收付实现制为基础，特定的会计事项采用权责发生制。修正的权责发生制是以权责发生制为基础，特定的会计事项采用收付实现制。

每一种会计确认基础均有其特点。收付实现制确认基础可以如实地反映会计主体的现金流量，收入和支出（费用）与实际的现金收支保持一致；权责发生制确认基础可以如实地反映归属于会计期间的收入和支出（费用），便于计算财务成果及业绩评价；修正的收付实现制或修正的权责发生制是两种确认基础的结合，兼有两种确认基础的特点。

（三）事业单位会计确认基础的选择

事业单位会计同时存在两种会计确认基础，有些业务采用收付实现制确认，另一些业务则采用权责发生制确认。《事业单位会计准则》规定，“事业单位会计核算一般采用收付实现制；部分经济业务或者事项采用权责发生制核算的，由财政部在会计制度中具体规定。行业事业单位的会计核算采用权责发生制的，由财政部在相关会计制度中规定”。会计制度对会计确认基础的选择进行了具体的规定。

（1）普通事业单位的会计核算以收付实现制作为主要确认基础，部分经济业务或事项可以采用权责发生制基础确认。根据《事业单位会计制度》的规定，事业单位会计核算一般采用收付实现制，但部分经济业务或者事项的核算应当按照本制度的规定采用权责发生制。《事业单位会计制度》中规定采用权责发生制基础确认的事项主要有两项：一是事业单位年终注销未完成实际支付的直接额度和未下达的授权额度时，可以确认本年度的财政补助收入；二是事业单位的经营类业务，要求合理配比一定期间内的收入与费用，一般采用权责发生制基础确认各项收入和费用。

（2）行业事业单位的会计核算，应当根据行业会计制度的要求选择会计确认基础。多数行业事业单位根据成本核算和绩效管理的需要，采用权责发生制作为确认基础。例如，《医院会计制度》规定，“医院会计采用权责发生制作为核算基础”。

小资料1-12

为兼顾事业单位预算管理与财务管理的需要，事业单位会计采用了“双基础”的核算方法。对于与预算管理相关的收入与支出，采用收付实现制基础确认；对于与财务管理相关收入、费用及资产、负债，采用权责发生制基础确认。待事业单位的预算会计与财务会计功能适度分离后，预算会计将采用收付实现制基础，财务会计采用权责发生制基础。

三、事业单位会计的计量方法

（一）会计计量属性

会计计量是以货币形式确定会计要素的价值数量。在进行会计确认后，需要按会计计量属性进行计量，确认其金额。会计计量是会计核算的重要环节，对于正确反映各会计要素的价值有着重要的意义。会计计量存在着许多方法，不同方法下的计量结果表现为不同的计量属性，不同的计量属性会使相同的会计要素表现为不同的货币数量。

（二）会计计量属性的种类

会计计量属性一般包括历史成本、重置成本、可变现净值、现值和公允价值等。根据《基本准则》，资产的计量属性主要包括历史成本、重置成本、现值、公允价值和名义金额。负债的计量属性主要包括历史成本、现值和公允价值。在政府会计体系中，没有适用可变现净值的经济业务或事项。

不同的计量属性存在着不同的特点，有着不同的适用范围。历史成本通常反映的是资产或者负债过去的价值，而重置成本、现值以及公允价值是与历史成本相对应的计量属性，通常反映的是资产或者负债的现时成本或者现时价值。

（三）事业单位会计计量方法的选择

事业单位会计以历史成本为主要计量方法，少量事项采用历史成本以外的计量方法。《事业单位会计准则》规定，“事业单位的资产应当按照取得时的实际成本进行计量。除国家另有规定外，事业单位不得自行调整其账面价值”；“事业单位的负债应当按照合同金额或实际发生额进行计量”。会计制度对会计计量方法的选择作出了具体的规定。

（1）初始计量。以支付对价的方式取得的资产，应当按照取得资产时支付的现金或者现金等价物的金额，或者按照取得资产时所付出的非货币性资产的评估价值等金额计量。取得资产时没有支付对价的，其计量金额应当按照有关凭据注明的金额加上相关税费、运输费等确定；没有相关凭据的，其计量金额比照同类或类似资产的市场价格加上相关税费、运输费等确定；没有相关凭据、同类或类似资产的市场价格也无法可靠取得的，所取得的资产应当按照名义金额入账，名义金额一般为人民币1元。事业单位应当在会计报表附注中披露以名义金额计量的资产情况。

（2）后续计量。事业单位资产的后续计量主要包括固定资产的折旧和无形资产的摊销，事业单位应当根据会计制度、财务制度的规定，选择是否计提固定资产折旧和无形资产摊销。计提固定资产折旧和无形资产摊销，可以反映资产因使用中的消耗而发生的价值减少，从而真实体现资产价值，兼顾事业单位预算管理和财务管理的需求。《事业单位会计制度》规定，“事业单位应当按照《事业单位财务规则》或相关财务制度的规定确定是否对固定资产计提折旧、对无形资产进行摊销”。行业事业单位会计制度、财务制度一般要求计提固定资产折旧和无形资产摊销，例如，《医院财务制度》规定，“医院原则上应当根据固定资产的性质，在预计使用年限内，采用平均年限法或工作量法计提折旧”。

小资料1-13

根据《事业单位会计准则》和《事业单位会计制度》，事业单位应当在坚持历史成本为主要计量属性的同时，适当引入了其他计量属性。针对事业单位以接受捐赠、无偿调入等以不支付对价的方式取得资产较多的现状，规定其价值如果不能可靠计量则以名义金额入账。允许事业单位计提固定资产折旧和无形资产摊销，创新性地引入了固定资产折旧和无形资产摊销的“虚提”模式，兼顾了预算管理和财务管理的双重需要。

四、事业单位会计记录

（一）会计记录

会计记录是进行了会计确认与会计计量后，通过一定的记账方法，登记总账与明细账的过程。会计记录是会计确认与计量的结果，也是编制会计报表的基础。会计记录是会计核算中的一个重要环节，发生的业务或事项在进行了会计确认与计量后，必须在会计账户中进行记录。会计确认和计量只是解决了发生的经济交易或事项能否记入以及何时记入相应的会计账户的问题，而会计确认和计量的结果必须以适当的方式在会计账户中加以记录、核算，形成系统、连续、全面以及综合的会计核算数据资料，并编制成财务报表，形成有用的会计信息。

会计记录包括从会计事项的发生、原始凭证的取得、记账凭证的制作、会计账簿的登记等一系列过程，按照一定的方法与程序进行。会计记录方法，主要包括设置账户、复式记账、填制凭证和登记账簿等。事业单位应当采用借贷记账法记账。

事业单位会计为兼顾预算管理与财务管理的需要，对部分与预算收支相关的资产采用了“双分录”的核算方法，即对发生的某项业务或事项同时进行两项记录，一个侧重确认所形成的资产，另一个侧重确认所发生的预算支出。采用“双分录”核算方法的资产主要是非流动资产，包括固定资产、在建工程、对外投资和无形资产。

（二）会计科目

根据《事业单位会计制度》的规定，事业单位会计共设置会计科目48个。其中：资产类科目17个，负债类科目11个，净资产类科目9个，收入类科目6个，支出类科目5个。事业单位的会计科目如表1-1所示。

事业单位应当按照会计制度的规定设置和使用会计科目。在不影响会计处理和编报财务报表的前提下，可以根据事业单位的特点和具体业务情况，自行增设、减少或合并某些明细科目。会计制度统一规定会计科目的编号，以便于填制会计凭证、登记账簿、查阅账目，实行会计信息化管理。事业单位不得打乱重编。事业单位在填制会计凭证、登记会计账簿时，应当填列会计科目的名称，或者同时填列会计科目的名称和编号，不得只填列科目编号、不填列科目名称。

五、事业单位财务会计报告

（一）财务报告的含义

财务会计报告简称财务报告，是反映事业单位某一特定日期的财务状况和某一会计期间的事业成果、预算执行等会计信息的文件。财务报告是事业单位会计信息的高度概括，是以表格和文字的形式，把所形成的会计信息报告给会计信息使用者，便于会计信息使用者对会计信息的理解和运用。

（二）财务报告的内容

《事业单位会计制度》规定，事业单位的财务报告包括财务报表和其他应当在财务会计报告中披露的相关信息和资料。财务报表是对事业单位财务状况、事业成果、预算执行情况等的结构性表述，由会计报表及其附注构成。

事业单位的会计报表主要包括资产负债表、收入支出表和财政补助收入支出表等。会计报表附注是指对在会计报表中列示项目的文字描述或明细资料，以及

表1-1　**事业单位会计科目表**

序号	编号	科目名称	序号	编号	科目名称
		一、资产类	25	2303	预收账款
1	1001	库存现金	26	2305	其他应付款
2	1002	银行存款	27	2401	长期借款
3	1011	零余额账户用款额度	28	2402	长期应付款
4	1101	短期投资			三、净资产类
5	1201	财政应返还额度	29	3001	事业基金
6	1211	应收票据	30	3101	非流动资产基金
7	1212	应收账款	31	3201	专用基金
8	1213	预付账款	32	3301	财政补助结转
9	1215	其他应收款	33	3302	财政补助结余
10	1301	存货	34	3401	非财政补助结转
11	1401	长期投资	35	3402	事业结余
12	1501	固定资产	36	3403	经营结余
13	1502	累计折旧	37	3404	非财政补助结余分配
14	1511	在建工程			四、收入类
15	1601	无形资产	38	4001	财政补助收入
16	1602	累计摊销	39	4101	事业收入
17	1701	待处置资产损溢	40	4201	上级补助收入
			41	4301	附属单位上缴收入
		二、负债类	42	4401	经营收入
18	2001	短期借款	43	4501	其他收入
19	2101	应缴税费			五、支出类
20	2102	应缴国库款	44	5001	事业支出
21	2103	应缴财政专户款	45	5101	上缴上级支出
22	2201	应付职工薪酬	46	5201	对附属单位补助支出
23	2301	应付票据	47	5301	经营支出
24	2302	应付账款	48	5401	其他支出

对未能在会计报表中列示项目的说明等。事业单位的会计报表附注应当包括：遵循事业单位会计准则、事业单位会计制度的声明；会计报表中列示的重要项目的进一步说明，包括其主要构成、增减变动情况等；有助于理解和分析会计报表需要说明的其他事项。

根据《政府会计准则——基本准则》的要求，事业单位需要在编制会计报表的基础上，编写包括部门决算报告与部门财务报告的“双报告“。

第二章

事业单位收入的核算

第一节　事业单位收入概述

本节讲解《事业单位会计制度》中收入的核算与管理的一般要求。阐述事业单位收入的含义与确认条件，介绍事业单位收入的内容与分类，以及财务管理与内部控制的相关规定。

一、收入的确认与计量

收入是指事业单位开展业务及其他活动依法取得的非偿还性资金。事业单位是公益性社会组织，在向社会提供服务时需要有一定的收入作为保障，收入的来源可以是财政补助资金，也可以是事业单位的业务收费，还可以是社会捐赠等其他渠道的资金。一般来说，事业单位依法取得的各项资金不需要在未来偿还，即可确认为收入。

事业单位会计中的收入定义为“非偿还性资金”，强调在取得时予以确认。收入是事业单位取得的、会导致本期净资产增加的经济利益或者服务潜力的总流入。根据《事业单位会计制度》的规定，收入以收付实现制为主要确认基础，特定情况下采用权责发生制基础确认。

（1）在收付实现制基础下，收入应当在收到款项时予以确认，并按照实际收到的金额进行计量。此时，经济利益或服务潜力已经流入事业单位，并且导致事业单位资产增加或者负债减少。事业单位的补助收入、专业业务收入、其他业务收入一般要求按收付实现制基础确认。

（2）在权责发生制基础下，收入应当在发生时予以确认，并按照实际发生的数额计量。此时，经济利益或服务潜力能够流入事业单位，并且能够导致事业单位资产增加或者负债减少。事业单位的经营业务收入要求按权责发生制基础确认，即提供服务或者发出存货、同时收讫价款或者取得索取价款的凭据时予以确认，并按照实际收到的金额或者有关凭据注明的金额计量。事业单位的经营收入以外的各项收入如果采用权责发生制基础确认，应当符合会计制度的规定。

二、收入的内容与分类

事业单位的收入包括财政补助收入、事业收入、上级补助收入、附属单位上缴收入、经营收入和其他收入等。按事业单位收入的取得方式划分，收入分为补助收入、业务活动收入和其他活动收入。

（1）补助收入，是政府财政部门、上级主管部门、其他政府机构给予事业单位的补助，包括财政补助收入和上级补助收入，不包括社会其他机构对事业单位的捐赠。补助收入是一项非交换交易收入，事业单位取得此项收入时不需要向对方支付现金、提供商品或服务，而是以向社会提供公益性服务或其他成果为回报。

（2）业务活动收入，是事业单位通过向社会提供商品、服务等而按规定收取的商品价款或服务费用，包括事业收入和经营收入。业务活动收入是一项交换交易收入，是事业单位按成本补偿或等价交换的原则取得的收入。事业单位的专业业务活动具有公益属性，但为了补偿其耗费可以按国家规定的价格收取一定数额的费用。事业单位可以开展经营活动，提供的商品或服务可以按市场价格收费，以弥补事业经费的不足。

（3）其他活动收入，是除补助收入、业务活动收入以外的收入，包括附属单位上缴收入和其他收入。事业单位除从事专业业务活动、经营业务活动外，还存在一些非日常性的活动，取得一定数额的收入。例如，事业单位收到附属单位上缴的款项、接受社会捐赠、资产出租收入等。

事业单位的收入按资金性质，分为财政性资金收入、非财政性资金收入；按限定性要求，分为基本支出补助和项目支出补助、专项资金收入和非专项资金收入。事业单位会计设置的收入类会计科目及其分类见表2-1。

三、收入的财务管理

加强事业单位收入的管理，对于提高财政资金的使用效益，保护社会公众的基本权益，促进事业单位规范、健康、可持续发展，有着重要的意义。根据《事业单位财务规则》的要求，事业单位收入财务管理的内容主要包括：

（1）加强收入的预算管理。事业单位应当将各项收入全部纳入单位预算，统一核算，统一管理。国家对事业单位实行“核定收支、定额或者定项补助、超支不补、结转和结余按规定使用”的预算管理办法。事业单位参考以前年度预算执行情况，根据预算年度的收入增减因素和措施，以及以前年度结转和结余情况，测算编制收入预算。事业单位预算应当自求收支平衡，不得编制赤字预算。

表2-1 **事业单位收入类会计科目分类表**

<table>
<tr><th>类 型</th><th>会计科目</th><th>性 质</th><th>限定性划分</th></tr>
<tr><td rowspan="3">补助收入</td><td rowspan="2">4001 财政补助收入</td><td rowspan="2">财政性资金</td><td>基本支出</td></tr>
<tr><td>项目支出</td></tr>
<tr><td>4201 上级补助收入</td><td rowspan="5">非财政性资金</td><td rowspan="5">专项资金
非专项资金</td></tr>
<tr><td rowspan="2">业务活动收入</td><td>4101 事业收入</td></tr>
<tr><td>4401 经营收入</td></tr>
<tr><td rowspan="2">其他活动收入</td><td>4301 附属单位上缴收入</td></tr>
<tr><td>4501 其他收入</td></tr>
</table>

(2) 保证收入的合法性与合理性。事业单位的各项收入应当依法取得，符合国家有关法律、法规和规章制度的规定，各收费项目、收费范围和收费标准必须按照法定程序审批，取得收费许可后方可实施。事业单位是公益性社会组织，必须保证其收费的合理性，准确测算服务收费补偿标准，正确处理经济效益与社会效益的关系，将社会效益放在首位。

(3) 及时上缴各项财政收入。事业单位履行或代行政府职能，依照国家法律、法规收取的财政预算资金或专户资金，不能确认为事业单位的收入。事业单位对按照规定上缴国库或者财政专户的资金，应当按照国库集中收缴的有关规定及时足额上缴，不得隐瞒、滞留、截留、挪用和坐支。

四、收入的内部控制

事业单位收入的内部控制属于业务层面内部控制。根据《行政事业单位内部控制规范（试行）》的规定，事业单位应当建立健全收入内部管理制度。事业单位收入内部控制的主要内容包括：

(1) 事业单位应当合理设置岗位，明确相关岗位的职责权限，确保收款、会计核算等不相容岗位相互分离。各项收入应当由财会部门归口管理并进行会计核算，严禁设立账外账。业务部门应当在涉及收入的合同协议签订后及时将合同等有关材料提交财会部门作为账务处理的依据，确保各项收入应收尽收，及时入账。财会部门应当定期检查收入金额是否与合同约定相符；对应收未收项目应当查明情况，明确责任主体，落实催收责任。

(2) 有政府非税收入收缴职能的事业单位，应当按照规定项目和标准征收政府非税收入，按照规定开具财政票据，做到收缴分离、票款一致，并及时、足额上缴国库或财政专户，不得以任何形式截留、挪用或者私分。

(3) 事业单位应当建立健全票据管理制度。财政票据、发票等各类票据的申领、启用、核销、销毁均应履行规定手续。事业单位应当按照规定设置票据专管员，建立票据台账，做好票据的保管和序时登记工作。票据应当按照顺序号使用，不得拆本使用，做好废旧票据管理。负责保管票据的人员要配置单独的保险柜等保管设备，并做到人走柜锁。事业单位不得违反规定转让、出借、代开、买卖财政票据、发票等票据，不得擅自扩大票据适用范围。

第二节 补助收入的核算

事业单位的补助收入包括财政补助收入和上级补助收入。本节讲解《事业单位会计制度》中关于补助收入核算的方法，阐述“财政补助收入”“上级补助收入”科目的核算内容、账户设置和主要账务处理。

一、财政补助收入

（一）财政补助收入的含义

财政补助收入是指事业单位按照部门预算隶属关系从同级财政部门取得的补助款项。财政补助收入来源于国家财政预算资金，是国家按预算安排给予事业单位的补助。财政补助收入用来弥补其事业经费的不足，促使事业单位更好地开展公益性服务活动。

事业单位应当按照批准的年度部门预算和月度用款计划申请取得财政经费，并按照部门预算的管理要求使用经费。在国库集中收付制度下，事业单位的财政补助收入由同级财政通过国库单一账户体系统一拨付。

小资料2-1

事业单位根据财政拨款额度的不同分为全额拨款事业单位、差额拨款事业单位和自收自支事业单位。全额拨款事业单位是指事业单位的全部经费均纳入财政预算的安排，全额由财政部门拨付，主要是指一些行政支持类事业单位和承担政府规定的社会公益性服务任务的事业单位。差额拨款事业单位是指事业单位的全部经费由财政预算按一定比例安排，由财政拨入一部分，不足部分由事业收入弥补，主要是指一些向社会提供公益服务并按政府确定的公益服务价格收取一定费用的事业单位。自收自支事业单位是指事业单位的全部经费均来源于服务收入，财政不安排预算经费，主要是指一些开展公益服务和相关经营活动取得的收入可以自足的事业单位，以及经营开发服务类事业单位。

（二）财政补助收入的分类

1.按部门预算管理的要求划分，财政补助收入分为基本支出补助和项目支出补助

基本支出补助是事业单位用于维持正常运行和完成日常工作任务所需要的补助经费；项目支出补助是事业单位在基本经费以外完成特定任务所需要的补助经费。事业单位的基本支出补助又可进一步划分为人员经费和日常公用经费，人员经费是指用于事业单位人员方面开支的经费，日常公用经费是指用于事业单位日

常公务活动开支的经费。

2.按预算科目的要求，财政补助收入需要进行功能分类

事业单位的财政补助收入，是财政部门的预算支出，需要按财政预算支出相关科目的要求进行分类。经过政府预算收支分类改革，我国已经建立了一套包括收入分类、支出功能分类和支出经济分类在内的完整、规范的政府收支分类体系。根据《政府收支分类科目》的规定，财政补助收入需要按财政预算支出的功能进行分类，设置类、款、项三级预算科目。事业单位所有的收入，包括财政补助收入以外的各项收入，均需要进行支出功能分类，按预算科目设置明细科目，为预算管理服务。

预算支出的功能类别主要包括一般公共服务支出、外交支出、国防支出、公共安全支出、教育支出、科学技术支出、文化体育与传媒支出、社会保障和就业支出、社会保险基金支出、医疗卫生与计划生育支出、节能环保支出、城乡社区事务支出、农林水支出、交通运输支出、资源勘探电力信息等支出、商业服务业等支出、金融支出、援助其他地区支出、国土海洋气象等支出、住房保障支出、粮油物资储备支出、预备费、国债还本付息支出、其他支出、转移性支出等。对于事业单位来说，主要涉及教育、科学技术、文化体育与传媒、社会保障和就业、医疗卫生、节能环保、城乡社区事务等类别。事业单位的主要功能类别、款别两级科目设置见表2-2。

（三）财政补助收入的账户设置

为反映事业单位取得的财政补助情况，事业单位应当设置“财政补助收入”科目。该科目核算事业单位从同级财政部门取得的各类财政拨款，包括基本支出补助和项目支出补助。财政补助收入是事业类收入，一般按收付实现制基础确认，按实际收到的数额计量。财政补助收入一般应当于发生财政直接支付或收到财政授权支付额度，或者实际收到时确认。

“财政补助收入”科目应按部门预算管理和《政府收支分类科目》的要求设置明细科目。明细科目设置的要求如下[①]：

（1）“财政补助收入”科目应设置“基本支出”和“项目支出”两个一级明细科目。

（2）“财政补助收入——基本支出”科目应设置“人员经费”和“日常公用经费”两个二级明细科目，再根据《政府收支分类科目》中支出的功能分类的要求，按类、款、项分级设置明细科目。

（3）“财政补助收入——项目支出”科目应按项目名称设置二级明细科目，再根据《政府收支分类科目》中支出的功能分类的要求，按类、款、项分级设置三级和三级以下的明细科目。具体明细科目设置见表2-3。

① 事业单位会计科目的明细科目较为复杂，为清晰表达明细科目的层次，本书将一级会计科目称为“总账科目”，二级会计科目称为“一级明细科目”，并依此类推（下同）。

表2-2 **功能分类表（部分）**

类别	款别
教育支出	教育管理事务支出、普通教育支出、职业教育支出、成人教育支出、广播电视教育支出、留学教育支出、特殊教育支出、进修及教育支出、教育费附加安排的支出、地方教育费附加安排的支出、国有资本经营预算支出、其他教育支出
科学技术支出	科学技术管理事务支出、基础研究支出、应用研究支出、技术研究与开发支出、科技条件与服务支出、社会科学支出、科学技术普及支出、科技交流与合作支出、科技重大专项支出、核电站乏燃料处置处理基金支出、其他科学技术支出
文化体育与传媒支出	文化支出、文物支出、体育支出、广播影视支出、新闻出版支出、文化事业建设费安排的支出、国家电影事业发展专项资金支出、国有资本经营预算支出、其他文化体育与传媒支出
社会保障和就业支出	人力资源和社会保障管理事务支出、民政管理事务支出、财政对社会保险基金的补助支出、补充全国社会保障基金支出、行政事业单位离退休人员支出、企业改革补助支出、就业补助支出、抚恤支出、退役安置支出、社会福利支出、残疾人事业支出、城市居民最低生活保障支出、其他城镇社会救济支出、自然灾害生活救助支出、红十字事业支出、农村最低生活保障支出、其他农村社会救济支出、大中型水库移民后期扶持基金支出、小型水库移民扶助基金支出、补充道路交通事故社会救助基金支出、残疾人就业保障金支出、其他社会保障和就业支出
医疗卫生支出	医疗卫生管理事务支出、公立医院支出、基层医疗卫生机构支出、公共卫生支出、医疗保障支出、中医药支出、人口与计划生育事务支出、食品和药品监督管理事务支出、其他医疗卫生支出
节能环保支出	环境保护管理事务支出、环境监测与监察支出、污染防治支出、自然生态保护支出、天然林保护支出、退耕还林支出、风沙荒漠治理支出、退牧还草支出、已垦草原退耕还草支出、能源节约利用支出、污染减排支出、可再生能源支出、资源综合利用支出、能源管理事务支出、国有资本经营预算支出、可再生能源电价附加收入安排的支出、废弃电器电子产品处理基金支出、其他环境保护支出
城乡社区事务支出	城乡社区管理事务支出、城乡社区规划与管理支出、城乡社区公共设施支出、城乡社区环境卫生支出、建设市场管理与监督支出、政府住房基金支出、国有土地使用权出让收入安排的支出、城市公用事业附加安排的支出、国有土地收益基金支出、农业土地开发资金支出、新增建设用地有偿使用费安排的支出、城市基础设施配套费安排的支出、国有资本经营预算支出、其他城乡社区事务支出

表2-3　**财政补助收入明细科目设置表**

总账科目	一级明细科目	二级明细科目	预算科目
财政补助收入	基本支出	人员经费	功能类、款、项
		日常公用经费	功能类、款、项
	项目支出	项目名称	功能类、款、项
		…	功能类、款、项

（四）财政补助收入的账务处理

财政补助收入需要分别按照财政直接支付、财政授权支付和财政实拨资金三种支付方式进行不同的账务处理。

1.财政直接支付方式

在财政直接支付方式下，事业单位收到国库支付执行机构委托代理银行转来的“财政直接支付入账通知书”时，即可确认财政补助收入，同时确认直接支付所形成的事业支出或相关资产。此时，财政部门已经完成了款项的实际支付，相关经济利益已经流入了事业单位，收入的数额也已经可靠计量。

【例2-1】某事业单位收到国库支付执行机构委托代理银行转来的“财政直接支付入账通知书”及原始凭证，事业单位的一笔培训费用86 000元已经完成支付。

借：事业支出——财政补助支出——基本支出　　86 000

　贷：财政补助收入——基本支出　　86 000

【例2-1】的会计分录只列出了“财政补助收入”的一级明细科目，在会计实务中需要按部门预算管理和《政府收支分类科目》的要求进行明细核算。完整的会计科目为“财政补助收入——基本支出——日常公用经费——功能类、款、项”。其中，功能类、款、项需要根据事业单位的职能、财政补助资金的性质以及《政府收支分类科目》的要求填列。“事业支出”科目的明细科目设置将会在后续的章节介绍。

【例2-2】某事业单位收到国库支付执行机构委托代理银行转来的“财政直接支付入账通知书”及原始凭证，事业单位通过财政直接支付方式购买的办公用品已经采购完成，办公用品价值为3 800元，已经验收入库。

借：存货——办公用品　　3 800

　贷：财政补助收入——基本支出　　3 800

同时，【例2-2】需要对财政补助收入进行明细核算，完整的会计科目为“财政补助收入——基本支出——日常公用经费——功能类、款、项”。

【例2-3】某事业单位收到国库支付执行机构委托代理银行转来的“财政直接支付入账通知书”及原始凭证，财政部门通过财政直接支付方式为事业单位支付了一项技术开发费用共计26 000元，此款项为项目经费，专门用于事业单位的专业技术改造。

借：事业支出——财政补助支出——项目支出　　　26 000

　贷：财政补助收入——项目支出　　　26 000

同时，【例2-3】需要对财政补助收入进行明细核算，完整的会计科目为“财政补助收入——项目支出——技术改造项目——功能类、款、项”。为阐述方便，以下会计分录省略二级以下明细科目。

小资料2-2

财政直接支付是事业单位用款时向财政部门的国库支付执行机构提出支付申请，国库支付执行机构根据批复的预算、用款计划及相关要求对支付申请审核无误后，向代理银行发出支付指令，将财政资金直接划转到收款单位的银行账户。

2.财政授权支付方式

在财政授权支付方式下，事业单位在收到代理银行转来的“授权支付到账通知书”时，即可确认财政补助收入，同时确认已经下达的零余额账户用款额度。

【例2-4】某事业单位收到代理银行转来的“授权支付到账通知书”，本月事业单位财政授权支付额度为170 000元，已经下达到代理银行，其中基本支出补助150 000元，项目支出补助20 000元。

借：零余额账户用款额度　　　170 000

　贷：财政补助收入——基本支出　　　150 000

　　　　　　　　　——项目支出　　　20 000

小资料2-3

财政授权支付是财政部门的国库支付执行机构按照批复的部门预算和资金使用计划，将用款额度下达到代理银行。事业单位在月度用款额度内，自行开具支付令，通过国库支付执行机构转由代理银行向收款人付款。采用财政授权支付的支出包括未实行财政直接支付的购买支出和零星支出。

3.财政实拨资金方式

财政实拨资金是财政部门的国库支付执行机构按照批复的部门预算和资金使用计划，开出拨款凭证将财政补助款项划转到事业单位在商业银行开设的存款账户。财政实拨资金主要适用于未实行国库集中收付制度的事业单位，以及一些特殊财政补助款项的拨付。

在财政实拨资金方式下，事业单位收到开户银行转来的“到账通知书”，款项已经到账时，即可确认财政补助收入。

【例2-5】某事业单位收到开户银行转来的“到账通知书”，财政部门拨入的项目经费150 000元已经到账。

借：银行存款　　　150 000

　贷：财政补助收入——项目支出　　　150 000

期末，应将“财政补助收入”科目本期发生额转入“财政补助结转”科目。具体核算方法，在后续的章节中介绍。期末结账后，“财政补助收入”科目应无余额。

二、上级补助收入

（一）上级补助收入的含义

上级补助收入是事业单位收到主管部门或上级单位拨入的非财政补助资金。根据事业单位的管理体制，每个事业单位均有主管部门或上级单位，主管部门或上级单位可以利用自身的收入或集中的收入，对所属事业单位给予补助，以调剂事业单位的资金余缺。上级补助收入不同于财政补助收入，上级补助收入并非来源于同级财政部门，也不是同级财政部门安排的财政预算资金，而是由主管部门或上级单位拨入的非财政性资金。上级补助收入并不是事业单位的常规性收入，主管部门或上级单位一般根据自身的资金情况和事业单位的需要进行拨付。

（二）上级补助收入的分类

上级补助收入是事业单位的非财政补助资金，需要按照主管部门或上级单位的要求来进行管理，按规定的用途安排使用。按照使用要求的不同，上级补助收入分为专项资金收入和非专项资金收入。

（1）专项资金收入，是主管部门或上级单位拨入的用于完成特定任务的款项。专项资金收入应当专款专用、单独核算，并按照规定向主管部门或上级单位报送专项资金使用情况；项目完成后，应当报送专项资金支出决算和使用效果的书面报告，接受主管部门或上级单位的检查、验收。当年未完成的项目结转到下年继续使用。已经完成项目结余的资金，按规定缴回原拨款单位，或留归事业单位转入事业基金。

（2）非专项资金收入，是主管部门或上级单位拨入用于维持正常运行和完成日常工作任务的款项。非专项资金收入无限定的用途，年度结余的资金可以转入事业结余并进行分配。

（三）上级补助收入的账户设置

为反映事业单位取得主管部门或上级单位的补助情况，事业单位应当设置“上级补助收入”科目。上级补助收入按收付实现制基础确认，按实际收到的数额计量。

“上级补助收入”科目应当按照发放补助单位、补助项目、《政府收支分类科目》中“支出功能分类”相关科目等进行明细核算。上级补助收入属于非同级财政补助收入，上级补助收入中如有专项资金收入，还应按具体项目进行明细核算。明细科目设置的要求如下：

（1）按拨款的主管部门或上级单位的名称设置一级明细科目。

（2）上级补助收入中如有专项资金收入，按项目名称设置二级明细科目。

（3）在上述明细科目下，按“支出功能分类”的类、款、项进行明细核算。

（四）上级补助收入的账务处理

上级补助收入通常采用实拨资金的方式拨付，主管部门或上级单位将补助款项转入事业单位在商业银行开设的账户。事业单位收到开户银行转来的“到账通知书”，补助款项已经到账时，即可按照实际收到的金额确认上级补助收入。

【例2-6】某事业单位收到主管部门拨来的补助款100 000元，款项已经到账。此款项是上级单位用其所集中的款项，对附属单位基本支出进行的调剂。

借：银行存款　　100 000

　贷：上级补助收入——主管部门　　100 000

同时，需要按“支出功能分类”的要求进行明细核算。

【例2-7】某事业单位收到上级单位拨来的补助款8 000元，款项已经到账。此款项资助事业单位所开展的一项课题研究。

借：银行存款　　8 000

　贷：上级补助收入——上级单位——课题研究　　8 000

期末，应将“上级补助收入”科目本期发生额中的专项资金收入转入“非财政补助结转”科目，将“上级补助收入”科目本期发生额中的其他资金收入（非专项资金收入）转入“事业结余”科目。具体核算方法，在后续的章节中介绍。期末结账后，“上级补助收入”科目应无余额。

第三节　业务活动收入的核算

事业单位的业务活动收入包括事业收入和经营收入。本节讲解《事业单位会计制度》中关于业务活动收入核算的方法，阐述“事业收入”“经营收入”科目的核算内容、账户设置和主要账务处理。

一、事业收入

（一）事业收入的含义

事业收入是事业单位开展专业业务活动及其辅助活动所取得的收入。事业收入是事业单位的业务收入，包括提供服务取得的收入和销售商品取得的收入。专业业务活动是事业单位的主要业务事项，是事业单位为了实现其宗旨所开展的业务活动。每个事业单位的专业业务活动可能有所不同，如学校的专业业务活动是教育活动，研究机构的专业业务活动是科研活动，卫生事业单位的专业业务活动是医疗服务活动等。辅助活动是与专业活动相关的，为专业业务提供支持的活动。事业单位的业务活动具有公益属性，在国家政策支持下可以通过事业收费运转的事业单位，提供的公益性服务不以盈利为目的，但需要按成本补偿的原则制定价格，收取服务费用。事业收入不同于各种补助收入，事业收入是一种有偿收入，以提供各项服务（或商品）为前提，是事业单位在业务活动中通过收费等方式取得的。

事业单位应当坚持其公益性质，把社会效益放在首位，在国家政策允许的范围内依法取得事业收入。事业单位应当严格按照经国家批准的收费项目和收费标准进行收费，向交费人开具统一印制的财政票据或税务票据，加强事业收入的预算管理。

小资料2-4

行业事业单位财务制度对事业收入的内容进行了规范。例如，高等学校的事业收入包括教育事业收入、科研事业收入；科学事业单位的事业收入包括科研收入、技术收入、学术活动收入、科普活动收入、试制产品收入、教学活动收入；广播电视事业单位的事业收入包括广告收入、收视费收入、节目销售收入、合作合拍收入、节目制作和播放收入、节目传输收入、技术服务收入；文化事业单位的事业收入包括演出收入、文化场馆服务收入、技术服务收入、培训收入、复印复制收入、门票收入、外借人员劳务收入、其他事业收入。

（二）事业收入的分类

按管理方式的不同，事业收入分为财政专户返还收入和其他事业收入两种类型。

（1）财政专户返还收入，是采用财政专户返还方式管理的事业收入。承担政府规定的社会公益性服务任务的事业单位，面向社会提供的公益服务是无偿的，或只按政府指导价格收取部分费用，其事业收费需要纳入财政专户管理。如果事业单位的某项事业收费纳入了财政专户管理，事业收入需要按“收支两条线”的方式管理。在这种管理方式下，事业单位取得的各项事业性收费不能立即安排支出，需要上缴同级财政部门设立的财政资金专户，支出时由同级财政部门按资金收支计划从财政专户中拨付。事业单位经过审批取得从财政专户核拨的款项时，方可确认事业收入。

（2）其他事业收入，是未采用财政专户返还方式管理的普通事业收入。许多事业单位的业务活动具有公益属性，在国家政策的支持下可以通过事业收费正常运转，提供的公益性服务不以营利为目的，但需要按成本补偿的原则制定价格并收取服务费用，其事业收费不需要纳入财政专户管理。如果事业单位的某项事业收费没有纳入财政专户管理，事业单位在收到各项服务收费时即可确认事业收入。

需要注意的是，事业单位业务活动中的各项收费并非均属于事业收入。事业单位因代行政府职能而收取的款项需要上缴国库，形成政府的财政收入。事业单位收取的纳入财政专户管理的各项收入需要上缴财政专户，核拨后形成事业单位的财政专户返还收入。事业单位应当根据预算管理的要求，正确区分一项事业收费是属于事业收入，还是应缴国库款或应缴财政专户款。

（三）事业收入的账户设置

为反映事业单位事业业务收入的情况，事业单位应当设置“事业收入”科目。该科目核算事业单位开展专业业务活动及其辅助活动所取得的收入。事业收入一般按收付实现制基础确认，按实际收到的数额计量。

“事业收入”科目应当按照事业收入类别、项目、《政府收支分类科目》中“支出功能分类”相关科目等进行明细核算。事业收入属于非财政补助收入，事业收入中如有专项资金收入，还应按具体项目进行明细核算。明细科目设置的要求如下：

（1）按事业业务的类别设置一级明细科目。

（2）按事业业务的收费项目设置二级明细科目。

（3）事业收入中如有专项资金收入，按项目名称设置三级明细科目。

（4）在上述明细科目下，按“支出功能分类”的类、款、项进行明细核算。

（四）事业收入的账务处理

事业收入需要根据收入的管理方式的不同，分别按照财政专户管理方式和其他管理方式进行不同的账务处理。

1.财政专户管理方式的事业收入

采用财政专户返还方式管理的事业收入也称为财政专户返还收入，是财政部门通过财政专户返还事业单位的业务收入，这项收入是事业单位的业务收入，同时也属于财政资金。事业单位应当正确区分财政专户返还收入和普通事业收入，如果一项事业收费是代行政府职能，已经纳入财政专户管理的收费目录，应确认为财政专户返还收入。

采用财政专户返还方式管理的事业收入应当在收到从财政专户返还的事业收入时确认。

（1）事业单位收到应上缴财政专户的事业收入时，按照收到的款项金额，借记“银行存款”“库存现金”等科目，贷记“应缴财政专户款”科目。

（2）向财政专户上缴款项时，按照实际上缴的款项金额，借记“应缴财政专户款”科目，贷记“银行存款”等科目。

（3）收到从财政专户返还的事业收入时，按照实际收到的返还金额，借记“银行存款”等科目，贷记“事业收入”科目。

【例 2-8】某事业单位开展专业业务活动收到事业服务费8 600元，款项已经存入银行账户。此款项纳入财政专户管理，按规定需要全额上缴财政专户。

借：银行存款　　8 600

　贷：应缴财政专户款　　8 600

【例 2-9】某事业单位收到开户银行通知，申请财政专户核拨的基本经费53 000元已经到账。此款项是事业单位上缴的检测服务收费。

借：银行存款　　53 000

　贷：事业收入——检测业务——××收费项目　　53 000

【例 2-10】某事业单位收到国库支付执行机构委托代理银行转来的“财政

直接支付入账通知书”，财政部门通过直接支付的方式，用财政专户管理的资金为事业单位支付相关费用91 000元。此款项是事业单位上缴的检验服务收费。

借：事业支出——财政补助支出——基本支出　　91 000

　贷：事业收入——检验业务——××收费项目　　91 000

“事业收入”科目在上述明细科目下，还需要根据事业单位的行业属性按“支出功能分类”的类、款、项进行明细核算。为方便起见，省略了事业收入的功能分类。

【例2-11】某事业单位收到代理银行转来的“授权支付到账通知书”，财政部门通过授权支付方式核拨的财政专户管理资金40 000元已经下达。此款项是事业单位上缴的科技咨询服务收费，限定用于支付课题经费。

借：零余额账户用款额度　　40 000

　贷：事业收入——科技咨询业务——××收费项目（课题经费）　　40 000

2.其他管理方式的事业收入

其他管理方式的事业收入，即未采用财政专户返还方式管理的事业收入。如果事业单位的收入没有纳入财政专户管理，事业单位提供服务或商品取得的收入不需要上缴财政专户，事业单位在收讫价款时即可确认事业收入。收到事业收入时，按照收到的款项金额，借记“银行存款”“库存现金”等科目，贷记“事业收入”科目。事业单位的事业收入需要缴纳增值税的，属于增值税小规模纳税人的事业单位应当按照出售价款扣除增值税额后的金额确认事业收入，属于增值税一般纳税人的事业单位应当按照扣除增值税销项税额后的价款金额确认事业收入。

【例2-12】某事业单位为博物馆，其专业业务活动为文化艺术品展览。当日展览活动取得门票收入6 520元，款项已经存入银行。

借：银行存款　　6 520

　贷：事业收入——展览业务——门票收入　　6 520

【例2-13】某事业单位为培训中心，为某企业举办两期业务培训班，产生的培训收费总计32 000元。现收到第一期培训费16 000元，款项已经存入银行。

借：银行存款　　16 000

　贷：事业收入——培训业务——学费收入　　16 000

期末，应将“事业收入”科目本期发生额中的专项资金收入结转入“非财政补助结转”科目；将“事业收入”科目本期发生额中的非专项资金收入结转入“事业结余”科目。具体核算方法在后续的章节中介绍。期末结账后，“事业收入”科目应无余额。

二、经营收入

（一）经营收入的含义

经营收入是事业单位在专业业务活动及其辅助活动之外开展非独立核算经营

活动取得的收入。经营收入是一种有偿收入，以提供各项服务或商品为前提，是事业单位在经营活动中通过收费等方式取得的。事业单位的主要业务活动是专业业务活动，在专业业务活动及其辅助活动以外开展的各项业务活动即为经营活动。事业单位开展经营活动的目的是通过经营活动获取一定的收入，来弥补事业经费的不足。

事业单位经营收入的确认，有两个条件：一是经营收入是事业单位在专业业务活动及其辅助活动之外取得的收入；二是经营收入是事业单位非独立核算单位取得的收入。一个收入事项同时具备以上两个条件方能确认为经营收入。事业单位从事专业业务活动及其辅助活动取得的收入应当确认为事业收入。事业单位所属独立核算单位的各项收入，由所属独立核算单位自行组织核算，上级单位不进行记录。事业单位收到所属独立核算单位上缴的收入，通过“附属单位上缴收入”科目核算。事业单位事业收入与经营收入的区别如图 2-1 所示。

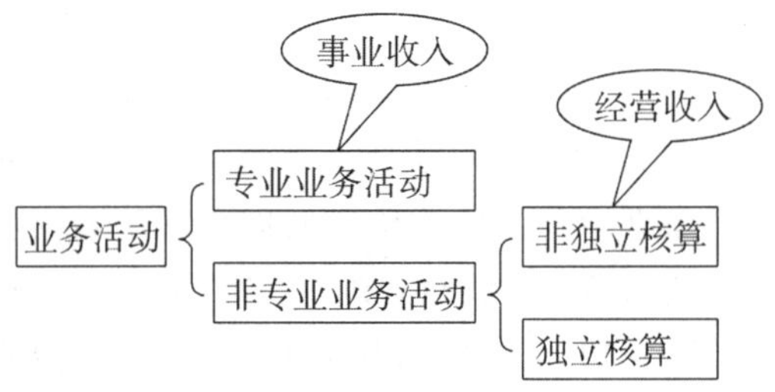

图 2-1　事业收入与经营收入的区别

（二）经营收入的分类

经营收入按经营业务类型的不同，分为服务收入、销售收入、租赁收入和其他经营收入。服务收入是事业单位非独立核算部门对外提供经营服务取得的收入。销售收入是事业单位非独立核算部门开展商品生产、加工对外销售商品取得的收入。租赁收入是事业单位对外出租房屋、场地和设备等取得的收入。其他经营收入是除上述收入以外的各项经营类业务收入。

（三）经营收入的账户设置

为反映事业单位经营业务的收入情况，事业单位应当设置“经营收入”科目。该科目核算事业单位在专业业务活动及其辅助活动之外开展非独立核算经营活动取得的收入。经营收入以权责发生制为基础确认。事业单位在已提供服务或商品并收讫价款或者取得收款凭据时，按照收到或应收的金额确认经营收入。

“经营收入”科目应当按照经营活动的类别、项目，并通过《政府收支分类科目》中“支出功能分类”相关科目等进行明细核算。明细科目设置的要求如下：

（1）按经营业务的类别设置一级明细科目。

（2）按经营业务的收费项目设置二级明细科目。

（3）在上述明细科目下，按“支出功能分类”的类、款、项进行明细核算。

（四）经营收入的账务处理

1.已经收讫价款

在提供服务或发出存货的同时收讫价款，按照实际收到的金额确认经营收入，借记“库存现金”“银行存款”等科目，贷记“经营收入”科目。

【例2-14】某档案管理事业单位，下设复印服务部为客户服务（没有实行独立核算）。当日收到复印费收入680元，款项已经存入银行。

借：银行存款　680

　贷：经营收入——复印业务——复印费　680

2.尚未收讫价款，但取得了索取价款的凭据

经营收入按权责发生制基础确认，如果事业单位在在提供服务或发出存货时没有收讫价款，但取得了索取价款的凭据，应当按照应收取的金额确认经营收入，借记“应收账款”“应收票据”等科目，贷记“经营收入”科目。

【例2-15】某环境保护事业单位，下设检测服务部向社会公众提供家庭装修污染检测服务（没有实行独立核算）。本日应收检测服务费3 200元，实际收到2 600元，款项已经存入银行。

借：银行存款　2 600

　　应收账款　600

　贷：经营收入——检测业务——检测费　3 200

3.涉及增值税经营业务

如果事业单位的经营收入按规定应当缴纳增值税，应当按扣除增值税后的金额确认经营收入。

（1）属于增值税小规模纳税人的事业单位实现经营收入，按实际出售价款，借记“银行存款”“应收账款”“应收票据”等科目，按出售价款扣除增值税额后的金额，贷记“经营收入”科目，按应缴增值税金额，贷记“应缴税费——应缴增值税”科目。

（2）属于增值税一般纳税人的事业单位实现经营收入，按包含增值税的价款总额，借记“银行存款”“应收账款”“应收票据”等科目，按扣除增值税销项税额后的价款金额，贷记“经营收入”科目，按增值税专用发票上注明的增值税金额，贷记“应缴税费——应缴增值税（销项税额）”科目。

【例2-16】某科学技术事业单位，利用其技术条件对外销售一项附属产品。当日销售商品一批，价值234 000元（含税），款项尚未收到。该事业单位为增值税一般纳税人，销售商品的增值税税率为17%，增值税销项税额为34 000元。

借：应收账款　234 000

　贷：经营收入——生产业务——产品销售收入　200 000

贷：应缴税费——应交增值税（销项税额） 34 000

期末，应当将“经营收入”科目本期发生额转入“经营结余”科目。具体核算方法，在后续的章节中介绍。期末结账后，“经营收入”科目应无余额。

第四节 其他活动收入的核算

事业单位的其他活动收入包括附属单位上缴收入和其他收入。本节讲解《事业单位会计制度》中关于其他活动收入核算的方法，阐述“附属单位上缴收入”“其他收入”科目的核算内容、账户设置和主要账务处理。

一、附属单位上缴收入

（一）附属单位上缴收入的内容

附属单位上缴收入是指事业单位附属的独立核算单位按规定标准或比例缴纳的各项收入。事业单位一般下设一些独立核算的附属单位，这些单位按规定应当上缴一定的收入，形成事业单位的附属单位上缴收入。

所谓附属单位是指事业单位内部设立的，实行独立核算的下级单位，与上级单位存在一定的体制关系。附属单位缴款是事业单位收到的附属单位上缴的款项，事业单位与附属单位之间的往来款项，不通过附属单位缴款核算，事业单位对外投资获得的投资收益也不通过附属单位缴款核算。

（二）附属单位上缴收入的核算

为反映事业单位取得所属单位缴款的情况，事业单位应当设置“附属单位上缴收入”科目。该科目核算事业单位收到独立核算附属单位按规定上缴的款项。附属单位缴款按收付实现制基础确认，按实际收到的数额计量。

“附属单位上缴收入”科目应当按照附属单位、缴款项目、《政府收支分类科目》中“支出功能分类”相关科目等进行明细核算。附属单位上缴收入属于非财政补助收入，附属单位上缴收入中如有专项资金收入，还应按具体项目进行明细核算。明细科目设置的要求如下：

（1）按附属单位的名称设置一级明细科目。

（2）按缴费项目设置二级明细科目。

（3）附属单位上缴款项中如有专项资金收入，则应按项目名称设置三级明细科目。

（4）在上述明细科目下，按“支出功能分类”的类、款、项进行明细核算。

事业单位在收到附属单位缴来款项时，按照实际收到金额，借记“银行存款”等科目，贷记“附属单位上缴收入”科目。

【例2-17】某事业单位下属的招待所为独立核算的附属单位。按事业单位与招待所签订的收入分配办法规定，20×1年招待所应交纳分成款100 000元，事业单位已收到招待所上缴的款项。

借：银行存款　　100 000

　贷：附属单位上缴收入——招待所——20×1年分成款　　100 000

期末，应当将“附属单位上缴收入”科目本期发生额中的专项资金收入结转入“非财政补助结转”科目；将“附属单位上缴收入”科目本期发生额中的非专项资金收入结转入“事业结余”科目。具体核算方法，在后续的章节中讲解。期末结账后，本科目应无余额。

二、其他收入

（一）其他收入的内容

其他收入是事业单位除上述各项收入以外的收入。上述各项收入均有其确定的内容，如果一项收入不属于上述任何一项收入，则可以确认为其他收入。事业单位会计按收入事项，分别设置了“财政补助收入”“上级补助收入”“事业收入”“经营收入”“附属单位上缴收入”等会计科目，核算相应的收入事项。但上述会计科目并不能核算事业单位所有的收入事项，需要通过“其他收入”核算没有列入上述科目核算范围的各项收入。

事业单位的其他收入主要内容包括投资收益、银行存款利息收入、租金收入、捐赠收入、现金盘盈收入、存货盘盈收入、收回已核销应收及预付款项、无法偿付的应付及预收款项等。

（二）其他收入的核算

事业单位应当设置“其他收入”科目，核算事业单位除上述各项收入以外的收入。其他收入按收付实现制基础确认，按实际收到的数额计量。

“其他收入”科目应当按照其他收入的类别《政府收支分类科目》中“支出功能分类”相关科目等进行明细核算。对于事业单位对外投资实现的投资净损益，应单设“投资收益”明细科目进行核算；其他收入属于非财政补助收入，其他收入中如有专项资金收入，还应按具体项目进行明细核算。明细科目设置的要求如下：

（1）按收入的类别，设置“投资收益”“利息收入”“租金收入”“捐赠收入”“现金盘盈收入”“存货盘盈收入”“收回已核销款项”“无法偿付的款项”等一级明细科目。

（2）如有限定用途的捐赠收入，在“捐赠收入”明细科目下按项目名称设置二级明细科目。

（3）在上述明细科目下，按“支出功能分类”的类、款、项进行明细核算。

其他收入的主要账务处理如下：

1.投资收益

事业单位各项短期投资、长期债券投资、长期股权投资取得的投资收入通过“其他收入”科目核算，在实际收到时按收到的金额确认，投资持有期间不确认投资收益。

（1）对外投资持有期间收到利息、利润等时，按实际收到的金额，借记“银行存款”等科目，贷记“其他收入——投资收益”科目。

（2）出售或到期收回国债投资本息，按照实际收到的金额，借记“银行存款”等科目，按照出售或收回国债投资的成本，贷记“短期投资”“长期投资”科目，按其差额，贷记或借记“其他收入——投资收益”科目。

【例2-18】某事业单位的一项长期股权投资分配利润，按投资份额计算，该事业单位应取得投资收益32 000元。款项已经收到，存入事业单位的银行账户。

借：银行存款　　32 000

　贷：其他收入——投资收益　　32 000

【例2-19】某事业单位的一项短期国债投资到期兑付，收回国债投资本息82 800元，其中短期投资成本80 000元、利息2 800元。

借：银行存款　　82 800

　贷：短期投资　　80 000

　　其他收入——投资收益　　2 800

2.存款利息与租金收入

事业单位收到银行存款利息、资产承租人支付的租金，按照实际收到的金额，借记“银行存款”等科目，贷记“其他收入——利息收入、租金收入”科目。

【例2-20】某事业单位将一暂时闲置的房子出租，收到承租人交来的本月租金6 000元，款项已经到账。

借：银行存款　　6 000

　贷：其他收入——租金收入　　6 000

如果按照同级财政的规定，事业单位出租国有资产取得的收入应当上缴国库，则租金收入应当通过“应缴国库款”科目核算。

3.捐赠收入

事业单位接受社会机构或个人捐赠的现款、物资等通过“其他收入——捐赠收入”科目核算。接受捐赠固定资产、无形资产等非流动资产，不通过本科目核算。收到主管单位、上级部分的补助款项，不通过本科目核算。

（1）接受捐赠现金资产，按照实际收到的金额，借记“银行存款”等科目，贷记“其他收入——捐赠收入”科目。

（2）接受捐赠的存货验收入库，按照确定的成本，借记“存货”科目，按照发生的相关税费、运输费等，贷记“银行存款”等科目，按照其差额，贷记“其他收入——捐赠收入”科目。

（3）接受的限定用途的捐赠，应当按具体项目设置明细账户进行明细核算。

【例2-21】某事业单位接受社会组织捐赠的款项共计28 000元，存入单位的银行账户。收到捐赠的材料用品一批，已经验收入库，根据所附凭据其价值为35 000元。捐赠人未对所捐赠的款项、物资提出限制条件。

借：银行存款　28 000
　　存货　35 000
　贷：其他收入——捐赠收入　63 000

【例2-22】某事业单位收到社会捐赠的款项82 000元，根据捐赠人的意愿，此款项限定用于事业单位所开展的一项公益项目（专项资金收入）。

借：银行存款　82 000
　贷：其他收入——捐赠收入——××公益项目　82 000

4.流动资产盘盈

事业单位盘盈的现金、存货通过“其他收入”科目核算。盘盈的固定资产不通过本科目核算。每日现金账款核对中如发现现金溢余，属于无法查明原因的部分，借记“库存现金”科目，贷记“其他收入——现金盘盈收入”科目。盘盈的存货，按照确定的入账价值，借记“存货”科目，贷记“其他收入——存货盘盈收入”科目。

【例2-23】某事业单位当日在现金账款核对中发现溢余15元，经审查为财务报销正常的溢余。

借：库存现金　15
　贷：其他收入——现金盘盈收入　15

5.收回已核销应收及预付款项与无法偿付的应付及预收款项

核销后又收回的应收及预付款项，以及无法偿付的应付及预收款项，通过“其他收入”科目核算。

（1）事业单位已核销应收账款、预付账款、其他应收款在以后期间收回的，按照实际收回的金额，借记“银行存款”等科目，贷记“其他收入——收回已核销款项”科目。

（2）事业单位无法偿付或债权人豁免偿还的应付账款、预收账款、其他应付款及长期应付款，借记“应付账款”“预收账款”“其他应付款”“长期应付款”等科目，贷记“其他收入——无法偿付的款项”科目。

【例2-24】某事业单位因某一职工自行离职，已经将其所欠单位款项2 000元核销。但该职工又回到单位，经索要收回了款项。

借：银行存款　2 000
　贷：其他收入——收回已核销款项　2 000

【例2-25】某事业单位经营业务的一项应付账款，账面余额3 500元，因债权人长期消失无法偿付，予以核销。

借：应付账款　3 500
　贷：其他收入——无法偿付的款项　3 500

期末，应将“其他收入”科目本期发生额中的专项资金收入结转入“非财政补助结转”科目；将“其他收入”科目本期发生额中的非专项资金收入结转入“事业结余”科目。具体核算方法，在后续的章节中介绍。期末结账后，“其他收入”科目应无余额。

小资料 2-5

事业单位的收入类会计科目包括“财政补助收入”“事业收入”“上级补助收入”“附属单位上缴收入”“经营收入”“其他收入”。按收入的性质划分，财政补助收入属于财政补助资金，其他各项收入为非财政补助资金。财政补助收入区分基本支出补助和项目支出补助，非财政补助资金收入区分专项资金收入和非专项资金收入（其他资金收入）。期末结账时，要将不同类型的收入结转到不同的结转结余账户中。

第三章

事业单位支出的核算

第一节 事业单位支出概述

本节讲解《事业单位会计制度》中支出的核算与管理的一般要求，阐述事业单位支出的含义与确认条件，介绍事业单位支出的内容与分类，以及财务管理与内部控制的相关规定。

一、支出的确认与计量

支出是指事业单位开展业务及其他活动发生的资金耗费和损失。事业单位在专业业务活动、经营业务活动和其他活动中发生的资金耗费，以及产生的各项损失，均可确认为事业单位的支出。

事业单位的支出可以表现为经济利益的流出或者服务潜力的流出，导致本期净资产的减少。支出一般在经济利益或者服务潜力能够流出从而导致事业单位资产减少或者负债增加，并且当经济利益或者服务潜力的流出额能够可靠计量时才能予以确认。《事业单位会计制度》规定，事业单位会计核算一般采用收付实现制，但部分经济业务或者事项的核算应当按照本制度的规定采用权责发生制。因此，事业单位的支出存在以下两种确认方式：

（1）在收付实现制基础下，事业单位的支出应当在其实际支付时予以确认，并按照实际支付金额计量。此时，经济利益或者服务潜力已经流出事业单位，并且导致事业单位资产减少或者负债增加。事业单位的事业业务支出、其他业务支出一般按收付实现制基础确认。

（2）在权责发生制基础下，事业单位的支出应当在其发生时予以确认，并按照实际发生额进行计量。此时，经济利益或者服务潜力能够流出事业单位，并且能够导致事业单位资产减少或者负债增加。事业单位的经营业务支出应当以权责发生制为基础确认，与经营收入相配比。事业单位的经营支出以外的各项支出如果采用权责发生制基础确认，应当符合会计制度的规定。

二、支出的内容与分类

事业单位的支出包括事业支出、对附属单位补助支出、上缴上级支出、经营支出和其他支出等。事业单位的支出应当分类管理，按类型进行会计核算。

（1）按支出发生的环节，事业单位的支出分为业务活动支出和其他活动支出。业务活动支出是事业单位开展专业业务活动、经营业务活动及相关辅助活动发生的支出，包括事业支出和经营支出。其他活动支出是事业单位业务活动支出以外的各项支出，主要包括对附属单位补助支出、上缴上级支出和其他支出。

（2）按支出资金的性质，事业单位的支出分为财政补助支出和非财政补助支出。财政补助支出是事业单位用财政补助收入安排的各项支出，主要发生在事业单位的事业支出中。非财政补助支出是事业单位用财政补助收入以外的资金安排的支出，包括用事业收入、上级补助收入、附属单位上缴收入、经营收入和其他收入等安排的支出。对附属单位补助支出、上缴上级支出、经营支出、其他支出属于非财政补助支出，事业支出既包括财政补助支出又包括非财政补助支出。

（3）按支出资金的限定性，事业单位的支出分为限定性支出和非限定性支出。限定性支出是用限定性收入安排的支出，非限定性支出是用非限定性收入安排的支出。财政补助支出一般区分为基本支出和项目支出，非财政补助支出一般区分为专项资金支出和非专项资金支出（其他资金支出）。

事业单位会计设置的支出类会计科目及分类见表3-1。

表3-1　**事业单位支出类会计科目分类表**

<table>
<tr><th>类　型</th><th>会计科目</th><th>性　质</th><th>限定性划分</th></tr>
<tr><td rowspan="5">业务活动支出</td><td rowspan="4">5001　事业支出</td><td rowspan="2">财政补助支出</td><td>基本支出</td></tr>
<tr><td>项目支出</td></tr>
<tr><td rowspan="2">非财政补助支出</td><td>专项支出</td></tr>
<tr><td>非专项支出</td></tr>
<tr><td>5301　经营支出</td><td>非财政补助支出</td><td>非专项支出</td></tr>
<tr><td rowspan="4">其他活动支出</td><td>5201　对附属单位补助支出</td><td rowspan="2">非财政补助支出</td><td rowspan="2">非专项支出</td></tr>
<tr><td>5101　上缴上级支出</td></tr>
<tr><td rowspan="2">5401　其他支出</td><td rowspan="2">非财政补助支出</td><td>专项支出</td></tr>
<tr><td>非专项支出</td></tr>
</table>

三、支出的财务管理

根据《事业单位财务规则》及相关行业事业单位财务制度的要求，事业单位支出财务管理的内容主要包括：

（1）加强支出的预算管理。事业单位应当将各项支出全部纳入单位预算，建立健全支出管理制度。事业单位根据年度事业发展目标和计划以及预算编制的规定，提出预算建议数，经主管部门审核汇总报财政部门。事业单位根据财政部门下达的预算控制数编制预算，由主管部门审核汇总报财政部门，经法定程序审核批复后执行。事业单位应当严格执行批准的支出预算。

（2）加强支出的规范性管理。事业单位的支出应当严格执行国家有关财务规章制度规定的开支范围及开支标准；国家有关财务规章制度没有统一规定的，由事业单位规定，报主管部门和财政部门备案。事业单位的规定违反法律制度和国家政策的，主管部门和财政部门应当责令改正。事业单位应当严格执行国库集中支付制度和政府采购制度等有关规定。事业单位应当依法加强各类票据管理，确保票据来源合法、内容真实、使用正确，不得使用虚假票据。

（3）加强专项资金管理。事业单位从财政部门和主管部门取得的有指定项目和用途的专项资金，应当专款专用、单独核算，并按照规定向财政部门或者主管部门报送专项资金使用情况。项目完成后，应当报送专项资金支出决算和使用效果的书面报告，接受财政部门或者主管部门的检查、验收。对于不同来源的项目资金，应当按照国家有关规定或者合同要求进行管理，不得截留、挤占、挪用和违反规定转拨资金，不得虚列支出，不得以任何形式谋取私利。

（4）加强支出的绩效管理。事业单位应当加强支出的绩效管理，提高资金使用的有效性。事业单位应当加强经济核算，可以根据开展业务活动及其他活动的实际需要，实行内部成本核算办法。事业单位在开展非独立核算经营活动时，应当正确归集实际发生的各项费用数额，不能归集的，应当按照规定的比例合理分摊。

四、支出的内部控制

事业单位支出的内部控制属于业务层面内部控制。根据《行政事业单位内部控制规范（试行）》的规定，事业单位应当建立健全支出内部管理制度。事业单位支出内部控制的主要内容包括：

（1）完善支出的内部管理制度。事业单位应当建立健全支出内部管理制度，确定单位经济活动的各项支出标准，明确支出报销流程，按照规定办理支出事项。事业单位应当合理设置岗位，明确相关岗位的职责权限，确保支出申请和内部审批、付款审批和付款执行、业务经办和会计核算等不相容岗位相互分离。

（2）加强支出的审批控制。明确支出的内部审批权限、程序、责任和相关控制措施。审批人应当在授权范围内审批，不得越权审批。

（3）加强支出的审核控制。全面审核各类单据。重点审核单据来源是否合法，内容是否真实、完整，使用是否准确，是否符合预算，审批手续是否齐全。支出凭证应当附反映支出明细内容的原始单据，并由经办人员签字或盖章，超出规定标准的支出事项应由经办人员说明原因并附审批依据，确保与经济业务事项相符。

(4) 加强支出的支付控制。明确报销业务流程，按照规定办理资金支付手续。签发的支付凭证应当进行登记。使用公务卡结算的，应当按照公务卡使用和管理有关规定办理业务。

(5) 加强支出的核算和归档控制。由财会部门根据支出凭证及时准确登记账簿，与支出业务相关的合同等材料应当提交财会部门作为账务处理的依据。

第二节 业务活动支出的核算

事业单位的业务活动支出包括事业支出和经营支出。本节讲解《事业单位会计制度》中关于业务活动支出核算的方法，阐述“事业支出”“经营支出”科目的核算内容、分类、账户设置和主要账务处理。

一、事业支出

(一) 事业支出的含义

事业支出是指事业单位开展各项专业业务活动及其辅助活动发生的支出，包括基本支出和项目支出。事业支出与事业收入相对应，是事业单位支出的核心内容。事业单位是提供各种社会服务的公益性组织，在提供专业服务和辅助服务活动时，必然会发生一定的耗费。事业单位活动的领域不同，事业支出的内容也有所不同，如教育事业支出、科研事业支出、医疗事业支出、文化事业支出、展览事业支出、环境保护事业支出、福利事业支出等。

事业单位应当将事业支出纳入单位预算管理，严格执行国家财政制度和财经纪律，建立健全支出的管理与控制制度，在保证专业业务活动需要的前提下，尽可能减少事业支出，以提高财政资金和业务资金的使用效益。

(二) 事业支出的分类

为加强事业支出的管理与核算，根据财政部门的要求，事业单位需要对事业支出进行适当的分类。事业支出的主要分类如下：

1.按资金的性质，事业支出分为财政补助支出和非财政补助支出两类

(1) 财政补助支出是事业单位用财政补助收入款项安排的事业支出。财政补助收入是事业单位从财政部门取得的款项，是财政部门根据预算安排，通过国库拨入事业单位的纳入预算管理的资金。财政补助支出按部门预算管理的要求应当区分基本支出和项目支出。

(2) 非财政补助支出是事业单位使用除财政补助以外的款项安排的事业支出。事业单位的收入除财政补助收入外，还有事业收入、经营收入、上级补助收

入、附属单位上缴收入、其他收入等。使用这些收入形成的款项安排的支出为非财政补助支出。按资金使用要求的不同，非财政补助支出分为专项资金支出和非专项资金支出。

2.按部门预算管理的要求，事业支出分为基本支出和项目支出两类

（1）基本支出是事业单位为了保障其正常运转、完成日常工作任务而发生的支出，包括人员经费支出和日常公用经费支出。

（2）项目支出是事业单位为了完成特定工作任务和事业发展目标，在基本支出之外所发生的支出。

财政补助支出需要明确区分基本支出和项目支出。非财政补助支出中的非专项资金支出相当于基本支出，专项资金支出相当于项目支出。

3.按预算科目的要求，事业支出需要进行经济分类

支出的经济分类主要反映政府支出的经济性质和具体用途。根据《政府收支分类科目》的规定，事业支出不但需要进行支出的功能分类，还需要进行支出的经济分类，按预算科目设置各级明细科目，为预算管理服务。事业支出的经济分类设类、款两级预算科目。预算科目设置情况如下：

（1）工资福利支出，款项包括：基本工资、津贴补贴、奖金、社会保障缴费、伙食费、伙食补助费、绩效工资、其他工资福利支出。

（2）商品和服务支出，款项包括：办公费、印刷费、咨询费、手续费、水费、电费、邮电费、取暖费、物业管理费、差旅费、因公出国（境）费用、维修（护）费、租赁费、会议费、培训费、公务接待费、专用材料费、装备购置费、工程建设费、作战费、军用油料费、军队其他运行维护费、被装购置费、专用燃料费、劳务费、委托业务费、工会经费、福利费、公务用车运行维护费、其他交通维护费用、税金及附加费用、其他商品和服务支出。

（3）对个人和家庭的补助，款项包括：离休费、退休费、退职（役）费、抚恤金、生活补助、救济费、医疗费、助学金、奖励金、生产补贴、住房公积金、提租补贴、购房补贴、其他对个人和家庭的补助支出。

（4）对企事业单位的补贴，款项包括：企业政策性补贴、事业单位补贴、财政贴息、国有资本经营预算费用性支出、其他对企事业单位的补贴支出。

（5）转移性支出，款项包括：不同级政府间转移性支出、同级政府间转移性支出。

（6）赠与，款项包括：对国内的赠与、对国外的赠与。

（7）债务利息支出，款项包括：国内债务付息、向国家银行借款付息、其他国内借款付息、向国外政府借款付息、向国际组织借款付息、其他国外借款付息。

（8）债务还本支出，款项包括：国内债务还本、国外债务还本。

（9）基本建设支出，款项包括：房屋建筑物购建支出、办公设备购置支出、

专用设备购置支出、基础设施建设支出、大型修缮支出、信息网络及软件购置更新支出、物资储备支出、公务用车购置支出、其他交通工具购置支出、其他基本建设支出。

（10）其他资本性支出，款项包括：房屋建筑物购建支出、办公设备购置支出、专用设备购置支出、基础设施建设支出、大型修缮支出、信息网络及软件购置更新支出、物资储备支出、土地补偿支出、安置补助支出、地上附着物和青苗补偿支出、拆迁补偿支出、公务用车购置支出、其他交通工具购置支出、其他资本性支出。

（11）贷款转贷及产权参股，款项包括：国内贷款支出、国外贷款支出、国内转贷支出、国外转贷支出、产权参股支出、国有资本经营预算资本性支出、其他贷款转贷及产权参股支出。

（12）其他支出，款项包括：预备费，预留、补充全国社会保障基金支出，未划分的项目支出，国有资本经营预算其他支出，其他支出。

4.按支出的经济事项，事业支出分为人员经费支出和日常公用经费支出

（1）人员经费支出，是指用于事业单位人员方面的事业支出，主要是《政府收支分类科目》中的“工资福利支出”和“对个人和家庭的补助”类别的具体款项，其中：属于“工资福利支出”类别的款项包括基本工资、津贴补贴、奖金、社会保障缴费、伙食费、伙食补助费、其他工资福利支出；属于“对个人和家庭的补助”类别的款项包括离（退）休费、抚恤金、生活补助费、救济费、医疗费、住房公积金、购房补贴、其他对个人和家庭的补助支出等款项。

（2）日常公用经费支出，是用于事业单位日常公务活动的经费支出，主要是《政府收支分类科目》中的“商品和服务支出”和“基本建设支出”类别的具体款项，其中：属于“商品和服务支出”类别的款项包括办公费、印刷费、咨询费、手续费、水费电费、邮电费、取暖费、物业管理费、差旅费、因公出国（境）费用、维修（护）费、租赁费、会议费、培训费、公务接待费、劳务费、委托业务费、工会经费、福利费、公务用车运行维护费、其他交通维护费用、税金及附加费用、其他商品和服务支出；属于“基本建设支出”类别的款项包括房屋建筑物购建支出、办公设备购置支出、专用设备购置支出、基础设施建设支出、大型修缮支出、信息网络及软件购置更新支出、物资储备支出、公务用车购置支出、其他交通工具购置支出、其他基本建设支出等。

小资料3-1

引起社会广泛关注的“三公经费”即是上述日常公用经费支出中的“因公出国（境）费”“公务接待费”“公务车购置及运行费”。因公出国（境）费反映单位工作人员公务出国（境）的住宿费、旅费、伙食补助费、杂费、培训费等支出；公务接待费反映单位按规定开支的各类公务接待支出；公务车购置及运行费反映单位公务用车购置费及租用费、燃料费、维修费、路桥费、保险费、安全奖

励费用等支出。事业单位“三公经费”支出除通过事业收入、经营收入列支外，财政拨款也安排一部分。实行预算公开是我国财政预算体制改革的目标。国务院要求中央各部门要公开本部门“三公经费”，地方部门比照中央部门公开“三公经费”。事业单位的“三公经费”应当向社会公布，接受社会的监督。

（三）事业支出的账户设置

为反映事业单位事业性支出的情况，事业单位应当设置“事业支出”科目。该科目核算事业单位开展专业业务活动及其辅助活动发生的基本支出和项目支出。事业支出按收付实现制基础确认，以实际发生的数额计量。

事业支出的分类较为复杂，需要设置多层次的明细科目进行核算。《事业单位会计制度》规定，“事业支出”科目应当按照“基本支出”“项目支出”，以及“财政补助支出”“非财政专项资金支出”“其他资金支出”等层级进行明细核算，并按照《政府收支分类科目》中“支出功能分类”相关科目进行明细核算；“基本支出”和“项目支出”明细科目下应当按照《政府收支分类科目》中“支出经济分类”的款级科目进行明细核算，同时在“项目支出”明细科目下按照具体项目进行明细核算。按此规定，事业支出的明细科目有两种设置方法。

1.按事业支出的资金性质设置第一层次的明细科目

（1）“事业支出”科目应当按经费的性质设置“财政补助支出”“非财政专项资金支出”和“其他资金支出”三个一级明细科目，再按照《政府收支分类科目》中“支出功能分类”相关科目进行明细核算。

（2）在按经费性质设置明细科目后，应当分别在上述明细科目下设置“基本支出”和“项目支出”两个二级明细科目，分别核算事业单位的基本支出和项目支出的资金数额。

（3）“基本支出”明细科目下设置“人员经费支出”和“日常公用经费支出”两个三级明细科目，“项目支出”明细科目下按照具体项目名称设置三级明细科目。

（4）根据《政府收支分类科目》的要求，按“支出经济分类”款级科目设置次级明细科目。

此方式下事业支出明细科目的设置见表3-2。

2.按部门预算管理的要求设置第一层次的明细科目

（1）“事业支出”科目应当按部门预算管理的要求设置“基本支出”和“项目支出”两个一级明细科目。

（2）按部门预算管理的要求设置一级明细科目后，在“基本支出”明细科目下按资金性质设置“财政补助支出”和“其他资金支出”两个二级明细科目；在“项目支出”明细科目下按资金性质设置“财政补助支出”“非财政专项资金支出”“其他资金支出”三个二级明细科目。

表3-2 **事业支出明细科目表（一）**

<table>
<tr><th>总账科目</th><th>一级明细</th><th>二级明细</th><th>三级明细</th><th>预算科目</th></tr>
<tr><td rowspan="10">事业支出</td><td rowspan="4">财政补助支出</td><td rowspan="2">基本支出</td><td>人员经费</td><td rowspan="10">功能分类
经济分类</td></tr>
<tr><td>日常公用经费</td></tr>
<tr><td rowspan="2">项目支出</td><td>项目名称</td></tr>
<tr><td>……</td></tr>
<tr><td rowspan="2">非财政专项资金支出</td><td rowspan="2">项目支出</td><td>项目名称</td></tr>
<tr><td>……</td></tr>
<tr><td rowspan="4">其他资金支出</td><td rowspan="2">基本支出</td><td>人员经费</td></tr>
<tr><td>日常公用经费</td></tr>
<tr><td rowspan="2">项目支出</td><td>项目名称</td></tr>
<tr><td>……</td></tr>
</table>

（3）在“基本支出”明细科目下，设置“人员经费支出”和“日常公用经费支出”两个三级明细科目；在“项目支出”明细科目下，按照具体项目名称设置三级明细科目。

（4）根据《政府收支分类科目》的要求，按“支出经济分类”款级科目设置次级明细科目。

此方式下事业支出明细科目的设置见表3-3。

表3-3 **事业支出明细科目表（二）**

<table>
<tr><th>总账科目</th><th>一级明细</th><th>二级明细</th><th>三级明细</th><th>预算科目</th></tr>
<tr><td rowspan="10">事业支出</td><td rowspan="4">基本支出</td><td rowspan="2">财政补助支出</td><td>人员经费</td><td rowspan="10">功能分类
经济分类</td></tr>
<tr><td>日常公用经费</td></tr>
<tr><td rowspan="2">其他资金支出</td><td>人员经费</td></tr>
<tr><td>日常公用经费</td></tr>
<tr><td rowspan="6">项目支出</td><td rowspan="2">财政补助支出</td><td>项目名称</td></tr>
<tr><td>……</td></tr>
<tr><td rowspan="2">非财政专项资金支出</td><td>项目名称</td></tr>
<tr><td>……</td></tr>
<tr><td rowspan="2">其他资金支出</td><td>项目名称</td></tr>
<tr><td>……</td></tr>
</table>

事业单位应当根据事业支出的具体情况和相关要求选择明细科目的设置方式。以下按第一种方式设置明细科目，讲解事业支出的账务处理。尽管事业单位会计科目的明细科目设置层次较多，但多数事业单位建立了会计信息系统，通过会计核算软件进行核算，在初始化时已经预置了明细科目。

（四）事业支出的账务处理

事业支出中的财政补助支出一般通过财政直接支付、财政授权支付和货币资金支付。事业支出中的非财政补助支出通常以货币资金支付。

1.财政直接支付

以财政直接支付方式发生的支出，事业单位在收到国库支付执行机构委托代理银行转来的“财政直接支付入账通知书”及原始凭证后确认事业支出，借记“事业支出”科目，贷记“财政补助收入”等科目。

【例 3-1】某事业单位收到国库支付执行机构委托代理银行转来的“财政直接支付入账通知书”及原始凭证，事业单位新招聘人员的业务培训费36 000元已经由财政直接支付给培训机构。

借：事业支出——财政补助支出——基本支出　　36 000

　贷：财政补助收入——基本支出　　36 000

【例 3-1】的会计分录只列出了“事业支出”科目两个层次的明细科目，在会计实务中，需要按预算管理的要求逐级进行明细核算。如果按资金性质设置第一层次的明细科目，完整的明细科目为“事业支出——财政补助支出——基本支出——日常公用经费支出——商品和服务支出（培训费）”。如果按部门预算管理的要求设置第一层次的明细科目，完整的明细科目为“事业支出——基本支出——财政补助支出——日常公用经费支出——商品和服务支出（培训费）”。同时，“财政补助收入”科目也需要逐级列出具体的明细科目。为了讲解方便，以下的会计分录均按资金性质设置第一层次的明细科目，并且省略二级以下层次的明细科目。

2.财政授权支付

以财政授权支付方式发生的支出，事业单位开出“授权支付凭证”使用授权额度时确认事业支出，借记“事业支出”科目，贷记“零余额账户用款额度”科目。

【例 3-2】某事业单位为公共医疗卫生事业单位，从单位的零余额账户用款额度中支出9 200元，用于支付甲型N1H1流感的预防项目工作人员的特殊岗位津贴。

借：事业支出——财政补助支出——项目支出　　9 200

　贷：零余额账户用款额度　　9 200

同时，需要对事业支出进行明细核算，完整的会计科目为“事业支出——财政补助支出——项目支出——N1H1预防项目——工资福利支出（津贴补贴）”。此事项还需要在“应付职工薪酬”科目中记录。

3.货币资金支付

直接以货币资金支付的人员经费、公用经费，在实际支付时按支付的金额确认事业支出，借记“事业支出”科目，贷记“银行存款”“库存现金”等科目。

【例3-3】某事业单位租用某宾馆综合厅举办工作会议，发生会议费10 000元，以银行存款支付。所付款项为财政部门当年拨入的基本经费。

借：事业支出——财政补助支出——基本支出 10 000

贷：银行存款 10 000

同时，需要对事业支出进行明细核算，完整的会计科目为“事业支出——财政补助支出——基本支出——日常公用经费支出——商品和服务支出（会议费）”。

【例3-4】某事业单位用事业收入支付一笔公务接待费用2 800元，款项以银行存款支付。所用款项为非财政补助、非专项资金。

借：事业支出——其他资金支出——基本支出 2 800

贷：银行存款 2 800

同时，需要对事业支出进行明细核算，完整的会计科目为“事业支出——其他资金支出——基本支出——日常公用经费支出——商品和服务支出（公务接待费）”。

【例3-5】某事业单位使用上级主管部门拨入的课题研究经费（非财政专项资金），以银行转账方式支付项目调研费6 000元。

借：事业支出——非财政专项资金支出——项目支出 6 000

贷：银行存款 6 000

同时，需要对事业支出进行明细核算，完整的会计科目为“事业支出——非财政专项资金支出——项目支出——课题经费——商品和服务支出”。

4.其他方式

除上述方式外，事业单位的事业支出还包括计提职工薪酬、领用库存材料、购入固定资产、购入无形资产、计提修购基金等。为从事专业业务活动及其辅助活动人员计提的薪酬，在计提时确认事业支出。事业业务领用入库管理的存货，在发出存货时确认事业支出。购入事业用固定资产、无形资产，在购入并支付价款时确认事业支出。从事业收入中计提修购基金，在计提时确认事业支出。具体核算方法，在后续的章节中讲解。

期末，应当将“事业支出——财政补助支出”科目本期发生额结转入“财政补助结转”科目；将“事业支出——非财政专项资金支出”科目本期发生额结转入“非财政补助结转”科目；将“事业支出——其他资金支出”科目本期发生额结转入“事业结余”科目。具体核算方法，在后续的章节中讲解。期末结账后，“事业支出”科目应无余额。

二、经营支出

（一）经营支出的含义

经营支出是指事业单位在专业业务活动及其辅助活动之外开展非独立核算经营活动发生的支出。如果事业单位的生产、加工经营业务实行内部成本核算，则经营支出为已销产品的实际成本。事业单位的主要业务是专业业务活动及其辅助活动。为弥补事业单位经费的不足，更好地开展公益性服务活动，事业单位也可以开展经营类的业务活动。有经营活动的事业单位应正确划分事业支出和经营支出的界限。

经营支出应当与经营收入配比。确认条件有两个：一是在专业服务和辅助服务活动之外所发生的支出，二是非独立核算单位发生的支出。独立核算附属单位的经营活动，应按会计制度规定单独进行核算，不通过事业单位的“经营支出”科目反映。独立核算附属单位上缴上级单位款项所形成的支出为上缴上级支出。

（二）经营支出的分类

事业单位应当加强经济核算，可以根据开展业务活动及其他活动的实际需要，实行内部成本核算办法。事业单位的经营业务，可以实行内部成本核算，也可以不实行内部成本核算。

（1）对于不实行内部成本核算的经营业务，发生的所有业务支出均通过“经营支出”核算，包括材料费用、人工费用及相关税费。

（2）对于实行内部成本核算的经营业务，应当对发生的业务费用进行归集、分配，准确计算产品的生产成本，在结转已销存货实际成本时确认经营支出。事业单位在开展非独立核算经营活动，应当正确归集实际发生的各项费用数；不能归集的，应当按照规定的比例合理分摊。

小资料 3-2

内部成本核算，是指以内部管理为目的的成本计算与成本管理。内部成本是一种不完全、不十分严格的成本，其成本核算方法较为简单。事业单位如果实行内部成本核算，需要通过“存货——生产成本”科目归集生产产品所发生的各项费用。生产成本是实行内部成本核算的事业单位应列入商品或劳务成本的各项费用。成本费用的内容，主要包括直接材料、直接人工和各项制造费用。《事业单位会计制度》主要适用于公益性较强的事业单位，对经营业务的内部成本核算没有具体的规定。

（三）经营支出的账户设置

为反映事业单位经营活动的情况，事业单位应当设置“经营支出”科目。该科目核算事业单位在专业业务活动及其辅助活动之外开展非独立核算经营活动发生的各项支出，包括实行内部成本核算单位的已销存货的实际成本。经营支出按权责发生制基础确认，并与经营收入配比，以便考核经营业务的经济效益。

“经营支出”科目应当按照经营活动类别、项目以及《政府收支分类科目》

中“支出功能分类”相关科目等进行明细核算。明细科目设置的要求如下：

（1）按经营业务的类别设置一级明细科目；

（2）按经营业务的费用项目设置二级明细科目；

（3）在上述明细科目下，按“支出功能分类”的类、款、项进行明细核算。

（四）经营支出的账务处理

1.经营业务不实行内部成本核算

如果事业单位的经营业务不实行内部成本核算，经营支出在发生时按实际发生的数额确认。为开展非独立核算经营活动人员计提的薪酬，借记“经营支出”科目，贷记“应付职工薪酬”等科目。经营业务活动领用、发出的存货，按领用、发出存货的实际成本，借记“经营支出”科目，贷记“存货”科目。经营业务活动中发生的其他各项支出，借记“经营支出”科目，贷记“库存现金”“银行存款”“应缴税费”等科目。

【例3-6】某档案管理事业单位，下设复印服务部为客户服务，其业务没有实行独立核算，也不要求进行内部成本核算。现计提本月临时聘用人员劳务费用5 600元。

借：经营支出——复印业务——劳务费	5 600	
贷：应付职工薪酬		5 600

【例3-7】某文化事业单位，对外出租演出场地及相关设备。经计算，本月应当缴纳相关税费1 800元。

借：经营支出——出租业务——税费	1 800	
贷：应缴税费		1 800

【例3-8】某环境保护事业单位向社会提供家庭装修污染检测服务，其业务没有实行独立核算，也不要求进行内部成本核算。某日购置检测用品3 600元，已经支付款项2 000元，其余款项尚未支付。

借：经营支出——检测业务——检测用品	3 600	
贷：银行存款		2 000
应付账款		1 600

2.经营业务实行内部成本核算

如果事业单位的生产、加工经营业务实行内部成本核算，需要通过“存货——生产成本”等科目归集生产费用，计算产品生产成本，在结转已销存货实际成本时确认经营支出。生产成本的核算，主要包括两个环节：一是成本费用的归集与分配，将发生的各项费用计入相应的成本对象中；二是完工产品成本的结转，将成本费用转入相应的产品成本中。

【例3-9】某事业单位为研究所，开展一项技术产品生产经营业务，没有实行独立核算，但要求实行内部成本核算。现生产A产品领用甲材料，价值6 000元。

借：存货——生产成本——A产品（直接材料）　6 000
　贷：存货——甲材料　6 000

【例3-10】根据工资分配计算单，A产品分配的人工费用为4 000元。

借：存货——生产成本——A产品（直接人工）　4 000
　贷：应付职工薪酬　4 000

【例3-11】A产品发生制造费用2 000元，以银行存款支付。

借：存货——生产成本——A产品（制造费用）　2 000
　贷：银行存款　2 000

【例3-12】月末A产品完工产品为120件（无在产品），结转A产品完工成本。

借：存货——A产品　12 000
　贷：存货——生产成本——A产品（直接材料）　6 000
　　　　　　　　　　——A产品（直接人工）　4 000
　　　　　　　　　　——A产品（制造费用）　2 000

【例3-13】月末结转已销A产品成本。本月共销售A产品50件，成本为100元/件。经计算，本月已销产品成本5 000元。

借：经营支出——技术产品业务——销售成本结转　5 000
　贷：存货——A成品　5 000

期末，应当将“经营支出”科目本期发生额转入“经营结余”科目。具体核算方法，在后续的章节中讲解。期末结账后，“经营支出”科目应无余额。

第三节　其他活动支出的核算

事业单位的其他活动支出包括上缴上级支出、对附属单位补助支出和其他支出。本节讲解《事业单位会计制度》中关于其他活动支出核算的方法，阐述“上缴上级支出”“对附属单位补助支出”“其他支出”科目的核算内容、账户设置和主要账务处理。

一、上缴上级支出

（一）上缴上级支出的内容

上缴上级支出是指事业单位按照财政部门和主管部门的规定上缴上级单位的支出。有上缴上级支出的事业单位是实行独立核算并附属于上级单位的事业单位。根据本单位与上级之间的体制安排，事业单位取得的各项收入应当按规定的标准或比例上缴上级单位，形成事业单位的上缴上级支出。上缴上级支出属于非财政性资金支出，事业单位需要上缴上级单位的款项通常是事业单位的事业收入、经营收入和其他收入。

（二）上缴上级支出的核算

事业单位应当设置“上缴上级支出”科目，核算事业单位按照财政部门和主管部门的规定上缴上级单位的支出。“上缴上级支出”科目应当按照收缴款项单位、缴款项目、《政府收支分类科目》中“支出功能分类”相关科目等进行明细核算。明细科目设置的要求如下：

（1）按收缴款项的上级单位名称设置一级明细科目；

（2）按缴款项目的类别设置二级明细科目；

（3）在上述明细科目下，按“支出功能分类”的类、款、项进行明细核算。

上缴上级支出按收付实现制基础确认，按实际上缴的数额计量。发生上缴上级支出时，借记“上缴上级支出”科目，贷记“银行存款”等科目。

【例 3-14】某事业单位根据体制安排和本年事业收入的数额，经计算，本年应上缴上级单位款项200 000元。事业单位通过银行转账上缴了款项。

借：上缴上级支出——上级单位　　200 000

　贷：银行存款　　200 000

期末，应将“上缴上级支出”科目本期发生额转入“事业结余”科目。具体核算方法，在后续的章节中讲解。期末结账后，“上缴上级支出”科目应无余额。

二、对附属单位补助支出

（一）对附属单位补助支出的内容

对附属单位补助支出是指事业单位用财政补助收入之外的收入对附属单位补助所发生的支出。附属单位是指实行独立核算的下级单位。事业单位作为上级单位，可以使用自有经费对下属单位进行各项补助，支持所属单位事业的发展。对附属单位补助支出属于非财政性资金支出，事业单位不能用财政补助收入对附属单位进行补助，可以使用事业收入、经营收入、其他收入等非财政性资金对附属单位给予补助。

（二）对附属单位补助支出的核算

事业单位应当设置“对附属单位补助”科目，核算事业单位用财政补助收入之外的收入对附属单位补助发生的支出情况。“对附属单位补助支出”科目应当按照接受补助单位、补助项目、《政府收支分类科目》中“支出功能分类”相关科目等进行明细核算。明细科目设置的要求如下：

（1）按受补助单位名称设置一级明细科目；

（2）按补助项目的类别设置二级明细科目；

（3）在上述明细科目下，按“支出功能分类”的类、款、项进行明细核算。

对附属单位补助支出按收付实现制基础确认，按实际补助的数额计量。发生对附属单位补助支出时，借记“对附属单位补助支出”科目，贷记“银行存款”等科目。

【例 3-15】某事业单位用自有经费，对所属独立核算杂志社补助20 000

元，以银行存款支付。

借：对附属单位补助支出——杂志社　20 000

　贷：银行存款　20 000

期末，应当将“对附属单位补助”科目本期发生额转入“事业结余”科目。具体核算方法将在后续的章节中讲解。期末结账后，“对附属单位补助”科目应无余额。

小资料 3-3

事业单位的组织层次较多，需要分层次进行会计核算。有的事业单位是上级单位的附属单位，需要按规定上缴款项；有的事业单位有下级附属单位，需要给予其补助。《事业单位会计制度》规定，上、下级事业单位之间上缴、补助的款项均为非财政补助资金。上、下级事业单位之间存在一定的上缴、补助关系，需要设置不同的会计科目进行核算，会计科目对应关系见表 3-4。

表 3-4　**上、下级单位上缴、补助会计科目对应表**

上级事业单位	本级事业单位	下级事业单位
对附属单位补助支出	上级补助收入	
	附属单位上缴收入	上缴上级支出
	对附属单位补助支出	上级补助收入
附属单位上缴收入	上缴上级支出	

三、其他支出

（一）其他支出的内容

其他支出是事业单位除上述各项支出以外的各种支出。事业单位会计设置了“事业支出”“对附属单位补助”“上缴上级支出”“经营支出”等会计科目，核算相应的支出事项。但是，上述会计科目并不能涵盖事业单位所有的支出事项，需要设置其他支出科目核算没有列入上述科目核算范围的各项支出。如果某一支出事项不在上述任何一个支出科目的核算范围之内，则可以确认其为其他支出。其他支出属于非财政补助性质的支出，

其他支出的主要内容包括利息支出、捐赠支出、现金盘亏损失、资产处置损失、接受捐赠（调入）非流动资产发生的税费支出等。

（二）其他支出的核算

事业单位应当设置“其他支出”科目，核算事业单位除事业支出、上缴上级支出、对附属单位补助支出、经营支出以外的各项支出。其他支出按收付实现制基础确认，以实际发生的数额计量。“其他支出”科目应当按照其他支出的类别、《政府收支分类科目》中“支出功能分类”相关科目等进行明细核算。明细科目设置的要求如下：

（1）按支出的类别，设置“利息支出”“捐赠支出”“现金盘亏损失”“资产处置损失”“捐赠税费支出”等一级明细科目；

（2）其他支出中如有专项资金支出，应按具体项目设置二级明细科目；

（3）在上述明细科目下，按“支出功能分类”的类、款、项进行明细核算。

其他支出的主要账务处理如下：

1.利息支出

事业单位支付银行的短期借款、长期借款的利息，通过“其他支出”科目核算。为购建固定资产支付的专门借款利息，属于工程项目建设期间支付的，在确认利息支出的同时，还要将其计入工程成本。支付银行借款利息时，借记“其他支出——利息支出”科目，贷记“银行存款”科目。

【例3-16】某事业单位因专业业务发展的需要，从银行借入了一笔3年期的长期借款，按规定支付本期借款利息12 400元。

借：其他支出——利息支出　　12 400

　贷：银行存款　　12 400

2.捐赠支出

事业单位对外捐赠货币资金、存货等流动资产，通过“其他支出”科目核算。对外捐赠固定资产、无形资产等非流动资产，不通过本科目核算，应当冲减其对应的非流动资产基金。对外捐赠货币资金时，借记“其他支出——捐赠支出”科目，贷记“银行存款”等科目；捐赠存货的，应先将捐出存货转入待处置资产损溢，对外捐出存货时，借记“其他支出——捐赠支出”科目，贷记“待处置资产损溢”科目。

【例3-17】某事业单位为支持社会公益事业发展，向某慈善机构捐赠现款60 000元。

借：其他支出——捐赠支出　　60 000

　贷：银行存款　　60 000

3.现金盘亏损失

每日现金账款核对中如发现现金短缺，属于无法查明原因的部分，报经批准后，借记“其他支出——现金盘亏损失”科目，贷记“库存现金”科目。

【例3-18】某事业单位当日现金账款核对中发现短缺25元，无法查明原因。经批准予以核销。

借：其他支出——现金盘亏损失　　25

　贷：银行存款　　25

4.资产处置损失

事业单位逾期3年或以上、有确凿证据表明确实无法收回的应收及预付款项，以及盘亏或者毁损、报废的存货，应当转入“待处置资产损溢”科目。按规定报经批准后予以核销时，借记“其他支出——资产处置损失”科目，贷记“待处置资产损溢”科目。

【例3-19】某事业单位报经批准，核销待处置的坏账5 600元。

借：其他支出——资产处置损失　5 600

　贷：待处置资产损溢　5 600

5.接受捐赠（调入）非流动资产发生的税费支出

接受捐赠、无偿调入非流动资产发生的相关税费、运输费等，以及以固定资产、无形资产取得长期股权投资，所发生的相关税费，通过“其他支出——捐赠税费支出”科目核算。

【例3-20】某事业单位接受某单位捐赠的一台设备，按规定应当缴纳税费6 850元。捐赠的设备限定用于事业单位所开展的雾霾天气治理研究项目。

借：其他支出——捐赠税费支出（雾霾研究项目）　6 850

　贷：应缴税费　6 850

期末，应当将“其他支出”科目本期发生额中的专项资金支出结转入“非财政补助结转”科目；将“其他支出”科目本期发生额中的非专项资金支出结转入“事业结余”科目。具体核算方法，在后续的章节中讲解。期末结账后，“其他支出”科目应无余额。

小资料3-4

事业单位的支出包括事业支出、对附属单位补助支出、上缴上级支出、经营支出和其他支出等。事业单位的支出应当分类管理，按业务活动支出、其他活动支出进行会计核算。事业单位的各项支出应当区分为财政补助支出和非财政补助支出，在此基础上进一步区分为基本支出和项目支出、专项资金支出和非专项资金支出。正确区分事业单位的支出，方能顺利地进行财政补助结转结余、非财政补助结转结余的期末和年末处理工作。

第四章

事业单位资产的核算

第一节　事业单位资产概述

本节讲解《事业单位会计制度》中资产的核算与管理的一般要求，阐述事业单位资产的含义与确认条件，介绍事业单位资产的内容与分类，以及财务管理与内部控制的相关规定。

一、资产的确认与计量

（一）资产的确认

资产是指事业单位占有或者使用的能以货币计量的经济资源，包括各种财产、债权和其他权利。资产作为一项经济资源，是事业单位开展业务活动的物质基础，预期会为事业单位带来经济利益或者服务潜力。资产作为一项经济资源，应当为事业单位占用或者使用。事业单位的资产为国家所有，由事业单位实际占用，被事业单位所控制。

事业单位将一项经济资源确认为资产，应当符合资产的定义，确信经济利益或者服务潜力能够流入事业单位，经济资源的成本或者价值能够可靠地计量。

（二）资产的计量

事业单位资产的计量以历史成本为主，适当引入了历史成本以外的计量属性，强调资产计量的可靠性。资产的计量包括初始计量、后续计量及处置。

1.资产的初始计量

《事业单位会计准则》规定，事业单位的资产应当按照取得时的实际成本进行计量。取得资产的实际成本，应当区分支付对价和不支付对价两种方式：

（1）以支付对价方式取得的资产，应当按照取得资产时支付的现金或者现金等价物的金额，或者按照取得资产时所付出的非货币性资产的评估价值等金额计量。

（2）取得资产时没有支付对价的（如接受捐赠、无偿调入等），可以分为三种情况：一是有相关凭据的（如发票、报关单据等），其计量金额应当按照有关凭据注明的金额加上相关税费、运输费等确定；二是没有相关凭据的，其计量金额比照同类或类似资产的市场价格加上相关税费、运输费等确定；三是没有相关凭据、同类或类似资产的市场价格也无法可靠取得的，所取得的资产应当按照名义金额入账，名义金额一般为人民币1元。

2.资产后续计量及处置

事业单位不需要对各项资产进行减值测试计提减值准备，后续计量表现在固定资产折旧和无形资产摊销。事业单位可以选择是否对固定资产计提折旧、对无形资产进行摊销。逾期3年或以上的应收账款、预付账款、其他应收款的账面余额按规定报经批准后予以核销。处置固定资产、无形资产时，需要将其账面价值转入待处置资产损溢。

小资料4-1

《事业单位会计制度》明确了资产的计量方法，对不同方式取得资产的计量方法进行了规范。与企业会计不同，事业单位中的一些资产来源于社会捐赠或其他单位的无偿调入，取得时事业单位并未支付相应的对价款项，其取得成本和入账价值不易确定。会计制度强化了资产的计价和入账管理，明确规定了在没有相关凭据、同类或类似资产的市场价格也无法可靠取得的情况下资产的计量方法，引入了“名义金额”的计价方式。

二、资产的内容与分类

事业单位的资产按照流动性，可以分为流动资产和非流动资产。

（一）流动资产

流动资产是指预计在1年内（含1年）变现或者耗用的资产。事业单位的流动资产包括货币资金、短期投资、应收及预付款项和存货等。其中，货币资金包括库存现金、银行存款和零余额账户用款额度；应收及预付款项包括财政应返还额度、应收票据、应收账款、预付账款和其他应收款。

（二）非流动资产

非流动资产是指流动资产以外的资产。事业单位的非流动资产包括长期投资、在建工程、固定资产、无形资产等。

事业单位会计设置的资产类会计科目及分类见表4-1。

三、资产的财务管理

事业单位占有或使用的资产属于国有资产，包括国家拨给事业单位的资产、事业单位按照国家规定运用国有资产组织收入形成的资产，以及接受捐赠和其他经法律确认为国家所有的资产。根据事业单位国有资产管理办法及《事业单位财

表4-1 **事业单位资产类会计科目分类表**

序号	会计科目	序号	会计科目
	一、货币与短期投资		三、存货类
1	1001 库存现金	10	1301 存货
2	1002 银行存款		四、非流动资产
3	1011 零余额账户用款额度	11	1401 长期投资
4	1101 短期投资	12	1501 固定资产
	二、应收及预付款项	13	1502 累计折旧
5	1201 财政应返还额度	14	1511 在建工程
6	1211 应收票据	15	1601 无形资产
7	1212 应收账款	16	1602 累计摊销
8	1213 预付账款	17	1701 待处置资产损溢
9	1215 其他应收款		

务规则》的要求，事业单位资产财务管理的主要内容包括：

（1）完善资产管理制度。事业单位应当建立健全单位资产管理制度，加强和规范资产配置、使用和处置管理，维护资产安全完整，保障事业健康发展。事业单位负责对本单位占有、使用的国有资产实施具体管理，根据本单位的特点，建立完善的资产管理制度，包括资产购置制度、资产验收制度、资产保管制度、资产使用制度、资产处置审批制度等。

（2）合理配置资产。事业单位应当按照科学规范、从严控制、保障事业发展需要的原则合理配置资产。事业单位资产配置应当符合规定的配置标准。购置规定限额以上的资产应报主管部门、财政部门审批。事业单位应加强流动资产、固定资产、无形资产、长期投资的管理，提高资产的使用效率。对于事业单位长期闲置、低效运转或者超标准配置的资产，应按照国家有关规定实行资产共享、共用，由主管部门进行调剂。

（3）合法处置资产。事业单位资产处置应当遵循公开、公平、公正和竞争、择优的原则，严格履行相关审批程序。事业单位出租、出借资产，应当按照国家有关规定经主管部门审核同意后报同级财政部门审批。事业单位应加强资产的对外投资、出租、出借和担保等行为的风险控制。事业单位处置国有资产，应当严格履行审批手续，未经批准不得自行处置。

四、资产的内部控制

根据《行政事业单位内部控制规范（试行）》的规定，事业单位应当对资产实行分类管理，建立健全资产内部管理制度。在业务层面上，事业单位资产内部控制的主要内容包括：

（1）加强货币资金的控制。事业单位应当建立健全货币资金管理岗位责任制，合理设置岗位，不得由一人办理货币资金业务的全过程，确保不相容岗位相互分离。出纳不得兼管稽核、会计档案保管和收入、支出、债权、债务账目的登记工作。严禁一人保管收付款项所需的全部印章。财务专用章应当由专人保管，个人名章应当由本人或其授权人员保管。负责保管印章的人员要配置单独的保管设备，并做到人走柜锁。按照规定应当由有关负责人签字或盖章的，应当严格履行签字或盖章手续。

（2）加强银行账户的控制。事业单位应当加强对银行账户的管理，严格按照规定的审批权限和程序开立、变更和撤销银行账户。单位应当加强货币资金的核查控制。指定不办理货币资金业务的会计人员定期和不定期抽查盘点库存现金，核对银行存款余额，抽查银行对账单、银行日记账及银行存款余额调节表，核对是否账实相符、账账相符。对调节不符、可能存在重大问题的未达账项应当及时查明原因，并按照相关规定处理。

（3）加强资产的日常控制。单位应当加强对实物资产和无形资产的管理，明确相关部门和岗位的职责权限，强化对配置、使用和处置等关键环节的管控。对资产实施归口管理。明确资产使用和保管责任人，落实资产使用人在资产管理中的责任。按照国有资产管理相关规定，明确资产的调剂、租借、对外投资、处置的程序、审批权限和责任。建立资产台账，加强资产的实物管理。建立资产信息管理系统，做好资产的统计、报告、分析工作，实现对资产的动态管理。

（4）加强对外投资的控制。单位应当根据国家有关规定加强对对外投资的管理。合理设置岗位，明确相关岗位的职责权限，确保对外投资的可行性研究与评估、对外投资决策与执行、对外投资处置的审批与执行等不相容岗位相互分离。单位对外投资，应当由单位领导班子集体研究决定。加强对投资项目的追踪管理，及时、全面、准确地记录对外投资的价值变动和投资收益情况。建立责任追究制度。对在对外投资中出现重大决策失误、未履行集体决策程序和不按规定执行对外投资业务的部门及人员，应当追究相应的责任。

（5）加强建设项目的控制。事业单位应当建立健全建设项目内部管理制度，明确内部相关部门和岗位的职责权限，建立与建设项目相关的议事决策机制、审核机制。事业单位应当依据国家有关规定组织建设项目招标工作，并接受有关部门的监督。事业单位应当按照审批单位下达的投资计划和预算对建设项目资金实行专款专用，严禁截留、挪用和超批复内容使用资金。建设项目竣工后，单位应当按照规定的时限及时办理竣工决算，组织竣工决算审计，并根据批复的竣工决算和有关规定办理建设项目档案和资产移交等工作。

第二节 流动资产的核算

事业单位的流动资产包括货币资金、短期投资、应收及预付款项、存货等。本节讲解《事业单位会计制度》中关于流动资产核算的方法，阐述各项流动资产的核算内容、账户设置和主要账务处理。

一、货币资金与短期投资

（一）库存现金的核算

库存现金是指事业单位留存在单位的现金。事业单位设置“库存现金”科目，核算库存现金的收付及结存情况。“库存现金”科目期末借方余额，反映事业单位实际持有的库存现金。

事业单位应当严格按照国家有关现金管理的规定收支现金，并按照会计制度规定核算现金的各项收支业务。现金收入业务较多、单独设有收款部门的事业单位，收款部门的收款员应当将每天所收现金连同收款凭据等一并交财务部门核收记账；或者将每天所收现金直接送存开户银行后，将收款凭据及向银行送存现金的凭证等一并交财务部门核收记账。事业单位应当设置“现金日记账”，由出纳人员根据收付款凭证，按照业务发生顺序逐笔登记。每日终了，应当计算当日的现金收入合计数、现金支出合计数和结余数，并将结余数与实际库存数核对，做到账款相符。事业单位有外币现金的，应当分别按照人民币、各种外币设置“现金日记账”进行明细核算。

库存现金的主要账务处理如下：

1.提取现金

从银行等金融机构提取现金，按照实际提取的金额，借记“库存现金”科目，贷记“银行存款”等科目；将现金存入银行等金融机构，按照实际存入的金额，借记“银行存款”等科目，贷记“库存现金”科目。

2.借出现金

因内部职工出差等原因借出的现金，按照实际借出的现金金额，借记“其他应收款”科目，贷记“库存现金”科目；出差人员报销差旅费时，按照应报销的金额，借记有关科目，按照实际借出的现金金额，贷记“其他应收款”科目，按其差额，借记或贷记“库存现金”科目。

3.现金收支

因开展业务等其他事项收到现金，按照实际收到的金额，借记“库存现金”科目，贷记有关科目；因购买服务或商品等其他事项支出现金，按照实际支出的金额，借记有关科目，贷记“库存现金”科目。

4.现金盘查

每日账款核对中发现现金溢余或短缺的，应当及时进行处理。如发现现金溢余，属于应支付给有关人员或单位的部分，借记“库存现金”科目，贷记“其他应付款”科目；属于无法查明原因的部分，借记“库存现金”科目，贷记“其他收入”科目。如发现现金短缺，属于应由责任人赔偿的部分，借记“其他应收款”科目，贷记“库存现金”科目；属于无法查明原因的部分，报经批准后，借记“其他支出”科目，贷记“库存现金”科目。

【例4-1】某事业单位从银行提取库存现金5 000元备用。

借：库存现金 5 000

　贷：银行存款 5 000

【例4-2】某事业单位工作人员张某公务外出，预借差旅费3 000元，以现金支付。

借：其他应收款——张某 3 000

　贷：库存现金 3 000

（二）银行存款的核算

银行存款是指事业单位存入银行和其他金融机构的各种存款。事业单位设置“银行存款”科目，核算银行存款的收付及结存情况。“银行存款”科目期末借方余额，反映事业单位实际存放在银行或其他金融机构的款项。

事业单位应当严格按照国家有关支付结算办法的规定办理银行存款收支业务，并按照会计制度规定核算银行存款的各项收支业务。事业单位应当按开户银行或其他金融机构、存款种类及币种等，分别设置“银行存款日记账”，由出纳人员根据收付款凭证，按照业务的发生顺序逐笔登记，每日终了应结出余额。“银行存款日记账”应定期与“银行对账单”核对，至少每月核对一次。月度终了，事业单位银行存款账面余额与银行对账单余额之间如有差额，必须逐笔查明原因并进行处理，按月编制“银行存款余额调节表”，调节相符。事业单位有外币存款的，应当分别按照人民币、各种外币设置“银行存款日记账”进行明细核算。

银行存款的主要账务处理如下：

1.款项的存入与提取

将款项存入银行或其他金融机构，借记“银行存款”科目，贷记“库存现金”“事业收入”“经营收入”等有关科目。提取和支出存款时，借记有关科目，贷记“银行存款”科目。

2.外币业务

事业单位发生外币业务的，应当按照业务发生当日或当期期初的即期汇率，将外币金额折算为人民币记账，并登记外币金额和汇率。期末，各种外币账户的外币余额应当按照期末的即期汇率折算为人民币，作为外币账户期末人民币余额。调整后的各种外币账户人民币余额与原账面人民币余额的差额，作为汇兑损益计入相关支出。

【例4-3】某事业单位根据银行转来的委托收款凭证，用事业经费转账支付本月单位办公楼电费3 000元。

借：事业支出——其他资金支出　　3 000

　贷：银行存款　　3 000

【例4-4】某事业单位有欧元业务，发生下列会计事项。

(1) 收到国外公益组织捐赠的款项10 000欧元，专门用于事业单位所开展的一项公益项目。当日欧元对人民币的汇率为：1欧元=8.4964元人民币。

借：银行存款——欧元户　　84 964 (10 000欧元)

　贷：其他收入——捐赠收入（公益项目）　　84 964

(2) 根据公益项目安排，按规定使用上述款项8 000欧元。当日欧元对人民币的汇率为：1欧元=8.4365元人民币。

借：事业支出——其他资金支出　　67 492

　贷：银行存款——欧元户　　67 492 (8 000欧元)

(3) 月末，“银行存款——欧元户”账户余额为2 000欧元，合人民币17 472元。月末欧元对人民币的汇率为：1欧元=8.3985元人民币。

汇兑损益=2 000×8.3985-17 472=-675（元）

借：事业支出——其他资金支出　　675

　贷：银行存款——欧元户　　675

（三）零余额账户用款额度的核算

零余额账户用款额度是在国库集中收付制度下，财政部门授权事业单位使用的资金额度。国库集中收付制度下，事业单位经财政部门审批，在国库集中支付代理银行开设单位零余额账户，用于财政授权支付的结算。财政部门根据预算安排和资金使用计划，定期向事业单位下达财政授权支付额度。事业单位可以在下达的额度内，自行签发授权支付指令，通知代理银行办理资金支付业务。

事业单位应当设置“零余额账户用款额度”科目，核算实行国库集中支付的事业单位根据财政部门批复的用款计划收到和支用的零余额账户的用款额度。“零余额账户用款额度”科目期末借方余额，反映事业单位尚未支用的零余额账户用款额度。年终注销处理后，本科目年末应无余额。

零余额账户用款额度的主要账务处理如下：

1.下达授权支付额度

在财政授权支付方式下，收到代理银行盖章的“授权支付到账通知书”时，根据通知书所列数额，借记“零余额账户用款额度”科目，贷记“财政补助收入”科目。

2.使用授权支付额度

提取现金或按规定支用额度，借记“库存现金”或其他有关科目，贷记“零余额账户用款额度”科目。

3.年终注销与年初恢复

年度终了，应当将本年未下达和已经下达但未使用的授权支付额度予以注销；下年初，应当确认恢复到账的授权支付额度。具体核算方法在“财政应返还额度”科目中讲解。

【例4-5】某事业单位收到代理银行转来的“授权支付到账通知书”，本月用于基本支出的财政授权支付用款额度120 000元已经下达到代理银行。

借：零余额账户用款额度　　120 000

　贷：财政补助收入——基本支出　　120 000

【例4-6】某事业单位开出授权支付凭证，通知代理银行向单位的车辆定点保养单位支付公务用车运行维护费5 200元。

借：事业支出——财政补助支出　　5 200

　贷：零余额账户用款额度　　5 200

为规范行政、事业单位的经费支出，财政部门要求预算单位的公务支出采用“公务卡”结算。此制度实行后，事业单位工作人员外出公务消费可以不再预借现金，而是持公务卡先行刷卡支付，并取得发票及刷卡凭证，出差回来后向单位财务申请报销，单位财务审核无误后将报销款项直接划入该工作人员公务卡账户中。根据财政部门的要求，预算单位工作人员在支付办公费、印刷费、差旅费、维修（护）费、租赁费、会议费、培训费、公务接待费、公务用车运行维护费等费用时，要求采用公务卡支付结算。

【例4-7】某事业单位实行了公务卡结算制度。某工作人员以公务卡方式支付公务接待费860元，现办理报销手续。财务部门根据报销凭证，通过单位的零余额账户将报销款项转入该工作人员的公务卡账户。

借：事业支出——财政补助支出　　860

　贷：零余额账户用款额度　　860

小资料4-2

公务卡结算制度。为进一步深化国库集中支付制度改革，规范预算单位财政授权支付业务，减少现金支付结算，提高支付透明度，加强财政监督，方便预算单位用款，预算单位的公务支出实施公务卡结算制度。公务卡是指财政预算单位工作人员持有的、主要用于日常公务支出和财务报销业务的信用卡。预算单位应当选择办理国库集中支付业务的代理银行，为本单位职工申办公务卡。差旅、会议、购买等公务支出，使用公务卡结算的，应在公务卡信用额度内，先通过公务卡结算，并须取得发票等财务报销凭证和有关银行卡消费凭证。持卡人使用公务卡消费结算的各项公务支出，必须在发卡行规定的免息还款期内，到所在单位财务部门报销。单位财务人员经过审核确认后予以报销，签发财政授权支付指令，通知发卡行向指定的公务卡还款。代理银行根据预算单位签发的支付指令和“还款汇总表”信息，于收到支付指令的当日，将资金支付到公务卡账户。

（四）短期投资的核算

短期投资是指事业单位依法取得的，持有时间不超过1年（含1年）的投资。事业单位应当严格遵守国家法律、行政法规以及财政部门、主管部门关于对外投资的有关规定。事业单位的短期投资主要是国债投资。事业单位按规定可以购入国家发行的公债。

事业单位设置“短期投资”科目，核算事业单位依法取得的短期国债投资。“短期投资”科目应当按照国债投资的种类等进行明细核算。“短期投资”科目期末借方余额，反映事业单位持有的短期投资成本。

短期投资的主要账务处理如下：

1.取得短期投资

事业单位购入短期国债时，应当将其实际成本（包括购买价款以及税金、手续费等相关税费）作为投资成本，借记“短期投资”科目，贷记“银行存款”等科目。

2.持有期间的利息

事业单位持有短期国债期间收到利息时，按实际收到的金额，借记“银行存款”科目，贷记“其他收入——投资收益”科目。

3.出售和到期收回

短期投资的出售和到期收回本息。事业单位出售短期投资或到期收回短期国债本息，按照实际收到的金额，借记“银行存款”科目，按照出售或收回短期国债的成本，贷记“短期投资”科目，按其差额，贷记或借记“其他收入——投资收益”科目。

【例4-8】某事业单位购入1306期国债40 000元，1年期，票面年利率为3%。以银行存款支付购入国债的款项，无相关税费。

借：短期投资——1306期国债　　40 000

　贷：银行存款　　40 000

【例4-9】某事业单位到期收回所购入的1210期国债本息，收到款项共计81 200元，该国债的账面投资成本为80 000元。

借：银行存款　　81 200

　贷：短期投资——1210期国债　　80 000

　　其他收入——投资收益　　1 200

二、财政应返还额度

（一）财政应返还额度的内容

财政应返还额度是指事业单位年终注销的、需要在次年恢复的年度未实现的用款额度。实行国库集中收付制度后，事业单位的财政经费由财政部门通过国库单一账户统一拨付。事业单位的年度预算指标包括财政直接支付额度和财政授权支付额度。财政直接支付额度由财政部门完成支付；财政授权支付额度下达到代理银行，由事业单位完成支付。年度终了，事业单位需要对年度未实现的用款额度进行注销，形成财政应返还额度，以待在次年得以恢复。财政应返还额度属于应收及预付款项，由于其业务核算具有一定的特点，在这里单独讲解。

事业单位的财政应返还额度包括财政应返还直接额度和财政应返还授权额度。

（1）财政应返还直接额度，是财政直接支付额度本年预算指标与当年财政实际支付数的差额。

（2）财政应返还授权额度，是财政授权支付额度本年预算指标与当年事业单位实际支付数的差额，包括以下两个部分：

①未下达的授权额度，是指当年预算已经安排，但财政部门当年没有下达到事业单位代理银行的授权额度，即授权额度的本年预算指标与当年下达数之间的差额。

②未使用的授权额度，是财政部门当年已经将授权额度下达到代理银行，但事业单位当年尚未完成实际支付的数额，即授权额度的本年下达数与当年实际使用数之间的差额。

（二）财政应返还额度的核算

事业单位应当设置“财政应返还额度”科目，核算实行国库集中支付的事业单位应收财政返还的资金额度。本科目应当设置“财政直接支付”“财政授权支付”两个明细科目，进行明细核算。本科目期末借方余额，反映事业单位应收财政返还的资金额度。

财政应返还额度的主要账务处理如下：

1.年终注销

（1）注销的财政直接支付额度。年度终了，事业单位根据本年度财政直接支付预算指标数与当年财政直接支付实际支出数的差额，借记“财政应返还额度——财政直接支付”科目，贷记“财政补助收入”科目。

（2）注销的财政授权支付额度。年度终了，对于未使用的授权额度，事业单位依据代理银行提供的对账单作注销额度的相关账务处理，借记“财政应返还额度——财政授权支付”科目，贷记“零余额账户用款额度”科目。对于未下达的授权额度，事业单位本年度财政授权支付预算指标数大于零余额账户用款额度下达数的，根据未下达的用款额度的数额，借记“财政应返还额度——财政授权支付”科目，贷记“财政补助收入”科目。

【例4-10】本年度某事业单位财政直接支付额度预算指标为3 800 000元，当年财政已经实际完成支付3 720 000元，需要注销未实现的财政直接支付额度为80 000元。

借：财政应返还额度——财政直接支付　　80 000

　贷：财政补助收入——基本支出　　80 000

【例4-11】本年度某事业单位财政授权支付额度预算指标为1 250 000元，根据代理银行提供的对账单，本年已经下达的财政授权支付额度为1 230 000元，事业单位实际使用了授权额度1200 000元，需要注销未实现的授权额度50 000元。其中，未下达的授权额度为20 000元，未使用的授权额度为30 000元。

借：财政应返还额度——财政授权支付　　50 000

　贷：财政补助收入——基本支出　　20 000

　　　零余额账户用款额度　　30 000

经过年终注销后，该事业单位的“财政应返还额度”科目借方余额为130 000元，其中，财政应返还直接额度80 000元、财政应返还授权额度50 000元。具体计算方法见表4-2。

表4-2 **财政应返还额度计算表** 单位：元

项　目	直接支付	授权支付
预算数	3 800 000	1 250 000
下达数	—	1 230 000
使用数	3 720 000	1 200 000
应注销	80 000	50 000
其中：未下达	—	20 000
未使用	—	30 000

2.年初恢复

对于恢复财政直接支付额度，收到恢复通知时不冲销“财政应返还额度——财政直接支付”科目，只进行预算记录。对于恢复财政授权支付额度，只确认已经下达的授权额度数额，借记“零余额账户用款额度”科目，贷记“财政应返还额度——财政授权支付”科目。如果经批复后恢复的用款额度小于对应的财政应返还额度数，即上年注销的用款额度没有得到完全恢复，其差额部分应当作调减结余资金处理。

【例4-12】年初，事业单位收到“财政直接支付额度恢复通知书”，恢复上年底注销的财政直接支付额度80 000元。

恢复的财政直接支付额度80 000元并没有实际支付，因此不进行会计确认，只进行预算记录。待财政部门使用恢复的直接用款额度为事业单位实际支付时，再进行会计确认，见【例4-14】。

【例4-13】年初，事业单位收到“财政授权支付额度恢复到账通知书”，上年注销的授权额度50 000元已经全额恢复，并且已经下达到代理银行。

借：零余额账户用款额度　　50 000

　贷：财政应返还额度——财政授权支付　　50 000

经过年初恢复后，“财政应返还额度”科目借方余额为80 000元，全部为财政应返还直接额度。

3.使用上年用款额度

本年使用已经恢复的上年直接额度，应当根据支付的经济内容借记相应的支出或资产类科目，贷记“财政应返还额度——财政直接支付”科目。本年使用已经恢复的上年授权额度，应当根据支付的经济内容借记相应的支出或资产类科目，贷记“零余额账户用款额度”科目。

【例4-14】根据国库支付执行机构委托代理银行转来的“财政直接支付入账通知书”及原始凭证，财政部门使用恢复的上年度的用款额度，采用财政直接支付方式，为事业单位支付了一笔因公出国（境）费用80 000元。

借：事业支出——财政补助支出——基本支出　　80 000

　贷：财政应返还额度——财政直接支付　　80 000

【例4-15】事业单位使用上年度的财政授权支付额度，通过授权支付方式支付一笔公务接待费用50 000元，款项已经通过事业单位零余额账户支付。

借：事业支出——财政补助支出——基本支出　　50 000

　贷：零余额账户用款额度　　50 000

三、应收及预付款项

（一）应收票据的核算

事业单位设置“应收票据”科目，核算事业单位因开展经营活动销售产品、提供有偿服务等而收到的商业汇票，包括银行承兑汇票和商业承兑汇票。本科目应当按照开出、承兑商业汇票的单位等进行明细核算。本科目期末借方余额，反映事业单位持有的商业汇票票面金额。

事业单位应当设置“应收票据备查簿”，逐笔登记每一应收票据的种类、号数、出票日期、到期日、票面金额、交易合同号和付款人、承兑人、背书人姓名或单位名称、背书转让日、贴现日期、贴现率和贴现净额、收款日期、收回金额和退票情况等资料。应收票据到期结清票款或退票后，应当在备查簿内逐笔注销。

应收票据的主要账务处理如下：

1.收到票据

因销售产品、提供服务等收到商业汇票，按照商业汇票的票面金额，借记“应收票据”科目，按照确认的收入金额，贷记“经营收入”等科目，按照应缴增值税金额，贷记“应缴税费——应缴增值税”科目。

2.贴现票据

持未到期的商业汇票向银行贴现，按照实际收到的金额（即扣除贴现息后的净额)，借记“银行存款”科目，按照贴现息，借记“经营支出”等科目，按照商业汇票的票面金额，贷记“应收票据”科目。

3.转让票据

将持有的商业汇票背书转让以取得所需物资时，按照取得物资的成本，借记有关科目，按照商业汇票的票面金额，贷记“应收票据”科目，如有差额，借记或贷记“银行存款”等科目。

4.兑付票据

商业汇票到期时，应当分别以下情况处理：(1) 收回应收票据，按照实际收到的商业汇票票面金额，借记“银行存款”科目，贷记“应收票据”科目。(2) 因付款人无力支付票款，收到银行退回的商业承兑汇票、委托收款凭证、未付票款通知书或拒付款证明等，按照商业汇票的票面金额，借记“应收账款”科目，贷记“应收票据”科目。

【例4-16】某事业单位开展经营业务，向某单位销售商品一批，价值8 400元，收到不带息商业汇票一张，期限3个月。该事业单位属于增值税小规模纳税人，此项销售应缴增值税金额为400元。

借：应收票据——某单位	8 400	
贷：经营收入		8 000
应缴税费——应缴增值税		400

【例4-17】某事业单位的上述不带息商业汇票办理贴现，支付贴现利息169.60元，贴现收到的金额为8 310.40元。

借：银行存款	8 310.40	
经营支出	169.60	
贷：应收票据——某单位		8 480

【例4-18】某事业单位持有的商业承兑汇票到期，因付款人无力支付票款被银行退回，汇票的票面金额为25 000元。

借：应收账款——某单位	25 000	
贷：应收票据——某单位		25 000

(二) 应收账款的核算

事业单位设置“应收账款”科目，核算事业单位因开展经营活动销售产品、提供有偿服务等而应收取的款项。本科目应当按照购货、接受劳务单位(或个人)进行明细核算。本科目期末借方余额，反映事业单位尚未收回的应收账款。

应收账款的主要账务处理如下：

1.账款的发生

发生应收账款时，按照应收未收金额，借记“应收账款”科目，按照确认的收入金额，贷记“经营收入”等科目，按照应缴增值税金额，贷记“应缴税费——应缴增值税”科目。

2.账款的收回

收回应收账款时，按照实际收到的金额，借记“银行存款”等科目，贷记“应收账款”科目。

3.坏账的核销

逾期3年或以上、有确凿证据表明确实无法收回的应收账款，按规定报经批准后予以核销。核销的应收账款应在备查簿中保留登记。（1）转入待处置资产时，按照待核销的应收账款金额，借记“待处置资产损溢”科目，贷记“应收账款”科目。（2）报经批准予以核销时，借记“其他支出”科目，贷记“待处置资产损溢”科目。（3）已核销应收账款在以后期间收回的，按照实际收回的金额，借记“银行存款”等科目，贷记“其他收入”科目。

【例4-19】某事业单位为增值税一般纳税人，开展经营业务（非独立核算）销售商品一批，不含税价值为6 000元，增值税销项税额为1 020元，货款7 020元尚未收到。

借：应收账款——某单位　　7 020

　贷：经营收入　　6 000

　　　应缴税费——应缴增值税——销项税额　　1 020

【例4-20】某事业单位的上述货款7 020元已经收到，款项已经存入银行。

借：银行存款　　7 020

　贷：应收账款——某单位　　7 020

【例4-21】某事业单位对应收账款的账龄进行分析，发现逾期3年没有收回的应收账款余额为15 600元，将其转入待核销资产，同时上报财政部门审批。

借：待处置资产损溢　　15 600

　贷：应收账款——某单位　　15 600

【例4-22】某事业单位上述待核销资产报经财政部门批准后予以核销。

借：其他支出——资产处置损失　　15 600

　贷：待处置资产损溢　　15 600

（三）预付账款的核算

事业单位设置“预付账款”科目，核算事业单位按照购货、劳务合同规定预付给供应单位的款项。本科目应当按照供应单位（或个人）进行明细核算。事业单位应当通过明细核算或辅助登记方式，登记预付账款的资金性质（区分财政补助资金、非财政专项资金和其他资金）。本科目期末借方余额，反映事业单位实际预付但尚未结算的款项。

预付账款的主要账务处理如下：

1.预付款项

发生预付账款时，按照实际预付的金额，借记“预付账款”科目，贷记“零余额账户用款额度”“财政补助收入”“银行存款”等科目。

2.收到物资或劳务

收到所购物资或劳务，按照购入物资或劳务的成本，借记有关科目，按照相应预付账款金额，贷记“预付账款”科目，按照补付的款项，贷记“零余额账户用款额度”“财政补助收入”“银行存款”等科目。如果所购物品为固定资产、无形资产，应同时记录非流动资产基金，具体核算方法在“固定资产”等科目中讲解。

3.坏账核销

逾期3年或以上、有确凿证据表明因供货单位破产、撤销等原因已无望再收到所购物资，且确实无法收回的预付账款，按规定报经批准后予以核销。核销的处理方法与应收账款的类似。

【例4-23】某事业单位开展经营业务（非独立核算），与某供应商签订合同预购B材料一批，预付货款4 000元，通过银行转账支付。

借：预付账款——某供应商（其他资金）　　4 000

　贷：银行存款　　4 000

【例4-24】某事业单位通过预付货款购入的上述B材料已经收到，材料已经验收入库。

借：存货——B材料　　4 000

　贷：预付账款——某供应商（其他资金）　　4 000

（四）其他应收款的核算

事业单位设置“其他应收款”科目，核算事业单位除财政应返还额度、应收票据、应收账款、预付账款以外的其他各项应收及暂付款项，如职工预借的差旅费、拨付给内部有关部门的备用金、应向职工收取的各种垫付款项等。本科目应当按照其他应收款的类别以及债务单位（或个人）进行明细核算。本科目期末借方余额，反映事业单位尚未收回的其他应收款。

其他应收款的主要账务处理如下：

1.款项的发生

发生其他各种应收及暂付款项。按发生的金额，借记“其他应收款”科目，贷记“银行存款”“库存现金”等科目。

2.款项的收回与转销

收回或转销其他各种应收及暂付款项。按收回或转销的金额，借记“库存现金”“银行存款”等科目，贷记“其他应收款”科目。

3.备用金的发放

事业单位内部实行备用金制度的，有关部门使用备用金以后应当及时到财务部门报销并补足备用金。财务部门核定并发放备用金时，借记“其他应收款”科目，贷记“库存现金”等科目。根据报销数用现金补足备用金定额时，借记有关科目，贷记“库存现金”等科目，报销数和拨补数都不再通过本科目核算。

4.坏账的核销

逾期3年或以上、有确凿证据表明确实无法收回的其他应收款，按规定报经批准后予以核销。核销的处理方法与应收账款的类似。

【例4-25】某事业单位工作人员张某公务外出预借差旅费3 000元。现张某报销差旅费，根据审核后的差旅费票据，报销金额为3 500元，报销差额500元以现金补付。

借：事业支出——财政补助支出——基本支出　3 500
　贷：其他应收款　3 000
　　　库存现金　500

【例4-26】某事业单位内部实行备用金制度，向业务部门核定并发放备用金5 000元。

借：其他应收款——某业务部门　5 000
　贷：库存现金　5 000

四、存货

（一）存货的内容

存货是指事业单位在开展业务活动及其他活动中为耗用而储存的资产，包括材料、燃料、包装物和低值易耗品等。事业单位为开展业务活动会耗用一定的材料用品，这些材料用品数量较大，需要进入仓库进行管理，在领用时形成支出。生产经营型事业单位为生产加工产品会购置一定的原材料或器具等，加工的产成品也需要进入库存管理。事业单位应当建立健全存货的内部管理制度，对存货进行定期或者不定期的清查盘点，保证账实相符；对存货盘盈、盘亏应当及时处理。

（二）存货的核算

事业单位设置“存货”科目，核算事业单位在开展业务活动及其他活动中为耗用而储存的各种材料、燃料、包装物、低值易耗品及达不到固定资产标准的用具、装具、动植物等的实际成本。事业单位随买随用的零星办公用品，可以在购进时直接列作支出，不通过本科目核算。本科目应当按照存货的种类、规格、保管地点等进行明细核算。事业单位应当通过明细核算或辅助登记方式，登记取得存货成本的资金来源（区分财政补助资金、非财政专项资金和其他资金）。发生自行加工存货业务的事业单位，应当在本科目下设置“生产成本”明细科目，归集核算自行加工存货所发生的实际成本（包括耗用的直接材料费用、发生的直接人工费用和分配的间接费用）。本科目期末借方余额，反映事业单位存货的实际成本。

存货的主要账务处理如下：

1.存货的取得

事业单位存货的取得方式，包括采购、加工、捐赠等方式。事业单位取得存货的资金来源，可能是财政性资金，也可能是非财政性资金。如果事业单位用财政性资金采购存货，需要纳入政府采购的范围，并设置“存货明细账”（或备查簿）登记存货的资金来源。

存货在取得时，应当按照成本进行初始计量。存货成本包括采购成本、加工成本和其他成本。其中，采购成本包括购买价款、相关税费、运输费、装卸费、保险费以及其他使得存货达到目前场所和状态所发生的其他支出；加工成本包括直接材料、直接人工以及按照一定方法分配的与存货加工有关的间接费用；其他成本是指除采购成本、加工成本以外的，使存货达到目前场所和状态所发生的其他支出。事业单位按照税法规定属于增值税一般纳税人的，其购进非自用（如用于生产对外销售的产品）材料所支付的增值税款不计入材料成本。

（1）购入的存货。购入存货的成本包括购买价款、相关税费、运输费、装卸费、保险费以及其他使得存货达到目前场所和状态所发生的其他支出。购入的存货验收入库时，按确定的采购成本，借记“存货”科目，贷记“银行存款”“应付账款”“财政补助收入”“零余额账户用款额度”等科目。

【例4-27】某事业单位购入自用甲材料一批，以银行存款支付价款4 000元（含税价），运费60元，材料已经验收入库。采购所用资金为非财政性资金。

借：存货——甲材料（其他资金） 4 060

　　贷：银行存款 4 060

【例4-28】某事业单位以政府集中采购的方式购入自用乙材料一批，价值总计27 850元。款项已经通过财政直接支付方式支付，材料已经由供应商交付事业单位。

借：存货——乙材料（财政补助资金） 27 850

　　贷：财政补助收入——基本支出 27 850

（2）自行加工的存货。自行加工的存货的成本包括耗用的直接材料费用、发生的直接人工费用和按照一定方法分配的与存货加工有关的间接费用。存货加工过程中发生费用时，借记“存货——生产成本”科目，贷记“存货——（材料的类别、名称）”科目、“应付职工薪酬”“银行存款”等科目。加工完成的存货验收入库，按照所发生的实际成本，借记“存货——（成品的类别、名称）”科目，贷记“存货——生产成本”科目。

【例4-29】某事业单位自行生产加工一种自用甲产品，现领用A材料一批，采用加权平均法计算出其价值为7 000元。

借：存货——生产成本（甲产品） 7 000

　　贷：存货——A材料 7 000

【例4-30】某事业单位加工完成的一批甲产品验收入库，共300件，经计算其加工总成本为45 000元。

借：存货——甲产品 45 000

贷：存货——生产成本（甲产品）　45 000

（3）捐赠或调入的存货。接受捐赠、无偿调入的存货，其成本按照有关凭据注明的金额加上相关税费、运输费等确定；没有相关凭据的，其成本比照同类或类似存货的市场价格加上相关税费、运输费等确定；接受捐赠、无偿调入的存货验收入库，按照确定的成本，借记“存货”科目，按照发生的相关税费、运输费等，贷记“库存现金”“银行存款”等科目，按照其差额，贷记“其他收入”科目。

【例4-31】某事业单位从其他单位无偿调入一台专用工具。该专用工具并无证明其价值的凭据，但事业单位自有一台与其类似的设备，目前的市场价格为480元。专用工具调入时发生运费20元，以现金支付。

借：存货——专用工具　500

　贷：其他收入——无偿调入　480

　　库存现金　20

如果没有相关凭据、同类或类似存货的市场价格也无法可靠取得的，该存货按照名义金额（一般为人民币1元）入账。按照名义金额入账的情况下，按照名义金额，借记“存货”科目，贷记“其他收入”科目；按照发生的相关税费、运输费等，借记“其他支出”科目，贷记“银行存款”等科目。如果财务制度规定可以仅实物管理，也可以暂不入账。

【例4-32】某事业单位接受社会捐赠一批特种材料，没有附相关凭据。此材料在市场中并无销售，无法可靠取得其价格，经批准以名义金额入账。接受材料捐赠时，发生税费支出50元，通过转账支付。

借：存货——特种材料　1

　贷：其他收入——捐赠收入　1

借：其他支出——捐赠税费支出　50

　贷：银行存款　50

2.存货的发出

存货在发出时，应当根据实际情况采用先进先出法、加权平均法或者个别计价法确定发出存货的实际成本。计价方法一经确定，不得随意变更。低值易耗品的成本于领用时一次摊销。

（1）业务活动领用存货。开展业务活动等领用、发出存货，按领用、发出存货的实际成本，借记“事业支出”“经营支出”等科目，贷记“存货”科目。

【例4-33】某事业单位开出“材料出库单”，事业类业务领用A材料一批，采用加权平均法计算出其价值为4 000元。存货备查簿登记存货的资金性质为财政性资金。

借：事业支出——财政补助支出　4 000

　贷：存货——A材料　4 000

【例4-34】某事业单位开出“材料出库单”，不实行内部成本核算的加工经营业务领用B材料一批，采用先进先出法计算出其价值为6 000元。

借：经营支出——加工业务 6 000

贷：存货——B材料 6 000

（2）对外捐赠、无偿调出存货。转入待处置资产时，按照存货的账面余额，借记“待处置资产损溢”科目，贷记“存货”科目。调出的非自用材料如含增值税进项税额，应予以扣除并记入“应缴税费——应缴增值税（进项税额转出）”科目。

3.存货的清查盘点

事业单位的存货应当定期进行清查盘点，每年至少盘点一次。对于发生的存货盘盈、盘亏或者报废、毁损，应当及时查明原因，按规定报经批准后进行账务处理。

（1）盘盈。盘盈的存货，按照同类或类似存货的实际成本或市场价格确定入账价值；同类或类似存货的实际成本、市场价格均无法可靠取得的，按照名义金额入账。盘盈的存货，按照确定的入账价值，借记“存货”科目，贷记“其他收入”科目。

（2）盘亏。盘亏或者毁损、报废的存货，转入待处置资产时，按照待处置存货的账面余额，借记“待处置资产损溢”科目，贷记“存货”科目。属于增值税一般纳税人的事业单位购进的非自用材料发生盘亏或者毁损、报废的，转入待处置资产时，按照存货的账面余额与相关增值税进项税额转出金额的合计金额，借记“待处置资产损溢”科目，按存货的账面余额，贷记“存货”科目，按转出的增值税进项税额，贷记“应缴税费——应缴增值税（进项税额转出）”科目。报经批准予以处置时，按照“待处置资产损溢”科目的相应余额，借记“其他支出”科目，贷记“待处置资产损溢”科目。

【例4-35】某事业单位年终进行存货的清查盘点，发现丙材料盘盈5件，按同类材料的成本计算其价值为852元。

借：存货——丙材料 852

贷：其他收入——存货盘盈收入 852

【例4-36】某事业单位年终进行存货的清查盘点，发现自用丁材料盘亏15千克，账面价值为2 810元。将盘亏丁材料转入待处置资产损溢，同时上报同级财政部门。

借：待处置资产损溢 2 810

贷：存货——丁材料 2 810

【例4-37】某事业单位上述待核销资产经财政部门同意，现予以核销。

借：其他支出——资产处置损失 2 810

贷：待处置资产损溢 2 810

小资料4-3

“待处置资产损溢”是事业单位处置资产时经常使用的会计科目，在后续的账务处理中还会用到。该科目核算事业单位待处置资产的价值及处置损溢，包括资产的出售、出让、转让、对外捐赠、无偿调出、盘亏、报废、毁损以及货币性资产损失核销等。事业单位处置资产一般应当先记入“待处置资产损溢”科目，按规定报经批准后及时进行账务处理，年度终了结账前一般应处理完毕。

第三节　非流动资产的核算

事业单位的非流动资产包括固定资产、在建工程、无形资产、长期投资及待处置资产损溢。为兼顾事业单位预算管理与财务管理的需要，事业单位会计对非流动资产采用了“双分录”的核算方法。本节讲解《事业单位会计制度》中关于非流动资产核算的方法，阐述各项非流动资产的核算内容、账户设置和主要账务处理。

一、固定资产

（一）固定资产的内容

事业单位的固定资产是指使用年限在1年以上（不含1年），单位价值在规定标准以上，并在使用过程中基本保持原来物质形态的资产。事业单位的固定资产，一般情况下必须同时具备以下两个条件：（1）使用时间在1年以上（不含1年）；（2）单位价值在规定限额以上。《事业单位财务规则》对固定资产的价值限额标准进行了规范，一般设备要求价值在1 000元以上，专用设备要求价值在1 500元以上。

事业单位的固定资产包括：房屋及构建物；专用设备；通用设备；文物和陈列品；图书、档案；家具、用具、装具及动植物。单位价值虽未达到规定标准，但预计使用年限在1年以上（不含1年）的大批同类物资，作为固定资产管理。

对于应用软件，如果其构成相关硬件不可缺少的组成部分，应当将该软件价值包括在所属硬件价值中，一并作为固定资产进行核算；如果其不构成相关硬件不可缺少的组成部分，应当将该软件作为无形资产核算。事业单位以经营租赁租入的固定资产，不作为固定资产核算，应当另设备查簿进行登记。购入需要安装的固定资产，应当先通过“在建工程”科目核算，安装完毕交付使用时再转入“固定资产”科目核算。

事业单位设置“固定资产”科目，核算事业单位固定资产的原价。事业单位应当根据固定资产定义，结合本单位的具体情况，制定适合于本单位的固定资产目录、具体分类方法，作为进行固定资产核算的依据。事业单位应当设置“固定资产登记簿”和“固定资产卡片”，按照固定资产类别、项目和使用部门等进行明细核算。出租、出借的固定资产，应当设置备查簿进行登记。“固定资产”科目期末借方余额，反映事业单位固定资产的原价。固定资产属于非流动资产，应当采用双分录”的核算方法。

小资料 4-4

为对固定资产等非流动资产项目采用“双分录”的核算方法，事业单位会计设置了“非流动资产基金”科目。该科目是净资产类会计科目，其核算方法在后续的内容中将详细介绍。根据预算管理的要求，非流动资产在取得时其成本应当计入当期支出，但这样不利于加强资产的价值管理。为了兼顾预算管理与财务管理的需要，事业单位会计制度为非流动资产设计了对应的基金，以便在计提折旧、摊销时冲减。固定资产核算时需要注意，固定资产增加时，同时应当增加“非流动资产基金——固定资产”；固定资产折旧或处置时，同时应当冲减“非流动资产基金——固定资产”。

（二）固定资产的初始确认与计量

事业单位的固定资产在取得时进行初始确认。固定资产的取得方式，包括购入、自行建造、融资租赁租入、接受捐赠、无偿调入等。固定资产在取得时，应当按照成本进行初始计量。

1.固定资产的购入

购入的固定资产，其成本包括实际支付的购买价款、相关税费、使固定资产达到交付使用状态前所发生的可归属于该项资产的运输费、装卸费、安装费和专业人员服务费等。以一笔款项购入多项没有单独标价的固定资产，按照各项固定资产同类或类似资产价格的比例对总成本进行分配，分别确定各项固定资产的入账成本。

事业单位购置固定资产所使用的资金，可以是财政补助收入，也可以是上级补助收入、事业收入、经营收入、附属单位上缴收入、其他收入等非财政补助资金。如果事业单位采购固定资产使用的是国家财政资金，需要纳入政府采购规范，分为政府集中采购和单位分散采购两种方式。政府集中采购固定资产的款项，一般由财政直接支付，或者通过单位的零余额账户支付。

购入固定资产的核算分以下三种情况：

（1）购入不需安装的固定资产，按照确定的固定资产成本，借记“固定资产”科目，贷记“非流动资产基金——固定资产”科目；同时，借记“事业支出”（事业用）、“经营支出”（经营用）、“专用基金”（修购基金购入）等科目，贷记“财政补助收入”（财政直接支付）、“零余额账户用款额度”（财政授权支付）、“银行存款”（实付资金）等科目。

（2）购入需要安装的固定资产，通过“在建工程”科目核算。安装完工交付使用时，借记“固定资产”科目，贷记“非流动资产基金——固定资产”科目；同时，借记“非流动资产基金——在建工程”科目，贷记“在建工程”科目。

（3）购入固定资产扣留质量保证金的，如果同时取得固定资产全款发票，其保证金通过“其他应付款”（扣留期在1年或1年以内）或“长期应付款”（扣留期在1年以上）科目核算；如果取得的发票金额不包括质量保证金，待质保期满支付质量保证金时再确认支出。

【例4-38】某事业单位用事业收入购入一批计算机设备，价值20 000元，运输费500元，设备不需要安装。款项通过银行存款支付，设备已经通过验收。

借：固定资产——计算机　20 500
　贷：非流动资产基金——固定资产　20 500

同时：

借：事业支出——其他资金支出——基本支出　20 500
　贷：银行存款　20 500

【例4-39】某事业单位以政府集中采购方式购入一批网络设备，价值320 000元，款项通过财政部门以直接支付的方式支付，设备已经通过验收。

借：固定资产——网络设备　320 000
　贷：非流动资产基金——固定资产　320 000

同时：

借：事业支出——财政补助支出——基本支出　320 000
　贷：财政补助收入——基本支出　320 000

【例4-40】某事业单位以定点分散采购的方式购入两台通信设备，其中一台路由器价值8 000元，一台集线器价值2 000元，两台设备运输费共计500元。设备由单位专业人员自行安装，无相关费用。款项通过单位的零余额账户支付，设备已经通过验收。

运费分摊率=500÷（2 000+8 000）×100%=5%

路由器入账成本=8 000×（1+5%）=8 400（元）

集线器入账成本=2 000×（1+5%）=2 100（元）

借：固定资产——路由器　8 400
　　　　　　——集线器　2 100
　贷：非流动资产基金——固定资产　10 500

同时：

借：事业支出——财政补助支出——基本支出　10 500
　贷：零余额账户用款额度　10 500

【例4-41】某事业单位购入一批经营用机器设备，价值10 000元。款项通过银行存款支付，机器设备已经通过验收，并交付使用。

借：固定资产——经营设备　10 000
　贷：非流动资产基金——固定资产　10 000

同时：

借：经营支出　10 000

贷：银行存款 10 000

【例4-42】某事业单位购入的一台需要安装的专业检测设备已经完工并交付使用，设备价款51 000元，安装费用6 200元。

借：非流动资产基金——在建工程 57 200

贷：在建工程——检测设备安装工程 57 200

同时：

借：固定资产——检测设备 57 200

贷：非流动资产基金——固定资产 57 200

2.固定资产的建造与改造

自行建造的固定资产，其成本由建造该项资产达到交付使用状态前所发生的必要支出构成。在原有固定资产基础上进行改建、扩建、修缮后的固定资产，其成本按照原固定资产账面价值（“固定资产”科目账面余额减去“累计折旧”科目账面余额后的净值）加上改建、扩建、修缮发生的支出，再扣除固定资产拆除部分的账面价值后的金额确定。

工程完工交付使用时，借记“固定资产”科目，贷记“非流动资产基金——固定资产”科目；同时，借记“非流动资产基金——在建工程”科目，贷记“在建工程”科目。已达到交付使用状态但尚未办理竣工决算手续的固定资产，按照估计价值入账，待确定实际成本后再进行调整。

【例4-43】某事业单位自行建造的一台安防设备完工，经验收后交付使用，其建造成本为37 500元。

借：固定资产——安防设备 37 500

贷：非流动资产基金——固定资产 37 500

同时：

借：非流动资产基金——在建工程 37 500

贷：在建工程——安防设备建造工程 37 500

3.固定资产的融资租入

以融资租赁租入的固定资产，其成本按照租赁协议或者合同确定的租赁价款、相关税费以及固定资产交付使用前所发生的可归属于该项资产的运输费、途中保险费、安装调试费等确定。

(1) 融资租入的固定资产，按照确定的固定资产成本，借记“固定资产”科目（不需安装）或“在建工程”科目（需安装）；按照租赁协议或者合同确定的租赁价款，贷记“长期应付款”科目；按照其差额（内容包括相关税费、运输费、途中保险费、安装调试费等），贷记“非流动资产基金——固定资产、在建工程”科目。同时，按照实际支付的相关税费、运输费、途中保险费、安装调试费等，借记“事业支出”（事业用）、“经营支出”（经营用）等科目，贷记“财政补助收入”“零余额账户用款额度”“银行存款”等科目。

(2) 定期支付租金时，按照支付的租金金额，借记“事业支出”“经营支出”等科目，贷记“财政补助收入”“零余额账户用款额度”“银行存款”等科目；同时，借记“长期应付款”科目，贷记“非流动资产基金——固定资产”科目。

【例4-44】某事业单位与某设备供应商签订协议，以融资租赁方式租入一套专业通信设备，价值100 000元，设备安装、调试费共计3 000元。设备租期5年，租金按年支付，每年20 000元，期满设备归事业单位使用。

(1) 供应商将设备交付事业单位，设备已经通过验收，支付安装、调试费。

借：固定资产——通信设备 103 000

贷：长期应付款——某供应商 100 000

非流动资产基金——固定资产 3 000

同时：

借：事业支出——其他资金支出——基本支出 3 000

贷：银行存款 3 000

(2) 事业单位使用财政补助资金支付第1年租金20 000元。

借：事业支出——财政补助支出——基本支出 20 000

贷：银行存款 20 000

同时：

借：长期应付款——某供应商 20 000

贷：非流动资产基金——固定资产 20 000

以后每年支付租金的会计分录相同。如果事业单位采用融资租入方式取得固定资产，“固定资产”科目与“非流动资产基金——固定资产”科目的账面余额不一致，其差额为未完成支付的款项。

4.固定资产的捐赠与调入

接受捐赠、无偿调入的固定资产，其成本按照有关凭据注明的金额加上相关税费、运输费等确定；没有相关凭据的，其成本比照同类或类似固定资产的市场价格加上相关税费、运输费等确定；没有相关凭据、同类或类似固定资产的市场价格也无法可靠取得的，该固定资产按照名义金额入账。

接受捐赠、无偿调入的固定资产，按照确定的固定资产成本，借记“固定资产”科目（不需安装）或“在建工程”科目（需安装），贷记“非流动资产基金——固定资产、在建工程”科目；按照发生的相关税费、运输费等，借记“其他支出”科目，贷记“银行存款”等科目。

【例4-45】某事业单位接受捐赠一批图书，所附发票表明其价值为30 000元。同时收到捐赠的历史文物一项，没有证明其价值的相关凭据，同类或类似文物的市场价格也无法可靠取得。

借：固定资产——图书 30 000

贷：非流动资产基金——固定资产　　30 000

同时：

借：固定资产——文物　　1

贷：非流动资产基金——固定资产　　1

（三）固定资产的折旧

固定资产经营初始确认与计量后，在使用中由于磨损等因素会导致价值贬损。为真实反映固定资产的价值，事业单位可以建立固定资产折旧制度，对固定资产进行后续计量。折旧是指在固定资产使用寿命内，按照确定的方法对应折旧金额进行系统分摊。事业单位需要准确反映固定资产的价值，为资产的财务管理服务，应当建立固定资产折旧制度。

1.账户设置

事业单位如果建立了固定资产折旧制度，应当设置“累计折旧”科目，核算事业单位固定资产计提的累计折旧。该科目应当按照所对应固定资产的类别、项目进行明细核算。“累计折旧”科目期末贷方余额，反映事业单位提取的固定资产折旧累计数。

2.折旧范围

固定资产折旧的范围主要包括房屋及构建物、专用设备；通用设备等、文物和陈列品、动植物、图书、档案、以名义金额计量的固定资产不提折旧。

事业单位一般应当按月计提固定资产折旧。当月增加的固定资产，当月不提折旧，从下月起计提折旧；当月减少的固定资产，当月照提折旧，从下月起不提折旧。固定资产提足折旧后，无论能否继续使用，均不再提取折旧；提前报废的固定资产，也不再补提折旧。

3.折旧方法

事业单位一般应当采用年限平均法或工作量法计提固定资产折旧。事业单位固定资产的应折旧金额为其成本，计提固定资产折旧不考虑预计净残值。固定资产折旧额的计算公式如下：

固定资产年折旧额=固定资产原值÷预计使用年限

固定资产月折旧额=固定资产年折旧额÷12

事业单位应当根据固定资产的性质和使用情况，合理确定固定资产的使用寿命。事业单位固定资产的使用寿命一般为其预计使用年限。固定资产因改建、扩建或修缮等原因而延长其使用年限的，应当按照重新确定的固定资产的成本以及重新确定的折旧年限，重新计算折旧额。

计提融资租入固定资产折旧时，应当采用与自有固定资产相一致的折旧政策。能够合理确定租赁期届满时将会取得租入固定资产所有权的，应当在租入固定资产尚可使用年限内计提折旧；无法合理确定租赁期届满时能够取得租入固定资产所有权的，应当在租赁期与租入固定资产尚可使用年限二者中较短的期间内计提折旧。

4.账务处理

事业单位的固定资产采用“双分录”核算方法，取得时其成本已经一次性计入了当期支出。为兼顾事业单位预算管理和财务管理的需求，事业单位会计采用了“虚提”折旧的模式，即在计提折旧时冲减其对应的非流动资产基金，而非计入当期支出。按月计提固定资产折旧时，按照应计提折旧金额，借记“非流动资产基金——固定资产”科目，贷记“累计折旧”科目。

【例4-46】某事业单位计提本月固定资产折旧，根据“固定资产折旧计算表”，本月应计提固定资产折旧共计38 650元。

借：非流动资产基金——固定资产　　38 650

　贷：累计折旧　　38 650

（四）固定资产的后续支出

固定资产的后续支出是指固定资产在投入使用以后期间发生的与固定资产使用效能、使用状态直接相关的各种支出，如固定资产的改建、扩建、修缮、改良、修理、重装等事项发生的支出。与固定资产有关的后续支出，应分别以下情况处理：

1.增加固定资产效能的支出

为增加固定资产使用效能或延长其使用年限而发生的改建、扩建或修缮等后续支出，应当计入固定资产成本，通过“在建工程”科目核算，完工交付使用时转入“固定资产”科目。

2.维护固定资产的支出

为维护固定资产的正常使用而发生的日常修理等后续支出，应当计入当期支出但不计入固定资产成本，借记“事业支出”“经营支出”等科目，贷记“财政补助收入”“零余额账户用款额度”“银行存款”等科目。

【例4-47】某事业单位对信息中心的网络设备进行了升级改造，网络带宽由原来的20M增加到30M，增加了接入用户的数量。现工程完工通过验收，“在建工程——网络设备升级工程”账户余额67 300元，转增网络设备的价值。同时，对单位信息中心的空调设备进行了维护，保证了制冷系统运行的稳定性，发生支出650元，款项通过银行转账支付。

（1）信息中心的网络设备的升级改造增加了使用效能，在完工时计入设备价值。

借：非流动资产基金——在建工程　　67 300

　贷：在建工程——网络设备升级工程　　67 300

同时：

借：固定资产——网络设备　　67 300

　贷：非流动资产基金——固定资产　　67 300

（2）信息中心的空调设备维护是日常工作，应当计入当期支出。

借：事业支出——其他资金支出（基本支出） 650

贷：银行存款 650

（五）固定资产的处置

事业单位固定资产的处置，包括出售固定资产、无偿调出固定资产、对外捐赠固定资产、对外投资固定资产等。事业单位处置固定资产应当按照国家有关规定办理，并经主管部门审核同意后报同级财政部门审批。

1.转入待处置资产损溢

将固定资产转入待处置资产时，应当按照待处置固定资产的账面价值，借记“待处置资产损溢——处置资产价值”科目，按照已计提折旧，借记“累计折旧”科目，按照固定资产的账面余额，贷记“固定资产”科目。固定资产的账面价值是“固定资产”科目的账面余额减去“累计折旧”科目账面余额后的净值。

2.处置资产

实现固定资产处置时，按照已处置固定资产对应的非流动资产基金，借记“非流动资产基金——固定资产”科目，贷记“待处置资产损溢——处置资产价值”科目。

3.变价收入与处置费用

出售取得价款等，按照实际收到的金额，借记“银行存款”等科目，贷记“待处置资产损溢——处置净收入”科目。出售过程中发生的相关税费，按照实际发生的金额，借记“待处置资产损溢——处置净收入”科目，贷记“应缴税费”“银行存款”等科目。

4.处置净损溢

出售取得价款扣除相关税费后的净收入，借记“待处置资产损溢——处置净收入”科目，贷记“应缴国库款”等科目。

【例4-48】某事业单位报同级财政部门审批同意，将一台不需用的办公设备出售。

（1）该设备的账面余额为38 000元，已计提折旧15 200元。将其账面价值22 800元转入待处置资产。

借：待处置资产损溢——处置资产价值 22 800

累计折旧 15 200

贷：固定资产——办公设备 38 000

（2）将该设备对应的“非流动资产基金——固定资产”科目余额转入“待处置资产损溢——处置资产价值”科目。

借：非流动资产基金——固定资产 22 800

贷：待处置资产损溢——处置资产价值 22 800

（3）出售该设备取得价款26 000元，款项已经收到并存入银行。同时为出售该设备支付相关税费1 200元，以银行存款支付。

借：银行存款　26 000

　贷：待处置资产损溢——处置净收入　26 000

同时：

借：待处置资产损溢——处置净收入　1 200

　贷：银行存款　1 200

(4) 出售该设备的净收入24 800元按规定应上缴国库。

借：待处置资产损溢——处置净收入　24 800

　贷：应缴国库款　24 800

（六）固定资产清查盘点

事业单位的固定资产应当定期进行清查盘点，每年至少盘点一次。对于发生的固定资产盘盈、盘亏或者报废、毁损，应当及时查明原因，按规定报经批准后进行账务处理。

1.固定资产盘盈

盘盈的固定资产，按照同类或类似固定资产的市场价格确定入账价值；同类或类似固定资产的市场价格无法可靠取得的，按照名义金额入账。盘盈的固定资产，按照确定的入账价值，借记“固定资产”科目，贷记“非流动资产基金——固定资产”科目。

2.固定资产盘亏

盘亏或者毁损、报废的固定资产，转入待处置资产时，按照待处置固定资产的账面价值，借记“待处置资产损溢——处置资产价值”科目，按照已计提折旧，借记“累计折旧”科目，按照固定资产的账面余额，贷记“固定资产”科目。

3.固定资产处置

报经批准予以处置时，按照处置固定资产对应的非流动资产基金，借记“非流动资产基金——固定资产”科目，贷记“待处置资产损溢——处置资产价值”科目。

4.变价收入与处置费用

收到的固定资产残值变价收入、保险理赔和过失人赔偿等，借记“库存现金”“银行存款”等科目，贷记“待处置资产损溢——处置净收入”科目。处置过程中发生的相关税费，按照实际发生的金额，借记“待处置资产损溢——处置净收入”科目，贷记“应缴税费”“银行存款”等科目。

5.处置净损溢

处置取得款项扣除相关税费后的净收入，借记“待处置资产损溢——处置净收入”科目，贷记“应缴国库款”等科目。

【例4-49】某事业单位年终进行固定资产清查，盘盈复印设备一台，其重置市场价格为12 000元。

借：固定资产——复印设备 12 000
　贷：非流动资产基金——固定资产 12 000

【例4-50】某事业单位年终进行固定资产清查，拟报废打印设备一台。其账面余额为6 000元，已计提折旧4 800元。

(1) 将打印机的账面价值1 200元转入待处置资产，同时报同级财政部门审批。

借：待处置资产损溢——处置资产价值 1 200
　　累计折旧 4 800
　贷：固定资产——打印设备 6 000

(2) 根据财政部门的批复，该打印机予以报废。在处理过程中，无变价收入和清理费用发生。

借：非流动资产基金——固定资产 1 200
　贷：待处置资产损溢——处置资产价值 1 200

二、在建工程

(一) 在建工程的内容

在建工程是指已经发生必要支出，但尚未达到交付使用状态的建设工程。事业单位的在建工程包括建筑工程和设备安装工程。建筑工程是指为新建、改建或扩建房屋建筑物和附属构筑物设施而进行的工程项目。设备安装工程是指为保证设备的正常运转而进行的设备装配、调试工程项目。事业单位的基本建设投资应当按照国家有关规定单独建账，按《国有建设单位会计制度》的要求单独核算，同时按《事业单位会计制度》的规定并入事业单位会计的"大账"中，通过"在建工程"科目反映。

小资料4-5

将基建数据并入事业单位会计的"大账"，是《事业单位会计制度》的一项要求。按有关规定，事业单位作为基本建设投资主体，应当单独建账按《国有建设单位会计制度》的要求进行会计核算。如果事业单位与基本建设相关的资产、负债及收入、支出都只在基建账套中反映，事业单位的财务报表（"大账"）并不能反映基本建设投资的情况，所提供的会计信息并不完整。《事业单位会计制度》要求将基建账的相关数据定期并入事业单位会计"大账"，有助于提高事业单位会计信息的完整性，对事业单位加强资产负债管理有重要的意义。

事业单位设置"在建工程"科目，核算事业单位已经发生必要支出，但尚未完工交付使用的各种建筑（包括新建、改建、扩建、修缮等）和设备安装工程的实际成本。本科目应当按照工程性质和具体工程项目等进行明细核算。事业单位的基本建设投资应当按照国家有关规定单独建账、单独核算，同时按照会计制度的规定至少按月并入本科目及其他相关科目反映。事业单位应当在本科目下设置"基建工程"明细科目，核算由基建账套并入的在建工程成本。本科目期末借方余额，反映事业单位尚未完工的在建工程发生的实际成本。在建工程属于非流动资产，应当采用“双分录”的核算方法。

（二）建筑工程的账务处理

1.建筑工程转入

将固定资产转入改建、扩建或修缮等时，按照固定资产的账面价值，借记“在建工程”科目，贷记“非流动资产基金——在建工程”科目；同时，按照固定资产对应的非流动资产基金，借记“非流动资产基金——固定资产”科目，按照已计提折旧，借记“累计折旧”科目，按照固定资产的账面余额，贷记“固定资产”科目。

2.工程价款结算

根据工程价款结算账单与施工企业结算工程价款时，按照实际支付的工程价款，借记“在建工程”科目，贷记“非流动资产基金——在建工程”科目；同时，借记“事业支出”等科目，贷记“财政补助收入”“零余额账户用款额度”“银行存款”等科目。

3.工程借款利息

事业单位为建筑工程借入的专门借款的利息，属于建设期间发生的，计入在建工程成本，借记“在建工程”科目，贷记“非流动资产基金——在建工程”科目；同时，借记“其他支出”科目，贷“银行存款”科目。

4.工程完工交付

工程完工交付使用时，按照建筑工程所发生的实际成本，借记“固定资产”科目，贷记“非流动资产基金——固定资产”科目；同时，借记“非流动资产基金——在建工程”科目，贷记“在建工程”科目。

【例4-51】某事业单位与某建筑公司签订协议，由其承包为单位的办公楼进行修缮。

(1) 将办公楼的账面价值转入在建工程。办公楼的账面余额为3 100 000元，已经计提折旧1 240 000元，账面价值为1 860 000元。

借：在建工程——办公楼修缮工程	1 860 000	
贷：非流动资产基金——在建工程		1 860 000

同时：

借：非流动资产基金——固定资产	1 860 000	
累计折旧	1 240 000	
贷：固定资产——办公楼		3 100 000

上述会计分录也可以写为：

借：在建工程——办公楼修缮工程	1 860 000	
累计折旧	1 240 000	
贷：固定资产——办公楼		3 100 000

同时：

借：非流动资产基金——固定资产 1 860 000

贷：非流动资产基金——在建工程 1 860 000

（2）按规定与施工企业结算工程价款，应付工程款共计650 000元。经过申请，工程款已经由财政部门通过直接支付方式拨付施工企业。

借：在建工程——办公楼修缮工程 650 000

贷：非流动资产基金——在建工程 650 000

同时：

借：事业支出——财政补助支出——项目支出 650 000

贷：财政补助收入——项目支出 650 000

（3）办公楼修缮工程完成，通过工程验收。工程实际成本为2 510 000元。

借：固定资产——办公楼 2 510 000

贷：非流动资产基金——固定资产 2 510 000

同时：

借：非流动资产基金——在建工程 2 510 000

贷：在建工程——办公楼修缮工程 2 510 000

（三）设备安装工程的账务处理

1.安装工程转入

购入需要安装的设备，按照确定的成本，借记“在建工程”科目，贷记“非流动资产基金——在建工程”科目；同时，按照实际支付金额，借记“事业支出”“经营支出”等科目，贷记“财政补助收入”“零余额账户用款额度”“银行存款”等科目。

融资租入需要安装的设备，按照确定的成本，借记“在建工程”科目，按照租赁协议或者合同确定的租赁价款，贷记“长期应付款”科目，按照其差额，贷记“非流动资产基金——在建工程”科目。同时，按照实际支付的相关税费、运输费、途中保险费等，借记“事业支出”“经营支出”等科目，贷记“财政补助收入”“零余额账户用款额度”“银行存款”等科目。

2.安装工程费用

发生安装费用时，借记“在建工程”科目，贷记“非流动资产基金——在建工程”科目；同时，借记“事业支出”“经营支出”等科目，贷记“财政补助收入”“零余额账户用款额度”“银行存款”等科目。

3.工程完工交付

设备安装完工交付使用时，借记“固定资产”科目，贷记“非流动资产基金——固定资产”科目；同时，借记“非流动资产基金——在建工程”科目，贷记“在建工程”科目。

【例4-52】某事业单位购入需要安装的专业设备。

（1）设备价值及运费共计26 500元，通过单位的零余额账户支付。

借：在建工程——设备安装工程　26 500

　贷：非流动资产基金——在建工程　26 500

同时：

借：事业支出——财政补助支出　26 500

　贷：零余额账户用款额度　26 500

（2）通过单位的零余额账户支付设备安装费1 500元。

借：在建工程——设备安装工程　1 500

　贷：非流动资产基金——在建工程　1 500

同时：

借：事业支出——财政补助支出　1 500

　贷：零余额账户用款额度　1 500

（3）设备安装完工，通过验收并交付使用。工程实际成本为28 000元。

借：固定资产——专业设备　28 000

　贷：非流动资产基金——固定资产　28 000

同时：

借：非流动资产基金——在建工程　28 000

　贷：在建工程——设备安装工程　28 000

小资料4-6

除上述核算内容外，事业单位应定期将基本建设账套（简称基建账）数据并入事业单位会计“大账”（简称“事业账”）。事业单位应当至少按月根据基建账中相关科目的发生额，在“大账”中按照《事业单位会计制度》的规定对基建相关业务进行会计处理。并入数据时，应将基建账中“交付使用资产”等科目余额转入事业账的“固定资产”科目，并相应增加非流动资产基金；应将基建账中“建筑安装工程投资”“设备投资”“待摊投资”“预付材料款”“预付工程款”等科目余额转入事业账的“在建工程——基建工程”科目，并相应增加非流动资产基金；应将基建账中“银行存款”“零余额账户用款额度”“库存现金”“其他应收款”等科目余额转入事业账的相对应资产类科目；应将基建账中“基建投资借款”等科目余额转入事业账的“长期借款”科目。具体处理方法，有待财政部出台相关规定。

三、无形资产

（一）无形资产的内容

无形资产是指事业单位持有的没有实物形态的可辨认非货币性资产，包括专利权、商标权、著作权、土地使用权、非专利技术等。事业单位购入的不构成相关硬件不可缺少组成部分的应用软件，作为无形资产核算。无形资产是事业单位资产的重要组成部分，在事业单位开展各项业务活动中发挥着重要的作用。

事业单位设置“无形资产”科目，核算事业单位无形资产的原价。本科目应当按照无形资产的类别、项目等进行明细核算。本科目期末借方余额，反映事业单位无形资产的原价。无形资产属于非流动资产，应当采用双分录”的核算方法。

（二）无形资产的初始确认与计量

事业单位的无形资产在取得时进行初始确认。无形资产的取得方式，包括外购、委托开发、自行开发、接受捐赠、无偿调入等。无形资产在取得时，应当按照其实际成本入账。

1.外购无形资产

外购的无形资产，其成本包括购买价款、相关税费以及可归属于该项资产达到预定用途所发生的其他支出。按照确定的无形资产成本，借记“无形资产”科目，贷记“非流动资产基金——无形资产”科目；同时，按照实际支付金额，借记“事业支出”等科目，贷记“财政补助收入”“零余额账户用款额度”“银行存款”等科目。

2.委托开发无形资产

委托软件公司开发软件视同外购无形资产进行处理。支付软件开发费时，按照实际支付金额，借记“事业支出”等科目，贷记“财政补助收入”“零余额账户用款额度”“银行存款”等科目。软件开发完成交付使用时，按照软件开发费总额，借记“无形资产”科目，贷记“非流动资产基金——无形资产”科目。

3.自行开发无形资产

自行开发并按法律程序申请取得的无形资产，按照依法取得时发生的注册费、聘请律师费等费用，借记“无形资产”科目，贷记“非流动资产基金——无形资产”科目；同时，借记“事业支出”等科目，贷记“财政补助收入”“零余额账户用款额度”“银行存款”等科目。依法取得前所发生的研究开发支出，应于发生时直接计入当期支出，借记“事业支出”等科目，贷记“银行存款”等科目。

4.接受捐赠、无偿调入无形资产

接受捐赠、无偿调入的无形资产，其成本按照有关凭据注明的金额加上相关税费等确定；没有相关凭据的，其成本比照同类或类似无形资产的市场价格加上相关税费等确定；没有相关凭据、同类或类似无形资产的市场价格也无法可靠取得的，该资产按照名义金额入账。按照确定的无形资产成本，借记“无形资产”科目，贷记“非流动资产基金——无形资产”科目；按照发生的相关税费，借记“其他支出”科目，贷记“银行存款”等科目。

【例4-53】某事业单位用事业经费外购一项专利权，以银行存款支付其价款170 000元。

借：无形资产——专利权　　　　170 000

　贷：非流动资产基金——无形资产　　　　170 000

同时：

借：事业支出——其他资金支出——基本支出　170 000

　贷：银行存款　170 000

【例4-54】某事业单位自行开发一项专用技术，并按法律程序申请取得专利证书。开发、研究该项技术前期发生支出共计86 000元，在发生时已经直接计入当期事业支出。申请专利时，支付专利注册费、律师聘请费共计3 200元，通过单位的零余额账户支付。

借：无形资产——专利权　3 200

　贷：非流动资产基金——无形资产　3 200

同时：

借：事业支出——财政补助支出——基本支出　3 200

　贷：零余额账户用款额度　3 200

（三）无形资产的摊销

为真实反映无形资产的价值，事业单位可以建立无形资产摊销制度，对无形资产进行后续计量。摊销是指在无形资产使用寿命内，按照确定的方法对应摊销金额进行系统分摊。如果事业单位需要准确反映无形资产的价值，加强内部成本管理，应当建立无形资产的摊销制度。事业单位根据实际情况，也可以选择不进行无形资产的摊销。

1.账户设置

事业单位如果建立了无形资产摊销制度，应当设置“累计摊销”科目，核算事业单位无形资产已计提的累计摊销。本科目应当按照对应无形资产的类别、项目等进行明细核算。本科目期末贷方余额，反映事业单位提取的无形资产摊销累计数。

2.摊销方法

事业单位应当采用年限平均法对无形资产进行摊销。无形资产的应摊销金额为其成本。事业单位应当按照如下原则确定无形资产的摊销年限：法律规定了有效年限的，以法律规定的有效年限为摊销年限；法律没有规定有效年限的，以相关合同或单位申请书中的受益年限为摊销年限；法律没有规定有效年限、相关合同或单位申请书也没有规定受益年限的，按照不少于10年的期限摊销。因发生后续支出而增加无形资产成本的，应当按照重新确定的无形资产成本，重新计算摊销额。

事业单位应当自无形资产取得当月起，按月计提无形资产摊销。以名义金额计量的无形资产不进行无形资产的摊销。无形资产摊销额的计算公式为：

无形资产的年摊销额=无形资产应摊销金额÷摊销年限

无形资产的月摊销额=无形资产的年摊销额÷12

3.账务处理

同固定资产折旧相类似，由于无形资产采用“双分录”的核算方法，无形资产摊销同样采用“虚提”的模式，计提的摊销并不计入当期支出，而是冲减其所对应的非流动资产基金。按月计提无形资产摊销时，按照应计提摊销金额，借记“非流动资产基金——无形资产”科目，贷记“无形资产”科目。

【例4-55】某事业单位经过计算，本月应计提无形资产摊销6 300元。

借：非流动资产基金——无形资产 6 300

贷：累计摊销 6 300

（四）无形资产的后续支出

无形资产的后续支出是指无形资产使用以后的期间发生的与无形资产使用效能、使用状态直接相关的各种支出，如无形资产的升级改造、功能扩展、技术维护支出等。与无形资产有关的后续支出，应分别以下情况处理：

1.增加无形资产效能的支出

为增加无形资产的使用效能而发生的后续支出，如对软件进行升级改造或扩展其功能等所发生的支出，应当计入无形资产的成本，借记“无形资产”科目，贷记“非流动资产基金——无形资产”科目；同时，借记“事业支出”等科目，贷记“财政补助收入”“零余额账户用款额度”“银行存款”等科目。

2.维护无形资产的支出

为维护无形资产的正常使用而发生的后续支出，如对软件进行漏洞修补、技术维护等所发生的支出，应当计入当期支出但不计入无形资产成本，借记“事业支出”等科目，贷记“财政补助收入”“零余额账户用款额度”“银行存款”等科目。

【例4-56】某事业单位为适应预算管理、财务管理与会计核算改革的需要，使用上级拨入的专项资金对单位的管理信息系统进行了升级，增加了资产管理、人员管理等模块，发生支出共计31 200元，款项均通过银行转账支付。同时，使用财政拨入的基本经费对单位的办公软件进行了维护，保证了系统运行的稳定性，发生支出1 300元，款项通过零余额账户支付。

（1）管理信息系统的升级提升了效能，应当计入无形资产成本。

借：无形资产——管理信息系统 31 200

贷：非流动资产基金——无形资产 31 200

同时：

借：事业支出——非财政专项资金支出——项目支出 31 200

贷：银行存款 31 200

（2）办公软件技术维护没有改变软件的效能，应当计入当期支出。

借：事业支出——财政补助支出——基本支出 1 300

贷：零余额账户用款额度 1 300

（五）无形资产的处置

事业单位无形资产的处置，包括经批准转让、无偿调出、对外捐赠无形资产，以及无形资产对外投资。应当分别以下情况处理：

1.转出无形资产

转让、无偿调出、对外捐赠无形资产，转入待处置资产时，按照待处置无形资产的账面价值，借记“待处置资产损溢”科目，按照已计提摊销，借记“累计摊销”科目，按照无形资产的账面余额，贷记“无形资产”科目。实际转让、调出、捐出时，按照处置无形资产对应的非流动资产基金，借记“非流动资产基金——无形资产”科目，贷记“待处置资产损溢”科目。处置费用、收入及净损溢的处理，同固定资产类似。

2.对外投资无形资产

以已入账无形资产对外投资，以评估价值加上相关税费为投资成本，借记“长期投资”科目，贷记“非流动资产基金——长期投资”科目，按发生的相关税费，借记“其他支出”科目，贷记“银行存款”“应缴税费”等科目；同时，按照投出无形资产对应的非流动资产基金，借记“非流动资产基金——无形资产”科目，按照投出无形资产已计提摊销，借记“累计摊销”科目，按照投出无形资产的账面余额，贷记“无形资产”科目。

【例4-57】某事业单位经批准将其拥有的一项软件技术无偿调拨给其他单位使用。该无形资产的账面余额为52 000元，已经计提摊销26 000元。调出时，无相关税费发生。

	借方	贷方
借：待处置资产损溢——处置资产价值	26 000	
累计摊销	26 000	
贷：无形资产——软件技术		52 000

同时：

	借方	贷方
借：非流动资产基金——无形资产	26 000	
贷：待处置资产损溢——处置资产价值		26 000

（六）无形资产的核销

无形资产预期不能为事业单位带来服务潜力或经济利益的，应当按规定报经批准后将该无形资产的账面价值予以核销。

1.转入待处置资产

转入待处置资产时，按照待核销无形资产的账面价值，借记“待处置资产损溢”科目，按照已计提摊销，借记“累计摊销”科目，按照无形资产的账面余额，贷记“无形资产”科目。

2.批准核销

报经批准予以核销时，按照核销无形资产对应的非流动资产基金，借记“非流动资产基金——无形资产”科目，贷记“待处置资产损溢”科目。

【例4-58】某事业单位一项软件技术已经落后于目前的新型技术，不能再为单位带来经济利益，经批准予以核销。该软件技术的账面余额为82 000元，累计摊销为76 000元。

借：待处置资产损溢——处置资产价值　6 000
　　累计摊销　76 000
　贷：无形资产——软件技术　82 000

同时：

借：非流动资产基金——无形资产　6 000
　贷：待处置资产损溢——处置资产价值　6 000

四、长期投资

（一）长期投资的内容

长期投资是指事业单位依法取得的，持有时间超过1年（不含1年）的各种股权和债权性质的投资。事业单位依法利用货币资金、实物和无形资产等方式向其他单位投资，一方面可以拓展事业单位的业务范围，提高资金的使用效益，在更大范围内发挥事业单位的作用，另一方面可以取得一定的投资收益，弥补事业单位资金的不足，更好地开展公益性服务。事业单位应当严格控制对外投资。在保证单位正常运转和事业发展的前提下，按照国家有关规定可以对外投资的，应当履行相关审批程序。事业单位不得使用财政拨款及其结余进行对外投资，不得从事股票、期货、基金、企业债券等投资，国家另有规定的除外。事业单位以非货币性资产对外投资的，应当按照国家有关规定进行资产评估，合理确定资产价值。

事业单位设置“长期投资”科目，核算事业单位依法取得的，持有时间超过1年（不含1年）的股权和债权性质的投资。本科目应当按照长期投资的种类和被投资单位等进行明细核算。本科目期末借方余额，反映事业单位持有的长期投资成本。长期投资包括长期债券投资和长期股权投资。长期投资属于非流动资产，应当采用“双分录”的核算方法。

（二）长期债券投资

1.长期债券投资的取得

长期债券投资通常以货币资金购入。长期债券投资在取得时，应当以其实际成本为投资成本。以货币资金购入的长期债券投资，以实际支付的全部价款（包括购买价款以及税金、手续费等相关税费）为投资成本，借记“长期投资”科目，贷记“银行存款”等科目；同时，按照投资成本金额，借记“事业基金”科目，贷记“非流动资产基金——长期投资”科目。

2.长期债券投资的利息

长期债券投资持有期间收到利息时，按照实际收到的金额，借记“银行存款”等科目，贷记“其他收入——投资收益”科目。

3.长期债券投资的转让和到期收回

对外转让或到期收回长期债券投资本息，按照实际收到的金额，借记“银行存款”等科目，按照收回长期投资的成本，贷记“长期投资”科目，按照其差额，贷记或借记“其他收入——投资收益”科目；同时，按照收回长期投资对应的非流动资产基金，借记“非流动资产基金——长期投资”科目，贷记“事业基金”科目。

【例4-59】某事业单位购入1305期国债2 000份，面值100元，2年期，票面年利率5%。款项共计200 000元，以银行存款支付。

借：长期投资——1305期国债　200 000

　贷：银行存款　200 000

同时：

借：事业基金　200 000

　贷：非流动资产基金——长期投资　200 000

【例4-60】某事业单位1108期国债到期兑付，其账面余额为300 000元，利息收入为45 000元，实际收到的金额为345 000元。款项已经收到并存入银行账户。

借：银行存款　345 000

　贷：长期投资——1108期国债　300 000

　　其他收入——投资收益　45 000

同时：

借：非流动资产基金——长期投资　300 000

　贷：事业基金　300 000

（三）长期股权投资

1.长期股权投资的取得

长期股权投资的取得方式，包括支付货币、投出固定资产、投出无形资产等。长期股权投资在取得时，应当按照其实际成本作为投资成本。

（1）以货币资金取得的长期股权投资，以实际支付的全部价款（包括购买价款以及税金、手续费等相关税费）为投资成本，借记“长期投资”科目，贷记“银行存款”等科目；同时，按照投资成本金额，借记“事业基金”科目，贷记“非流动资产基金——长期投资”科目。

（2）以固定资产取得的长期股权投资，将评估价值加上相关税费作为投资成本，借记“长期投资”科目，贷记“非流动资产基金——长期投资”科目，按发生的相关税费，借记“其他支出”科目，贷记“银行存款”“应缴税费”等科目；同时，按照投出固定资产对应的非流动资产基金，借记“非流动资产基金——固定资产”科目，按照投出固定资产已计提折旧，借记“累计折旧”科目，按投出固定资产的账面余额，贷记“固定资产”科目。

（3）以无形资产取得的长期股权投资，需要区分两种情况：

①以已入账无形资产取得的长期股权投资，按照评估价值加上相关税费作为投资成本，借记“长期投资”科目，贷记“非流动资产基金——长期投资”科目，按发生的相关税费，借记“其他支出”科目，贷记“银行存款”“应缴税费”等科目；同时，按照投出无形资产对应的非流动资产基金，借记“非流动资产基金——无形资产”科目，按照投出无形资产已计提摊销，借记“累计摊销”科目，按照投出无形资产的账面余额，贷记“无形资产”科目。

②以未入账无形资产取得的长期股权投资，以评估价值加上相关税费为投资成本，借记“长期投资”科目，贷记“非流动资产基金——长期投资”科目，按发生的相关税费，借记“其他支出”科目，贷记“银行存款”“应缴税费”等科目。

【例4-61】某事业单位以固定资产进行一项长期股权投资，固定资产的账面余额为100 000元，已计提折旧20 000元。按评估价确定的固定资产价值为120 000元。

借：长期投资——长期股权投资	120 000	
贷：非流动资产基金——长期投资		120 000

同时：

借：非流动资产基金——固定资产	80 000	
累计折旧	20 000	
贷：固定资产		100 000

上述会计分录也可以写为：

借：长期投资——长期股权投资	120 000	
累计折旧	20 000	
贷：固定资产		100 000
非流动资产基金——长期投资		40 000

同时：

借：非流动资产基金——固定资产	80 000	
贷：非流动资产基金——长期投资		80 000

【例4-62】某事业单位以无形资产（专有技术）进行一项长期股权投资，无形资产的账面余额为165 000元，已计提摊销32 000元。投资协议价确定的无形资产价值为135 000元。

借：长期投资——长期股权投资	135 000	
贷：非流动资产基金——长期投资		135 000

同时：

借：非流动资产基金——无形资产	133 000	
累计摊销	32 000	

贷：无形资产——专有技术 165 000

小资料4-7

非流动资产的价值有三种形式，分别是账面余额、账面价值、评估价值。账面余额是指某账户的账面实际余额，不扣除与该账户相关的备抵项目（如累计折旧、累计摊销），是账面上实际存在的金额。账面价值是指某账户的账面余额减去相关备抵项目后的净额，即事业单位的固定资产、无形资产的账面余额与其累计折旧、累计摊销的差额。评估价值是资产对外投资时市场价值的估计数额。

2.长期股权投资持有期间的收益

长期股权投资持有期间，收到股利、股息等投资收益时，按照实际收到的金额，借记“银行存款”等科目，贷记“其他收入——投资收益”科目。

【例4-63】某事业单位的一项长期投资取得投资收益20 000元，款项已经收到并存入银行。

借：银行存款 20 000

贷：其他收入——投资收益 20 000

3.转让长期股权投资

转让长期股权投资，转入待处置资产时，按照待转让长期股权投资的账面余额，借记“待处置资产损溢——处置资产价值”科目，贷记“长期投资”科目。实际转让时，按照所转让长期股权投资对应的非流动资产基金，借记“非流动资产基金——长期投资”科目，贷记“待处置资产损溢——处置资产价值”科目。转让长期股权投资过程中取得价款、发生相关税费，以及转让价款扣除相关税费后的净收入，按有关财务规定处理。

【例4-64】某事业单位向其他单位转让一项长期股权投资。该项长期股权投资的账面余额为500 000元。经协商，该项长期股权投资转让价格为560 000元。转让过程中发生税费共计28 000元。

（1）将长期股权投资转入待处置资产中：

借：待处置资产损溢——处置资产价值 500 000

贷：长期投资——长期股权投资 500 000

（2）转出待处置资产对应的非流动资产基金：

借：非流动资产基金——长期投资 500 000

贷：待处置资产损溢——处置资产价值 500 000

（3）收到转让价款：

借：银行存款 560 000

贷：待处置资产损溢——处置净收入 560 000

（4）支付转让税费：

借：待处置资产损溢——处置净收入 28 000

贷：银行存款 28 000

(5) 对处置净收入的处理：

借：待处置资产损溢——处置净收入　　532 000

　贷：应缴国库款　　532 000

4.核销长期股权投资

因被投资单位破产清算等原因，有确凿证据表明长期股权投资发生损失，按规定报经批准后予以核销。将待核销的长期股权投资转入待处置资产时，按照待核销的长期股权投资账面余额，借记“待处置资产损溢”科目，贷记“长期投资”科目。报经批准予以核销时，借记“非流动资产基金——长期投资”科目，贷记“待处置资产损溢”科目。

【例4-65】某事业单位的一项长期股权投资的被投资单位破产清算。该项长期股权投资的账面余额为250 000元，按规定报经批准后予以核销。

借：待处置资产损溢——处置资产价值　　250 000

　贷：长期投资——长期股权投资　　250 000

同时：

借：非流动资产基金——长期投资　　250 000

　贷：待处置资产损溢——处置资产价值　　250 000

五、待处置资产损溢

事业单位资产处置包括资产的出售、出让、转让、对外捐赠、无偿调出、盘亏、报废、毁损以及货币性资产损失核销等。为加强国有资产管理，防止国有资产流失，合理处置事业单位的各项资产，正确反映资产的处置损溢，事业单位资产的处置应单独设置账户进行核算。

事业单位设置“待处置资产损溢”科目，核算事业单位待处置资产的价值及处置损溢。本科目应当按照待处置资产项目进行明细核算；对于在处置过程中取得相关收入、发生相关费用的处置项目，还应设置“处置资产价值”“处置净收入”明细科目，进行明细核算。本科目期末如为借方余额，反映尚未处置完毕的各种资产价值及净损失；期末如为贷方余额，反映尚未处置完毕的各种资产净溢余。年度终了报经批准处理后，本科目一般应无余额。

待处置资产损溢的主要账务处理如下：

1.转入待处置资产

将各项核销、盘亏、毁损、报废、对外捐赠、无偿调出、转让、出售的资产转入待处置资产时，按照待处置资产的账面价值借记“待处置资产损溢——处置资产价值”科目，处置固定资产、无形资产的同时借记“累计折旧”“累计摊销”科目，按照待处置资产的账面余额贷记相应的资产科目。

2.处置资产

报经批准予以处置资产时，按照待处置资产的价值借记“其他支出”科目（应收及预付款项核销、处置存货等）或“非流动资产基金”科目（处置长期投资、固定资产、无形资产等)，贷记“待处置资产损溢——处置资产价值”科目。

3.变价收入与处置费用

处置资产取得变价收入的，按照收到的金额借记“库存现金”“银行存款”等科目，“待处置资产损溢——处置净收入”科目。处置资产产生相关费用的，按照支付的金额借记“待处置资产损溢——处置净收入”科目，贷记“库存现金”“银行存款”等科目。

4.处置净收入

资产处置完毕，按照处置收入扣除相关处置费用后的净收入，借记“待处置资产损溢——处置净收入”科目，贷记“应缴国库款”等科目。

在讲解各项资产的账务处理时，已经涉及了资产处置事项，不再另行举例。

第五章

事业单位负债的核算

第一节　事业单位负债概述

本节讲解《事业单位会计制度》中负债的核算与管理的一般要求，阐述事业单位负债的含义与确认条件，介绍事业单位负债的内容与分类，以及财务管理与内部控制的相关规定。

一、负债的确认与计量

（一）负债的确认

负债是指事业单位所承担的能以货币计量，需要以资产或者劳务偿还的债务。事业单位的负债，包括从金融机构取得的借款，以及在开展业务活动中发生的待结算债务款项。事业单位代行政府职能收取的纳入预算管理的款项，以及按规定收取的纳入财政专户管理的款项，应当上缴国库或财政专户，在应缴未缴时也形成一项负债。

负债要求能以货币形式可靠计量，以资产或劳务偿还。负债是由事业单位过去的经济业务或会计事项形成的现时义务，履行该义务预期会导致事业单位经济利益或者服务潜力的流出。一般来说，负债只有在与该义务有关的经济利益或服务潜力能够流出单位，且未来流出的经济利益或服务潜力的金额能够可靠地计量时才能予以确认。

（二）负债的计量

事业单位的负债应当按照合同金额或实际发生额进行计量。事业单位的有些负债的金额，是根据相关合同确定的，如采购货物的应付账款等，有些负债是根据实际发生的金额确定的，如各种应缴款项等。

二、负债的内容与分类

事业单位的负债按照流动性，可以分为流动负债和非流动负债。

（一）流动负债

流动负债是指预计在1年内（含1年）偿还的负债。事业单位的流动负债包括短期借款、应缴款项、应付职工薪酬、应付及预收款项等。其中：应缴款项包括应缴税费、应缴国库款和应缴财政专户款；应付及预收款项包括应付票据、应付账款、预收账款和其他应付款。

（二）非流动负债

非流动负债是指流动负债以外的负债。事业单位的非流动负债包括长期借款、长期应付款等。

事业单位会计设置的负债类会计科目及分类见表5-1。

表5-1　**事业单位负债类会计科目分类表**

类　型	序　号	科目编号	会计科目
流动负债	1	2001	短期借款
	2	2101	应缴税费
	3	2102	应缴国库款
	4	2103	应缴财政专户款
	5	2201	应付职工薪酬
	6	2301	应付票据
	7	2302	应付账款
	8	2303	预收账款
	9	2305	其他应付款
非流动负债	10	2401	长期借款
	11	2402	长期应付款

三、负债的财务管理

事业单位经批准可以举借债务，弥补事业经费的不足。根据《事业单位财务规则》的要求，事业单位负债财务管理的主要内容包括：

（1）加强负债的分类管理。事业单位应当对不同性质的负债分类管理，及时清理并按照规定办理结算，保证各项负债在规定期限内归还。事业单位的借入款项包括短期借款和长期借款，应当根据不同借款的偿还期限，编制还款计划，保证借款的按期归还。对合同预收款项，在合同完成或者阶段性完成后及时结转为收入。对应付款项，应当按时清付，不得长期拖欠。对各项应缴款项，应当按规定及时上缴国库或财政专户，不得截留。

（2）加强负债的风险管理。事业单位应当建立健全财务风险控制机制，规范和加强借入款项管理，严格执行审批程序，控制借款的规模，保持合理的负债比例。事业单位不得违反财务制度的规定，为其他单位或个人提供债务担保。

（3）加强清算的管理。事业单位发生划转、撤销、合并、分立时，应当进行清算。事业单位清算，应当在主管部门和财政部门的监督指导下，对单位的财产、债权、债务等进行全面清理，编制财产目录和债权、债务清单，提出财产作价依据和债权、债务处理办法，做好资产的移交、接收、划转和管理工作，并妥善处理各项遗留问题。

四、负债的内部控制

事业单位应当加强负债的内部控制，防范债务风险。根据《行政事业单位内部控制规范（试行）》的规定，事业单位资产内部控制的主要内容包括：

（1）事业单位应当建立健全债务内部管理制度，明确债务管理岗位的职责权限，不得由一人负责债务业务的全过程。

（2）大额债务的举借和偿还属于重大经济事项，应当进行充分论证，并由单位领导班子集体研究决定。

（3）单位应当做好债务的会计核算和档案保管工作。加强债务的对账和检查控制，定期与债权人核对债务余额，进行债务清理，防范和控制财务风险。

第二节　流动负债的核算

事业单位的流动负债包括短期借款、应缴款项、应付职工薪酬、应付及预收款项。本节讲解《事业单位会计制度》中关于流动负债的核算方法，阐述各项流动负债的核算内容、账户设置和主要账务处理。

一、短期借款

（一）短期借款的内容

短期借款是指事业单位借入的期限在1年内（含1年）的各种借款。事业单位根据业务活动的需要，从银行或其他金融机构取得短期借款，以弥补事业经费的不足。短期借款是事业单位有偿使用的资金，需要按期偿还借款并支付借款利息。

（二）短期借款的核算

事业单位设置“短期借款”科目，核算事业单位向银行或其他金融机构借入的期限在1年以下（含1年）的各种借款。本科目应当按照贷款单位和贷款种类进行明细核算。本科目期末贷方余额，反映事业单位尚未偿还的短期借款本金。

短期借款的主要账务处理如下：

1.取得短期借款

事业单位借入各种短期借款时，按照实际借入的金额，借记“银行存款”科目，贷记“短期借款”科目。银行承兑汇票到期，本单位无力支付票款的，按照银行承兑汇票的票面金额，借记“应付票据”科目，贷记“短期借款”科目。

2.支付借款利息

事业单位支付短期借款利息时，按实际支付的金额，借记“其他支出”科目，贷记“银行存款”科目。

3.到期归还

事业单位归还短期借款时，按借款的金额，借记“短期借款”科目，贷记“银行存款”科目。

【例5-1】某事业单位为满足事业业务发展的资金需要，从中国银行××支行借入500 000元，借款期限8个月，年利率6%。

借：银行存款　500 000

　贷：短期借款——中国银行××支行　500 000

【例5-2】某事业单位到期归还上述短期借款，并支付借款利息20 000元。

借：短期借款　500 000

　其他支出——利息支出　20 000

　贷：银行存款　520 000

二、应缴款项

（一）应缴税费的核算

应缴税费是事业单位在业务活动中按规定应缴纳的各种税费。事业单位作为一类社会组织，应当按税法的规定履行纳税义务。但是，事业单位作为公益性社会组织，享受较多的免税、减税等优惠政策。

事业单位设置“应缴税费”科目，核算事业单位按照税法等规定计算应缴纳的各种税费，包括增值税、城市维护建设税、教育费附加、车船税、房产税、城镇土地使用税、企业所得税等。事业单位代扣代缴的个人所得税，也通过本科目核算。事业单位应缴纳的印花税在缴纳时直接计入当期支出，不通过本科目核算。本科目应当按照应缴纳的税费种类进行明细核算。属于增值税一般纳税人的事业单位，其应缴增值税明细账中应设置“进项税额”“已交税金”“销项税额”“进项税额转出”等专栏。本科目期末借方余额，反映事业单位多缴纳的税费金额；本科目期末贷方余额，反映事业单位应缴未缴的税费金额。

应缴税费的主要账务处理如下：

1.增值税

事业单位销售材料、提供应税服务、处置不动产等，应当缴纳增值税。事业单位购入或销售材料缴纳增值税，应当区分自用材料和非自用材料。事业单位购入自用材料的增值税进项税额计入材料成本，无增值税缴纳事项。事业单位购入或销售非自用材料的，有增值税纳税义务的，应分别一般纳税人和小规模纳税人两种情况核算。

（1）事业单位属于增值税一般纳税人

①购入非自用材料的，按确定的成本（不含增值税进项税额），借记“存货”科目，按增值税专用发票上注明的增值税税额，借记“应缴税费——应缴增值税（进项税额）”科目，按实际支付或应付的金额，贷记“银行存款”“应付账款”等科目。

②购入的非自用材料发生盘亏、毁损、报废、对外捐赠、无偿调出等税法规定不得从增值税销项税额中抵扣进项税额的，将所购进的非自用材料转入待处置资产时，按照材料的账面余额与相关增值税进项税额转出金额的合计金额，借记“待处置资产损溢”科目，按材料的账面余额，贷记“存货”科目，按转出的增值税进项税额，贷记“应缴税费——应缴增值税（进项税额转出）”科目。

③销售应税产品或提供应税服务，按包含增值税的价款总额，借记“银行存款”“应收账款”“应收票据”等科目，按扣除增值税销项税额后的价款金额，贷记“经营收入”等科目，按增值税专用发票上注明的增值税金额，贷记“应缴税费——应缴增值税（销项税额）”科目。

④实际缴纳增值税时，借记“应缴税费——应缴增值税（已交税金）”科目，贷记“银行存款”科目。

（2）事业单位属于增值税小规模纳税人

属于增值税小规模纳税人的事业单位销售应税产品或提供应税服务，按实际收到或应收的价款，借记“银行存款”“应收账款”“应收票据”等科目，按实际收到或应收价款扣除增值税税额后的金额，贷记“经营收入”等科目，按应缴增值税金额，贷记“应缴税费——应缴增值税”科目。实际缴纳增值税时，借记“应缴税费——应缴增值税”科目，贷记“银行存款”科目。

【例5-3】某事业单位购入自用材料一批用于事业业务，材料不含税价格为5 000元，增值税进项税额为850元，货款共计5 850元，通过单位的零余额账户支付。

借：存货——自用材料　　5 850

　贷：零余额账户用款额度　　5 850

【例5-4】某事业单位属于增值税一般纳税人，购入经营用材料一批用于生产加工，材料不含税价格共计25 000元，增值税进项税额4 250元，货款共计29 250元，通过银行转账支付。

借：存货——经营材料　　25 000

　　应缴税费——应缴增值税（进项税额）　　4 250

　贷：银行存款　　29 250

【例5-5】某事业单位属于增值税一般纳税人，经营业务为销售商品，销售商品不含税价格共计36 000元，增值税销项税额6 120元，货款共计42 120元，款项尚未收到。

借：应收账款　42 120

　贷：经营收入　36 000

　　应缴税费——应缴增值税（销项税额）　6 120

【例5-6】某事业单位属于增值税一般纳税人，本月应缴纳增值税1 870元，通过银行转账支付。

借：应缴税费——应缴增值税（已交税金）　1 870

　贷：银行存款　1 870

【例5-7】某事业单位属于增值税小规模纳税人，购入经营用材料一批用于生产加工，材料含税价格为7 200元，货款尚未支付。

借：存货——经营材料　7 200

　贷：应付账款　7 200

【例5-8】某事业单位属于增值税小规模纳税人，经营业务为销售商品，销售商品含税价格为9 270元，按3%的征收率计算，应缴增值税270元。款项已经收到并存入单位的银行账户。

借：银行存款　9 270

　贷：经营收入　9 000

　　应缴税费——应缴增值税　270

【例5-9】某事业单位属于增值税小规模纳税人，经营业务为对外提供服务，经过计算本月经营业务提供应税劳务应缴纳增值税7 900元。

借：经营支出——税费支出　7 900

　贷：应缴税费——应缴增值税　7 900

事业单位因出售固定资产、无形资产等发生增值税、城市维护建设税、教育费附加纳税义务的，按税法规定计算的应缴税费金额，借记“待处置资产损溢——处置净收入”科目，贷记“应缴税费——应缴增值税”等科目。如果事业单位其他业务事项涉及增值税纳税义务的，借记“事业支出”“经营支出”等有关支出科目，贷记“应缴税费——应缴增值税”等科目。实际缴纳时，借记“应缴税费——应缴增值税”等科目，贷记“银行存款”科目。

【例5-10】某事业单位报同级财政部门审批同意，将一台不需用的办公设备出售。按照规定的征收率计算，应缴纳增值税21 000元。同时，应缴纳城市维护建设税1 470元，应缴纳教育费附加630元。

借：待处置资产损溢——处置净收入　23 100

　贷：应缴税费——应缴增值税　21 000

　　　　——应缴城市维护建设税　1 470

　　　　——应缴教育费附加　630

2.房产税、城镇土地使用税、车船税

发生房产税、城镇土地使用税、车船税纳税义务的，按税法规定计算的应缴税金数额，借记有关科目，贷记“应缴税费——应缴房产税”等科目。实际缴纳时，借记“应缴税费——应缴房产税”等科目，贷记“银行存款”科目。

【例5-11】某事业单位公务用车本年应缴纳车船税1 250元。

借：事业支出——财政补助支出——基本支出	1 250	
贷：应缴税费——应缴车船税		1 250

【例5-12】某事业单位通过银行账户缴纳本月增值税21 000元，城市维护建设税1 470元、教育费附加630元、车船税1 250元。

借：应缴税费——应缴增值税	21 000	
——应缴城市维护建设税	1 470	
——应缴教育费附加	630	
——应缴车船税	1 250	
贷：银行存款		24 350

3.个人所得税

事业单位代扣代缴个人所得税的，按税法规定计算应代扣代缴的个人所得税金额，借记“应付职工薪酬”科目，贷记“应缴税费——应缴个人所得税”科目。实际缴纳时，借记“应缴税费——应缴个人所得税”科目，贷记“银行存款”科目。

4.企业所得税

事业单位发生企业所得税纳税义务的，按税法规定计算的应缴税金数额，借记“非财政补助结余分配”科目，贷记“应缴税费——应缴企业所得税”科目。实际缴纳时，借记“应缴税费——应缴企业所得税”科目，贷记“银行存款”科目。

（二）应缴国库款的核算

应缴国库款是指事业单位在业务活动中按规定取得的应缴入国库的预算款项（应缴税费除外）。应缴国库款的内容主要包括纳入预算管理的政府性基金、行政事业性收费、没收财物变价款、无主财物变价款、赃款和赃物变价款、其他按照预算管理规定应上缴预算的款项等。事业单位均是由国家出资举办的，具有一些特殊的职能，在为社会提供各种公益性服务的同时，还需要办理政府交办的一些事务，代行政府职能。事业单位代行政府职能收取的纳入财政预算管理的款项，应当及时上缴财政国库。

事业单位设置“应缴国库款”科目，核算事业单位按规定应缴入国库的款项（应缴税费除外）。本科目应当按照应缴国库的各款项类别进行明细核算。本科目期末贷方余额，反映事业单位应缴入国库但尚未缴纳的款项。

事业单位上缴国库的款项，是政府的非税收收入，应当按照国库集中收付制度的要求进行收缴，主要包括集中汇缴与直接缴库两种方式，其业务流程如图5-1所示。

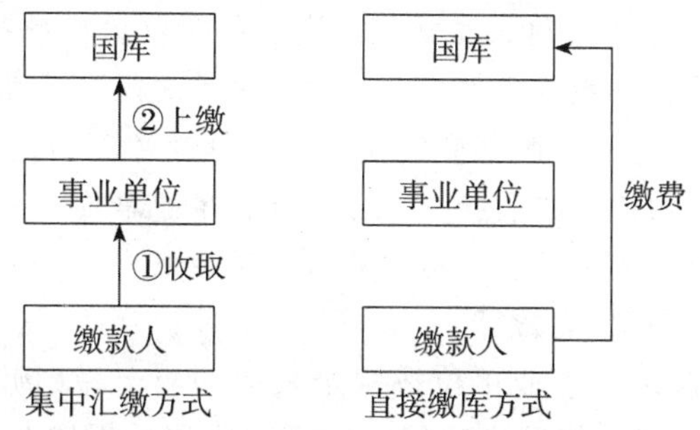

图5-1　应缴国库款的业务流程图

应缴国库款的主要账务处理如下：

1.集中汇缴

集中汇缴方式下，应缴国库款的核算包括收取应上缴的款项和上缴款项两个业务环节。按规定计算确定或实际取得应缴国库的款项时，借记“银行存款”等有关科目，贷记“应缴国库款”科目。上缴款项时，借记“应缴国库款”科目，贷记“银行存款”等科目。

【例5-13】某事业单位根据其职能要求，开出“非税收收入缴款书”，代收政府性基金收费100 000元。此款项纳入财政预算管理，需要上缴国库。

借：银行存款　100 000

　贷：应缴国库款——非税收收入（政府性基金）　100 000

【例5-14】某事业单位按规定上缴上述应上缴国库的预算款项。

借：应缴国库款——非税收收入（政府性基金）　100 000

　贷：银行存款　100 000

2.直接缴库

直接缴库方式下，缴款人将应缴款项直接缴入国库账户，事业单位只负责征收管理，款项并不通过事业单位的过渡账户汇集。在这种情况下，应缴国库款的核算可以简化，根据开出的“非税收收入税款书”，在“应缴国库款备查登记簿”中进行备查登记，或者同时借记和贷记“应缴国库款”科目，以反映预算资金的收缴情况。

【例5-15】某事业单位一项纳入财政预算管理的事业性收费，采用直接缴库的方式收缴。事业单位开出的“非税收收入税款书”，款项4 500元由缴款人直接缴入国库。

借：应缴国库款——非税收收入（事业收费）　4 500

　贷：应缴国库款——非税收收入（事业收费）　4 500

或者不做上述会计分录，在“应缴国库款备查登记簿”中进行备查登记。

小资料5-1

集中汇缴与直接缴库是国库集中收付制度下财政收入收缴的两种方式。集中汇缴是由征收机关按有关法律、法规的规定，将所收的应缴款项汇总缴入国库；直接缴库是由缴款单位或缴款人按有关法律、法规的规定，直接将应缴款项缴入国库。在集中汇缴方式下，事业单位收取的预算款项先通过单位的银行账户汇集，然后再集中缴入国库。在直接缴库方式下，事业单位不再通过设立的银行账户收缴预算资金，缴款人直接将应缴款项缴入国库账户。

（三）应缴财政专户款的核算

应缴财政专户款是指事业单位按规定收取的应上缴财政专户的各种款项。事业单位代行政府职能，依国家法律、法规而收取、提取和安排使用的各项资金，按规定应纳入财政专户管理。事业单位的各项收费否纳入财政专户管理，需要根据同级财政的规定，目前纳入财政专户管理的收费主要是教育收费。事业单位取得的纳入财政专户管理的资金，由财政部门建立的财政专户统一管理，实行“收支两条线”管理方式。收到各项收费时，必须上缴财政专户统一管理；使用这笔资金时，要向财政部门申请，经过审批后通过财政专户返还。应缴财政专户款是行政单位已经收取了纳入财政专户管理，但尚未上缴财政专户而形成的负债。

事业单位设置“应缴财政专户款”科目，核算事业单位按规定应缴入财政专户的款项。本科目应当按照应缴财政专户的各款项类别进行明细核算。本科目期末贷方余额，反映事业单位应缴入财政专户但尚未缴纳的款项。

应缴财政专户款在上缴财政部门后，成为政府的一项非税收收入。应缴财政专户款的缴纳包括集中汇缴与直接缴库两种方式，其业务流程如图5-2所示。

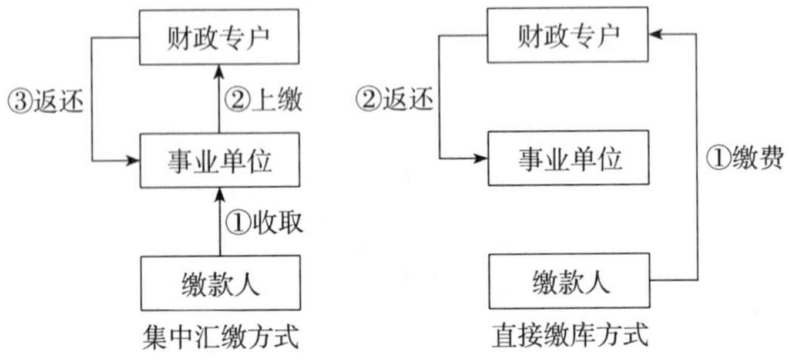

图5-2 应缴财政专户款的业务流程图

1.集中汇缴

事业单位如果通过集中汇缴的方式收缴财政专户管理的资金，其业务包括收取、上缴和收到返还款项三个环节。在收到款项时确认应缴财政专户款，并按规定及时上缴，在核拨后形成事业单位的财政专户返还收入。取得应缴财政专户的款项时，借记“银行存款”等科目，贷记“应缴财政专户款”科目。上缴款项时，借记“应缴财政专户款”科目，贷记“银行存款”等科目。收到返还的款项时，借记“银行存款”“零余额账户用款额度”等科目，贷记“事业收入”科目。

【例5-16】某事业单位收到一项事业性收费6 700元，已经存入银行账户。此款项纳入财政专户管理，按规定需要全额上缴财政专户。

借：银行存款　6 700

　贷：应缴财政专户款——非税收收入（事业收费）　6 700

【例5-17】某事业单位按规定将上述款项缴入财政专户。

借：应缴财政专户款——非税收收入（事业收费）　6 700

　贷：银行存款　6 700

【例5-18】某事业单位收到代理银行转来的“授权支付到账通知书”，财政部门通过授权支付方式核拨的财政专户管理资金5 000元已经下拨到单位的零余额账户。

借：零余额账户用款额度　5 000

　贷：事业收入——××业务（××收费项目）　5 000

2.直接缴库

事业单位如果通过直接缴库的方式收缴财政专户管理的资金，款项不再通过事业单位的过渡账户汇集，而是由缴款人直接缴入财政专户，事业单位只负责征收管理。对于缴款人直接缴入国库的款项，事业单位可以设置“应缴财政专户款备查登记簿”进行备查登记，或者同时借记和贷记“应缴财政专户款”科目，以反映财政专户管理资金的收缴情况。收到财政专户返还的专户管理的资金时，按收到的金额确认事业收入。

【例5-19】某事业单位的一项事业性收费纳入财政专户管理，采用直接缴库的方式收缴。根据开具的“非税收收入一般缴款书”，此项事业性收费共计5 200元，款项已经由缴款人直接缴入财政专户。

借：应缴财政专户款——非税收收入（事业收费）　5 200

　贷：应缴财政专户款——非税收收入（事业收费）　5 200

小资料5-2

有政府非税收入执收职能的事业单位，其应缴的款项包括应缴国库款和应缴财政专户款，应当准确区分。应缴国库款和应缴财政专户款均属于财政性资金，均需要上缴财政部门，均包括集中汇缴与直接缴库两种上缴方式。二者的区别在于：第一，资金的性质不同，应缴国库款是纳入预算管理的财政性资金，应缴财政专户款是纳入财政专户管理的财政性资金（原称为预算外资金）；第二，缴纳账户不同，应缴国库款需要上缴财政国库账户，而应缴财政专户款需要上缴财政专户；第三，从返还角度来看，应缴国库款上缴国库后不予返还，应缴财政专户款上缴财政专户后通过核拨返还给事业单位。

三、应付职工薪酬

（一）应付职工薪酬的内容

应付职工薪酬是事业单位按有关规定应付给职工的各种薪酬，以及应为职工支付的各种社会保障费。为了加强事业单位工资和津贴补贴发放的管理，全面、准确地核算工资和津贴补贴发放业务活动，根据财政部门的相关规定，事业单位发放给职工的工资、津贴补贴等个人收入，以及事业单位为职工承担的各种社会保障费，均通过“应付职工薪酬”科目核算。其主要内容如下：

1.应付工资（离退休费）

应付工资（离退休费）包括应付工资和应付离退休费。应付工资是事业单位按国家统一规定，应发放给在职人员的岗位工资、薪级工资、绩效工资，以及经国务院或人事部、财政部批准设立的津贴补贴。应付离退休费是指按国家统一规定，应发放给离退休人员的离休、退休费及经国务院或人事部、财政部批准设立的津贴补贴。

2.应付地方（或部门）津贴补贴

应付地方（或部门）津贴补贴是指事业单位按照地方或部门出台的规定，发放给职工的津贴和补贴。津贴是因职工特殊或额外劳动而给予的补助，补贴是为了保证职工工资水平不受物价影响而给予的补助。

3.应付其他个人收入

应付其他个人收入是指按国家规定发给个人除上述以外的其他收入，主要包括误餐费、夜餐费、伙食补助费、市内交通费等。

4.应付社会保障费

应付社会保障费是指事业单位按有关规定应付给社会保障机构的各种社会保障费，包括城镇职工基本养老保险费、失业保险费、基本医疗保险费、工伤保险费、生育保险费、职业年金和住房公积金等。

（二）应付职工薪酬的核算

事业单位设置“应付职工薪酬”科目，核算事业单位按有关规定应付给职工及为职工支付的各种薪酬，包括基本工资、绩效工资、国家统一规定的津贴补贴、社会保险费、住房公积金等。本科目应当根据国家有关规定，按照“工资（离退休费）”“地方（部门）津贴补贴”“其他个人收入”，以及“社会保险费”“住房公积金”等进行明细核算。本科目期末贷方余额，反映事业单位应付未付的职工薪酬。

应付职工薪酬的主要账务处理如下：

1.计算职工薪酬

事业单位计算当期应付职工薪酬，按照应付事业人员薪酬的数额借记“事业支出”科目，按照应付经营人员薪酬的数额借记“经营支出”等科目，按应付薪酬的总额贷记“应付职工薪酬”科目。

【例 5-20】某事业单位计算本月应付在职事业编制人员的职工薪酬，应付工资为1 680 000元，应付地方（或部门）津贴补贴980 000元，应付其他个人收入120 000元，应付社会保险费588 000元（单位承担部分），应付住房公积金266 000元（单位承担部分）。

借：事业支出——财政补助支出　　3 634 000
　贷：应付职工薪酬——工资（离退休费）　　1 680 000
　　　　——地方（或部门）津贴补贴　　980 000
　　　　——其他个人收入　　120 000
　　　　——社会保险费　　588 000
　　　　——住房公积金　　266 000

2.支付职工薪酬

事业单位向职工支付工资、津贴补贴等薪酬，借记“应付职工薪酬”科目，贷记“财政补助收入”（通过财政直接支付）、“零余额账户用款额度”（通过零余额账户支付）、“银行存款”（通过单位银行账户支付）等科目。按规定代扣代缴应由职工个人承担的社会保险费和住房公积金，借记“应付职工薪酬”科目，贷记“其他应付款”科目。按税法规定代扣代缴个人所得税，借记“应付职工薪酬”科目，贷记“应缴税费——应缴个人所得税”科目。

【例 5-21】承【例 5-20】，某事业单位通过零余额账户向职工支付本月工资、津贴补贴。应由职工个人承担的社会保险费116 000元，住房公积金266 000元，代缴个人所得税215 000元。扣除社会保险费、住房公积金、个人所得税后，本月实际支付在职人员工资、津贴补贴、其他个人收入共计2 183 000元，款项已经转入职工个人工资卡账户。

借：应付职工薪酬——工资（离退休费）　　1 680 000
　　　　——地方（或部门）津贴补贴　　980 000
　　　　——其他个人收入　　120 000
　贷：零余额账户用款额度　　2 183 000
　　其他应付款——社会保险费　　116 000
　　　　——住房公积金　　266 000
　　应缴税费——应缴个人所得税　　215 000

3.缴纳社会保障费及个人所得税

事业单位按照国家有关规定缴纳职工社会保险费和住房公积金，借记“应付职工薪酬”（单位承担部分）、“其他应付款”（个人承担部分）等科目，贷记“财政补助收入”“零余额账户用款额度”“银行存款”等科目。代缴个人所得税，借记“应缴税费——应缴个人所得税”科目，贷记“银行存款”等科目。

【例 5-22】沿用【例 5-20】和【例 5-21】相关资料，某事业单位通过零余额账户，将本月职工薪酬中的社会保险费704 000元转入社会保险管理机构账户，将本月职工薪酬中的住房公积金532 000元转入公积金管理中心账户。

借：应付职工薪酬——社会保险费　588 000
　　　　　　　　——住房公积金　266 000
　　其他应付款——社会保险费　116 000
　　　　　　　——住房公积金　266 000
　贷：零余额账户用款额度　1 236 000

【例5-23】某事业单位通过零余额账户，代缴本月职工个人所得税215 000元。

借：应缴税费——应缴个人所得税　215 000
　贷：零余额账户用款额度　215 000

小资料5-3

社会保险费是单位及职工向社会保险管理机构缴纳的社会保障费用，包括基本养老保险费、基本医疗保险费、失业保险费、工伤保险费和生育保险费。住房公积金是单位及其在职职工缴存的长期住房储备金。社会保险费和住房公积金按上月工资或者上年社会职工月平均工资的一定比例计算，由单位和个人共同分担。住房公积金的政策各地区存在较大的差异，单位和职工均按一定的比例缴纳。为建立多层次养老保险体系，保障事业单位工作人员退休后的生活水平，事业单位应当建立职业年金制度。职业年金所需费用由单位和个人共同承担。单位缴纳职业年金费用的比例为本单位工资总额的8%，个人缴费比例为本人缴费工资的4%。

四、应付及预收款项

（一）应付票据的核算

应付票据是事业单位因购买物资或服务等开出、承兑的商业汇票，包括银行承兑汇票和商业承兑汇票。事业单位在开展经营业务或其他业务活动时，可以通过开出商业汇票与货物供应商、劳务提供单位进行结算。商业汇票分为带息票据和不带息票据，事业单位开出的一般为不带息票据。

事业单位设置“应付票据”科目，核算事业单位因购买材料、物资等而开出、承兑的商业汇票。本科目应当按照债权单位进行明细核算。事业单位应当设置“应付票据备查簿”，详细登记每一应付票据的种类、号数、出票日期、到期日、票面金额、交易合同号、收款人姓名或单位名称，以及付款日期和金额等资料。应付票据到期结清票款后，应当在备查簿内逐笔注销。本科目期末贷方余额，反映事业单位开出、承兑的尚未到期的商业汇票票面金额。

应付票据的主要账务处理如下：

1.开出、承兑商业汇票

事业单位因购买物资或接受服务开出、承兑商业汇票时，借记“存货”等科目，贷记“应付票据”科目。如果是银行承兑汇票，事业单位支付银行承兑汇票的手续费时，借记“事业支出”“经营支出”等科目，贷记“银行存款”等科目。事业单位以承兑商业汇票抵付应付账款时，借记“应付账款”科目，贷记“应付票据”科目。

2.商业汇票到期

开出、承兑的商业汇票到期时，事业单位应当按照能否如期偿付票据款分别进行账务处理。

（1）如果事业单位能够如期偿付票据款，在收到银行支付到期票据的付款通知时，借记“应付票据”科目，贷记“银行存款”科目。

（2）如果事业单位无力如期偿付票据款，对于银行承兑汇票，按照汇票票面金额，借记“应付票据”科目，贷记“短期借款”科目；对于商业承兑汇票，按照汇票票面金额，借记“应付票据”科目，贷记“应付账款”科目。

【例5-24】某事业单位购买一批材料，开出一张不带息商业承兑汇票，面额为5 000元，期限3个月。材料已经入库。

借：存货——材料　　5 000

　贷：应付票据——某供应商　　5 000

【例5-25】某事业单位上述商业汇票已经到期，收到银行通知，兑付票据款5 000元。

借：应付票据——某供应商　　5 000

　贷：银行存款　　5 000

【例5-26】某事业单位本月有两张商业汇票需要到期偿付。一张为银行承兑汇票，票面金额为5 000元；另一张为商业承兑汇票，票面金额为3 000元。因事业单位暂时的资金周转问题，不能如期偿付。

借：应付票据　　8 000

　贷：短期借款　　5 000

　　　应付账款　　3 000

（二）应付账款的核算

应付账款是事业单位因购买材料、物资或接受劳务供应而应付给供应单位的款项。事业单位在业务活动中，可以先取得材料用品或享有服务，延迟一定时间后再支付货款。事业单位以分期付款方式购入固定资产的，如果偿付期跨年度，不通过应付账款核算，应当计入长期应付款。

事业单位设置“应付账款”科目，核算事业单位因购买材料、物资等而应付的款项。本科目应当按照债权单位（或个人）进行明细核算。本科目期末贷方余额，反映事业单位尚未支付的应付账款。

应付账款的主要账务处理如下：

1.发生应付账款

事业单位购入的材料、物资等已验收入库但货款尚未支付的，按照应付未付金额，借记“存货”等科目，贷记“应付账款”科目。

2.偿付账款

事业单位以银行存款偿付应付账款时，按照实际支付的款项金额，借记“应付账款”科目，贷记“银行存款”等科目。事业单位开出、承兑商业汇票抵付应付账款，借记“应付账款”科目，贷记“应付票据”科目。无法偿付或债权人豁免偿还的应付账款，借记“应付账款”科目，贷记“其他收入”科目。

【例5-27】某事业单位向某供应商购买自用材料一批，含增值税价格为4 000元，材料已经入库，款项未付。

借：存货——材料　　4 000

　贷：应付账款——某供应商　　4 000

【例5-28】某事业单位以银行存款支付上述购买材料所欠款项4 000元。

借：应付账款——某供应商　　4 000

　贷：银行存款　　4 000

【例5-29】某事业单位的一项应付账款账面余额为1 700元，因债权人豁免偿还予以核销。

借：应付账款——某供应商　　1 700

　贷：其他收入——无法偿付的款项　　1 700

（三）预收账款的核算

预收账款是事业单位按照合同规定向购货单位或接受劳务单位预收的款项。事业单位在业务活动中，可以采用订购的方式，在发出商品或提供劳务前，预收一定的款项。

事业单位设置“预收账款”科目，核算事业单位按合同规定预收的款项。本科目应当按照债权单位（或个人）进行明细核算。本科目期末贷方余额，反映事业单位按合同规定预收但尚未实际结算的款项。

预收账款的主要账务处理如下：

1.预收款项

事业单位按照合同规定向购货单位或接受劳务单位预收款项时，按照实际预收的金额，借记“银行存款”等科目，贷记“预收账款”科目。

2.确认收入

事业单位发出商品或提供劳务后，按预收的金额借记“预收账款”科目，按照应确认的收入金额，贷记“经营收入”等科目，按照付款方补付或退回付款方的金额，借记或贷记“银行存款”等科目。按无法偿付或债权人豁免偿还的预收账款，借记“预收账款”科目，贷记“其他收入”科目。

【例5-30】某事业单位按合同规定，预先向某单位收取经营业务服务款项30 000元，款项已经收到并存入单位的银行账户。

借：银行存款　　30 000

贷：预收账款——某单位　30 000

【例5-31】某事业单位按合同规定，向上述单位提供了相关服务，确定服务价格共计36 000元。差额6 000元已经通过银行转账补付。

借：预收账款——某单位　30 000

　　银行存款　6 000

　贷：经营收入　36 000

（四）其他应付款的核算

其他应付款是事业单位除应缴税费、应缴国库款、应缴财政专户款、应付职工薪酬、应付票据、应付账款、预收账款之外的其他各项偿还期限在1年内（含1年）的应付及暂收款项，如其他单位存入事业单位的保证金等。事业单位在业务活动中发生的其他类型的应付款项、暂存款项，如果没有包含在上述项目的核算范围内，应归为其他应付款。其他应付款的偿还期限在1年内（含1年），超过此期限的应付款项为长期应付款。

事业单位设置“其他应付款”科目，核算事业单位各项偿还期限在1年内（含1年）的其他应付及暂收款项。本科目应当按照其他应付款的类别以及债权单位（或个人）进行明细核算。本科目期末贷方余额，反映事业单位尚未支付的其他应付款。

其他应付款的主要账务处理如下：

1.发生其他应付及暂收款项

事业单位收到其他各项应付款项、暂存款项时，按实际收到的金额借记“银行存款”等科目，贷记“其他应付款”科目。

2.支付其他应付及暂收款项

事业单位支付或归还其他各项应付款项、暂存款项时，借记“其他应付款”科目，贷记“银行存款”等科目。无法偿付或债权人豁免偿还的其他应付款项，借记“其他应付款”科目，贷记“其他收入”科目。

【例5-32】某事业单位代职工订阅杂志、报刊，预收款项1 850元，款项存入银行。

借：银行存款　1 850

　贷：其他应付款——书报费　1 850

【例5-33】某事业单位向某企业退回原向其收取的业务保证金35 000元。

借：其他应付款——业务保证金　35 000

　贷：银行存款　35 000

第三节　非流动负债的核算

事业单位的非流动负债包括长期借款、长期应付款。本节讲解《事业单位会计制度》中关于非流动负债核算的方法，阐述“长期借款”“长期应付款”科目的核算内容、账户设置和主要账务处理。

一、长期借款

长期借款是事业单位借入的偿还期限在1年以上（不含1年）的各项借款。事业单位的借入款项包括短期借款和长期借款。长期借款的偿还期限较长，借款数额较大，关系到事业单位的长远发展。通过长期借款筹集到的资金，一般用于事业单位扩大事业规模、购建固定资产、开展工程项目和基建项目。

事业单位设置“长期借款”科目，核算事业单位借入的期限超过1年（不含1年）的各种借款。本科目应当按照贷款单位和贷款种类进行明细核算。对于基建项目借款，还应按具体项目进行明细核算。本科目期末贷方余额，反映事业单位尚未偿还的长期借款本金。

长期借款的主要账务处理如下：

1.取得长期借款

事业单位取得长期借款时，按照实际借入的金额，借记“银行存款”科目，贷记“长期借款”科目。

2.长期借款利息

事业单位为长期借款支付的利息，需要区分不同的情况。

（1）为购建固定资产支付的专门借款利息，属于工程项目建设期间支付的，应当予以资本化并计入工程成本，同时计入当期支出。按照支付的利息，借记“在建工程”科目，贷记“非流动资产基金——在建工程”科目；同时，借记“其他支出”科目，贷记“银行存款”科目。

（2）为购建固定资产支付的专门借款利息，属于工程项目完工交付使用后支付的，计入当期支出但不计入工程成本。按照支付的利息，借记“其他支出”科目，贷记“银行存款”科目。

（3）工程项目以外的其他长期借款利息，计入当期支出。按照支付的利息金额，借记“其他支出”科目，贷记“银行存款”科目。

3.偿还长期借款

事业单位偿还长期借款时，借记“长期借款”科目，贷记“银行存款”科目。

【例5-34】某事业单位根据事业发展的需要，拟筹建网络信息中心。为此，从建设银行借入2 000 000元，借款期限24个月，年利率8%。

借：银行存款　　2 000 000

　贷：长期借款——建设银行（网络信息中心项目）　　2 000 000

【例5-35】某事业单位为上述网络信息中心工程借款支付第1年利息160 000元，此时网络信息中心工程尚未竣工。

借：在建工程——网络信息中心工程　　160 000

贷：非流动资产基金——在建工程　160 000

同时：

借：其他支出——利息支出　160 000

贷：银行存款　160 000

【例5-36】某事业单位的上述长期借款到期偿还，同时需要支付第二年的利息160 000元，共计支付款项2 160 000元。此前，网络信息中心工程已经完工且交付使用，并转为固定资产。

借：长期借款——建设银行（网络信息中心项目）　2 000 000

其他支出——利息支出　160 000

贷：银行存款　2160 000

小资料5-4

事业单位的借入款项按偿还期限区分为短期借款和长期借款。其目的是加强事业单位的负债管理，保持合理的负债比例，控制和防范财务风险。填列资产负债表长期借款项目时，应当对“长期借款”科目的期末余额进行分析，将于1年内（含1年）到期的长期借款予以扣除，扣除部分填列到其他流动负债项目中。

二、长期应付款

长期应付款是事业单位发生的偿还期限在1年以上（不含1年）的应付款项，主要包括以融资租赁租入固定资产的租赁费，以及跨年度分期付款购入固定资产的价款等。

事业单位设置“长期应付款”科目，核算事业单位发生的偿还期限超过1年（不含1年）的应付款项。本科目应当按照长期应付款的类别以及债权单位（或个人）进行明细核算。本科目期末贷方余额，反映事业单位尚未支付的长期应付款。

长期应付款的主要账务处理如下：

1.发生长期应付款

事业单位以融资租赁租入固定资产、以跨年度分期付款方式购入固定资产的，按照确定的成本借记“固定资产”“在建工程”等科目，按照租赁协议或者购买合同确定的价款贷记“长期应付款”科目，按照其差额，贷记“非流动资产基金——固定资产、在建工程”科目。同时记录设备的运输费、途中保险费、安装调试费等所形成的支出。

2.支付长期应付款

事业单位按租赁协议或者购买合同约定的时间支付长期应付款时，借记“事业支出”“经营支出”等科目，贷记“银行存款”“零余额账户用款额度”等科目；同时，借记“长期应付款”科目，贷记“非流动资产基金”科目。无法偿付或债权人豁免偿还的长期应付款，借记“长期应付款”科目，贷记“其他收入”科目。

【例5-37】某事业单位购入一幢办公楼，价值1 500 000元。根据购房合同的约定，事业单位将扣留20%的价款作为质量保证金，扣留时间为18个月。

(1) 在办公楼交付使用时，事业单位通过银行转账向房地产开发商支付购房款1 200 000元，其余300 000元作为扣留的质量保证金。房地产开发商为事业单位开具了全款发票。

借：固定资产——办公楼 1 500 000

　贷：非流动资产基金——固定资产 1 500 000

同时：

借：事业支出——其他资金支出 1 500 000

　贷：银行存款 1 200 000

　　长期应付款——质量保证金 300 000

(2) 办公楼质量保证期满后，事业单位通过银行账户向房地产开发商支付300 000元扣留的质量保证金。

借：长期应付款——质量保证金 300 000

　贷：银行存款 300 000

【例5-38】某事业单位根据专业业务发展的需要，以分期付款方式购入检测设备一台，根据购买合同，检测设备价款为72 000元，设备款分2年支付。

(1) 事业单位收到检测设备。该设备不需要安装，事业单位在取得该设备时通过零余额账户转账支付运费500元。

借：固定资产——检测设备 72 500

　贷：长期应付款——检测设备款 72 000

　　非流动资产基金——固定资产 500

同时：

借：事业支出——财政补助支出 500

　贷：零余额账户用款额度 500

(2) 事业单位根据购买合同的约定，通过零余额账户转账支付检测设备的第一笔款项36 000元。

借：事业支出——财政补助支出 36 000

　贷：零余额账户用款额度 36 000

同时：

借：长期应付款——检测设备款 36 000

　贷：非流动资产基金——固定资产 36 000

支付第二笔款项的会计分录同上。

第六章

事业单位净资产的核算

第一节　事业单位净资产概述

本节讲解《事业单位会计制度》中净资产的核算与管理的一般要求，阐述事业单位净资产的含义与确认条件，介绍事业单位净资产的内容与分类，以及财务管理的相关规定。

一、净资产的确认与计量

（一）净资产的确认

净资产是指事业单位资产扣除负债后的余额，体现事业单位所拥有的资产净值。净资产归事业单位占有或使用，国家拥有事业单位净资产的所有权，事业单位处置各项净资产应当符合国家有关规定，报经财政部门、上级主管单位批准。事业单位可以按规定使用净资产，用于未来的事业发展或特定的使用方向。

净资产是事业单位某一时点的资产净额，净资产的确认依赖于资产、负债两个会计要素的确认。事业单位一般在会计期末进行收入、支出的结转，提取各项基金，确认本期所增加（或减少）的净资产。

（二）净资产的计量

事业单位期末净资产金额取决于资产和负债的计量结果。当含有经济利益或服务潜力的经济资源流入事业单位，使得事业单位的资产增加或负债减少，从而导致当期净资产的增加。反之，当含有经济利益或服务潜力的经济资源流出事业单位，使得事业单位的资产减少或负债增加，从而导致当期净资产的减少。基本关系式如下：

净资产=资产-负债

事业单位的净资产主要来源于当期收入与支出相抵所形成的结转结余，以及按规定设置、提取、转入的各种基金。因此，从内容上看，事业单位的净资产包括基金和结转结余资金两个部分。

二、净资产的内容与分类

（一）基金类净资产

基金一般是指一组具有专门的来源及规定用途的财务资源。基金是一种财务资源，有专门的来源渠道，限定用于指定的用途。基金需要设立方能存在，如果要求保证某项活动的资金需要，可以采用设立基金的方法，这样既可以充分地组织资金来源，又能够限定资金的使用。事业单位的基金是指事业单位按规定设置的有专门用途的净资产，主要包括事业基金、非流动资产基金和专用基金。

1.事业基金

事业基金是指事业单位拥有的非限定用途的净资产，其来源主要为非财政补助结余扣除结余分配后滚存的金额。事业单位开展各项业务活动，必须有一定的资金作保障，事业基金是事业单位最基本的基金，主要用于事业单位的日常业务活动，平衡日常的收入与支出，弥补日常资金的不足，保证事业单位的正常运转。事业单位的各项基金按是否存在限制分为限定性基金和非限定性基金两种。限定性基金只能在规定的时间内使用，或限定用于规定的使用方向。事业基金则是一种非限定性基金，不限制基金的使用时间或具体用途，可以根据事业单位业务的需要灵活运用。

2.非流动资产基金

非流动资产基金是指事业单位非流动资产占用的金额。事业单位会计为兼顾预算管理与财务管理对会计信息的需求，对非流动资产项目采用了“双分录”核算方法，为每项非流动资产设置了基金项目，与非流动资产的净额相对应，既能将取得非流动资产付出的资金确认为支出，又能反映非流动资产的投资情况。事业单位的非流动资产基金包括长期投资基金、固定资产基金、在建工程基金、无形资产基金等。事业单位的非流动资产基金属于限定性基金，被各项非流动资产占用。

3.专用基金

专用基金是指事业单位按规定提取或者设置的具有专门用途的净资产。事业单位开展各项业务活动需要有一定的资金作保证，在资金使用上需要统筹安排，兼顾各项业务活动的资金需要。但是，事业单位的有些业务活动有特殊的要求，需要有专门的渠道形成资金来源，并按规定的用途使用，为此事业单位设立了专用基金。事业单位的专用基金属于限定性基金，要求按规定用途使用。事业单位应当根据业务发展的需要，设立专用基金项目。目前，事业单位设立的专用基金主要有修购基金、职工福利基金和其他基金等。

（1）修购基金，是按照事业收入和经营收入的一定比例提取，以及按照其他规定转入，用于事业单位固定资产维修和购置的资金。事业收入和经营收入较少的事业单位可以不提取修购基金，实行固定资产折旧的事业单位不提取修购基金。

（2）职工福利基金，是按照非财政拨款结余的一定比例提取，以及按照其他规定提取转入，用于单位职工的集体福利设施、集体福利待遇等的资金。

（3）其他基金，是按照其他有关规定提取或者设置的专用资金。

（二）结转结余类净资产

结转结余简称结转（余），是指事业单位一定期间收入与支出相抵后的余额滚存的资金。事业单位在各项业务活动中会取得一定的收入，发生一定的支出，要求根据预算收入的数额控制预算支出，达到一定期间的收入与支出的平衡。但收入与支出之间的平衡是相对的，事业单位的收入与支出会存在一定的差额，形成事业单位的结转结余。事业单位不以盈利为目的，并不追求结转结余的数额，所以，结转结余的数额不能过大，应当控制在当期收入总额的一定比例之内。

事业单位的结转结余净资产包括财政补助结转、财政补助结余、非财政补助结转、事业结余、经营结余和非财政补助结余分配。根据后续使用要求及资金性质的不同，结转结余资金分为不同的种类。

1.按后续的使用要求的不同，结转结余资金分为结转资金和结余资金

（1）结转资金是指当年预算已执行但未完成，或者因故未执行，下一年度需要按照原用途继续使用的资金。

（2）结余资金是指当年预算工作目标已完成，或者因故终止，当年剩余的资金。

2.按资金性质的不同，结转结余分为财政补助结转结余和非财政补助结转结余

按资金性质的不同，事业单位的收入分为财政补助收入和非财政补助收入，事业单位的支出分为财政补助支出和非财政补助支出，收入与支出相抵后的余额也应当区分财政补助结转结余和非财政补助结转结余。

（1）财政补助结转结余是指事业单位各项财政补助收入与其相关支出相抵后剩余滚存的、须按规定管理和使用的结转和结余资金，包括财政补助结转和财政补助结余。

财政补助结转，是需要结转到下一年度按原用途继续使用的财政补助资金。根据部门预算管理的要求，财政补助结转分为基本支出结转和项目支出结转。基本支出结转是财政基本支出补助收入与其相关支出相抵后余额的累计，项目支出结转是财政项目支出补助收入与其相关支出相抵后余额的累计。财政补助结转资金一般结转下一年度继续使用，或按照同级财政部门的规定处理。

财政补助结余，是已经完成预算工作目标的项目当年剩余的财政补助资金。因为基本经费收支相抵后的余额按规定结转次年继续使用，全部列入财政补助结转项目中，所以财政补助结余即是项目支出结余。财政补助结余资金不结转到下

年继续使用，应统筹用于编制以后年度部门预算，或按规定上缴或注销，或在单位内部调剂使用。

（2）非财政补助结转结余。非财政补助结转结余是指事业单位除财政补助收支以外的各项收入与各项支出相抵后的余额滚存的资金，包括非财政补助结转和非财政补助结余。

非财政补助结转，是指事业单位除财政补助收支以外的各专项资金收入与其相关支出相抵后剩余滚存的、须按规定用途使用的结转资金。非财政拨款结转资金按照规定结转下一年度继续使用。

非财政补助结余，是指事业单位除财政补助收支以外的各非专项资金收入与各非专项资金支出相抵后剩余的滚存资金。非财政拨款结余可以按照国家有关规定提取职工福利基金，剩余部分转为事业基金用于弥补以后年度单位收支差额。

非财政补助结余包括事业结余和经营结余。事业结余是指事业单位开展专业业务活动取得的收入与发生的支出之间的差额。经营结余是指事业单位开展非独立核算经营业务活动取得的收入与发生的支出之间的差额。

《事业单位会计制度》设置的净资产类会计科目及分类见表6-1。

表6-1 **事业单位净资产类会计科目分类表**

<table>
<tr><th>类型</th><th>序号</th><th>科目编号</th><th>会计科目</th><th colspan="2">性 质</th><th>用 途</th></tr>
<tr><td rowspan="3">基金类</td><td>1</td><td>3001</td><td>事业基金</td><td colspan="2">非限定性</td><td>事业资金周转</td></tr>
<tr><td>2</td><td>3101</td><td>非流动资产基金</td><td colspan="2" rowspan="2">限定性</td><td>非流动资产占用</td></tr>
<tr><td>3</td><td>3201</td><td>专用基金</td><td>职工福利、固定资产修购</td></tr>
<tr><td rowspan="6">结转结余类</td><td>4</td><td>3301</td><td>财政补助结转</td><td rowspan="2">财政补助</td><td>结转资金</td><td>转入下期继续使用</td></tr>
<tr><td>5</td><td>3302</td><td>财政补助结余</td><td>结余资金</td><td>上缴、注销或调剂</td></tr>
<tr><td>6</td><td>3401</td><td>非财政补助结转</td><td rowspan="4">非财政补助</td><td>结转资金</td><td>转入下期继续使用</td></tr>
<tr><td>7</td><td>3402</td><td>事业结余</td><td rowspan="2">结余资金</td><td>转入结余分配</td></tr>
<tr><td>8</td><td>3403</td><td>经营结余</td><td>转入结余分配</td></tr>
<tr><td>9</td><td>3404</td><td>非财政补助结余分配</td><td>分配资金</td><td>职工福利与事业基金</td></tr>
</table>

小资料6-1

会计制度根据财政部关于加强结转结余资金管理的相关规定，将事业单位收入与支出相抵后的余额严格区分为结转资金和结余资金、财政补助资金和非财政补助资金，设置了“财政补助结转”和“财政补助结余”两个财政补助结转结余类会计科目，设置了“非财政补助结转”“事业结余”“经营结余”“非财政补助结余分配”四个非财政补助结转结余类会计科目。财政补助结转结余资金应当按照同级财政的规定处理，不参与事业单位的结余分配、不转入事业基金。非财政补助结转结余资金应当按照拨款单位的要求和财务制度的规定处理，可以进行结余分配，提取职工福利基金，其余转入事业基金。

三、净资产的财务管理

事业单位应当加强基金、结转结余的财务管理。根据《事业单位财务规则》的要求，事业单位净资产财务管理的主要内容包括：

（1）加强基金的管理。事业单位应当按规定提取各项基金，保证基金资源的稳定性。各项基金的提取比例和管理办法，国家有统一规定的，按照统一规定执行，没有统一规定的，由主管部门会同同级财政部门确定。事业单位应当加强事业基金的管理，遵循收支平衡的原则，统筹安排、合理使用，支出不得超出基金规模。事业单位应当结合固定资产、在建工程、无形资产、长期投资的情况，合理配置各项非流动资产基金。事业单位的专用基金应当遵循先提后用、收支平衡、专款专用的原则。

（2）加强财政补助结转结余资金的管理。财政补助结转结余资金的管理，应当按照同级财政部门的规定执行。基本支出结转资金转入下期，用于维持事业单位的正常运转。项目支出结转资金转入下期，继续按原用途使用。项目结余资金按规定上缴或注销，并向财政部门或者主管部门报送项目资金支出决算和使用效果的书面报告，接受财政部门或者主管部门的检查、验收。

（3）加强非财政补助结转结余资金的管理。非财政补助结转资金按照规定结转下一年度继续使用。本期事业结余应转入结余分配，如果本期事业业务发生亏损可用事业基金弥补。经营结余应当单独反映。如果本期经营业务有盈余，应当转入结余分配；如果本期经营业务发生亏损，应留待以后期间的经营盈余弥补，不得用事业基金弥补经营亏损。

第二节　基金的核算

事业单位的基金类净资产包括事业基金、非流动资产基金和专用基金。本节讲解《事业单位会计制度》中关于基金类净资产核算的方法，阐述“事业基金”“非流动资产基金”“专用基金”账户的核算内容、账户设置和主要账务处理。

一、事业基金

（一）事业基金的内容

事业基金来源于非财政补助结余扣除结余分配后滚存的金额。年终结余分配后，需要将本年度非财政补助结余的余额转入事业基金。已经完成项目的非财政补助专项资金有剩余，若按规定留归本单位使用，也应当转入事业基金。

事业基金是一项非限定用途的净资产，可以用于事业发展和弥补事业亏损。事业基金是事业单位净资产的重要组成部分，可以用于事业单位的日常业务活动。如果本期专业业务活动收入、支出不平衡，有一定数额的事业亏损，可以用事业基金进行弥补。

事业基金一般对应于事业单位的流动资产，当事业单位以货币资金对外长期投资时，应将其转为非流动资产基金。收回货币资金的长期投资时，再将其转回事业基金。

（二）事业基金的核算

事业单位应当设置“事业基金”科目，核算事业单位拥有的非限定性质的净资产。本科目不进行明细核算。本科目期末贷方余额，反映事业单位历年积存的非限定性净资产金额。

事业基金的主要账务处理如下：

1.非财政补助结余的转入

年末，事业单位进行非财政补助结余分配（缴纳所得税、提取专用基金）后，应当将未分配的非财政补助结余转入事业基金。如果“非财政补助结余分配”科目有贷方余额（盈余），借记“非财政补助结余分配”科目，贷记“事业基金”科目；如果“非财政补助结余分配”科目有借方余额（亏损），借记“事业基金”科目，贷记“非财政补助结余分配”科目。

【例6-1】年末，某事业单位按规定提取职工福利基金后，“非财政补助结余分配”科目贷方余额186 000元，按规定转入事业基金。

借：非财政补助结余分配	186 000	
贷：事业基金		186 000

2.非财政补助结转的转入

年末，项目已经完成的非财政补助专项资金如有剩余，应按项目资金的管理规定处理，或缴回原专项资金拨款单位，或转入事业基金留归本单位使用。按规定将非财政补助结转转入事业基金的，按应当转入的数额借记“非财政补助结转——××项目”科目，贷记“事业基金”科目。

【例6-2】年末，某事业单位对非财政专项资金项目执行情况进行了分析，某一科研项目已经完成并结项，上级单位拨入的项目经费剩余8 000元，根据项目资金管理规定，剩余经费的70%应当缴回原拨款单位，其余留归本单位使用。

借：非财政补助结转——××科研项目	8 000	
贷：银行存款		5 600
事业基金		2 400

3.货币资金长期投资

以货币资金取得长期股权投资、长期债券投资，应将货币资金对应的事业基金转到非流动资产基金。按照实际支付的全部价款（包括购买价款以及税金、手续费等相关税费）作为投资成本，借记“长期投资”科目，贷记“银行存款”等科目；同时，按照投资成本金额，借记“事业基金”科目，贷记“非流动资产基金——长期投资”科目。

对外转让或到期收回长期债券投资本息，应将长期投资对应的非流动资产基金转回事业基金。按照实际收到的金额，借记“银行存款”等科目，按照收回长期投资的成本，贷记“长期投资”科目，按照其差额，贷记或借记“其他收入——投资收益”科目；同时，按照收回长期投资对应的非流动资产基金，借记“非流动资产基金——长期投资”科目，贷记“事业基金”科目。

【例6-3】某事业单位以货币资金进行一项长期股权投资。根据投资协议，事业单位将银行存款150 000元转入被投资单位。

借：长期投资——长期股权投资　150 000

　贷：银行存款　150 000

同时：

借：事业基金　150 000

　贷：非流动资产基金——长期投资　150 000

4.调整以前年度非财政补助结余

事业单位发生需要调整以前年度非财政补助结余的事项，通过“事业基金”科目核算。

【例6-4】某事业单位在对上一年度报表进行审计时发现，经营业务的一项预收账款5 000元已经提供了相应的服务，但会计人员未将其转为经营收入。

借：预收账款——某单位　5 000

　贷：事业基金　5 000

二、非流动资产基金

（一）非流动资产基金的内容

非流动资产基金是事业单位非流动资产占用的金额。事业单位的非流动资产包括长期投资、固定资产、在建工程、无形资产等，非流动资产基金即上述资产所对应的资产净额。

事业单位在取得各项非流动资产时，应当按取得成本增加其对应的非流动资产基金。为兼顾预算管理和财务管理的需求，事业单位的非流动资产在取得时其成本已经一次性计入了当期支出，但此时这些资产尚未耗用，其对应的价值计入非流动资产基金。

事业单位在计提固定资产折旧、无形资产摊销时，应当按折旧、摊销的数额冲减其对应的非流动资产基金。此为“虚提”折旧与摊销，可以正确核算各项支出，合理反映各项资产的价值。事业单位处置固定资产、长期投资、无形资产，以及以固定资产、无形资产对外投资时，应当同时冲销或转出该项资产所对应的非流动资产基金。

（二）非流动资产基金的核算

事业单位设置“非流动资产基金”科目，核算事业单位长期投资、固定资产、在建工程、无形资产等非流动资产占用的金额。本科目应当设置“长期投资”“固定资产”“在建工程”“无形资产”等明细科目，进行明细核算。本科目期末贷方余额，反映事业单位非流动资产占用的金额。

非流动资产基金的主要账务处理如下：

1.取得非流动资产

非流动资产基金应当在取得长期投资、固定资产、在建工程、无形资产等非流动资产或发生相关支出时予以确认。取得上述资产或发生相关支出时，借记“长期投资”“固定资产”“在建工程”“无形资产”等科目，贷记“非流动资产基金”科目，同时或待以后发生相关支出时，借记“事业支出”等有关科目，贷记“财政补助收入”“零余额账户用款额度”“银行存款”等科目。

【例6-5】某事业单位收到国库支付执行机构委托代理银行转来的“财政直接支付入账通知书”及原始凭证，事业单位以政府集中采购方式购入的一批专业检测设备已经完成采购，款项已经由财政直接支付。采购清单表明，设备价值共计265 000元，所附独立操作软件36 000元。

借：固定资产——检测设备　265 000
　　无形资产——检测软件　36 000
　贷：非流动资产基金——固定资产　265 000
　　　　　　　　　　——无形资产　36 000

同时：

借：事业支出——财政补助支出——项目支出　301 000
　贷：财政补助收入——项目支出　301 000

2.折旧与摊销

事业单位计提固定资产折旧、无形资产摊销时，应当冲减非流动资产基金。计提固定资产折旧、无形资产摊销时，按照计提的折旧或摊销金额，借记“非流动资产基金——固定资产（或无形资产）”科目，贷记“累计折旧”“累计摊销”科目。

【例6-6】某事业单位经过计算，本月应计提固定资产折旧27 000元，计提无形资产摊销12 000元。

借：非流动资产基金——固定资产　27 000
　　　　　　　　　——无形资产　12 000
　贷：累计折旧　27 000
　　　累计摊销　12 000

3.处置非流动资产

事业单位以固定资产、无形资产对外投资，按照评估价值加上相关税费作为投资成本，借记“长期投资”科目，贷记“非流动资产基金——长期投资”科目，按发生的相关税费，借记“其他支出”科目，贷记“银行存款”等科目；同时，按照投出固定资产、无形资产对应的非流动资产基金，借记“非流动资产基金——固定资产（或无形资产）”科目，按照投出资产已提折旧、摊销，借记“累计折旧”“累计摊销”科目，按照投出资产的账面余额，贷记“固定资产”“无形资产”科目。

事业单位出售或以其他方式处置长期投资、固定资产、无形资产，转入待处置资产时，借记“待处置资产损溢”“累计折旧”（处置固定资产）或“累计摊销”（处置无形资产）科目，贷记“长期投资”“固定资产”“无形资产”等科目。实际处置时，借记“非流动资产基金——长期投资（或固定资产、无形资产）”科目，贷记“待处置资产损溢”科目。

【例6-7】某事业单位报同级财政部门审批同意，将一台到规定使用年限的计算机设备报废，该计算机设备的账面余额为8 000元，已计提折旧7 300元。将其转入待处置资产损溢进行处理。

借：待处置资产损溢——处置资产价值　700
　　累计折旧　7 300
　贷：固定资产——计算机设备　8 000

同时：

借：非流动资产基金——固定资产　700
　贷：待处置资产损溢——处置资产价值　700

小资料6-2

非流动资产基金是事业单位为对非流动资产项目采用“双分录”核算方法而设置的会计科目，其与非流动资产项目相对应，是保留在净资产中不能作为支出的资金来源。非流动资产基金是一种“待冲基金”，其期末余额为贷方余额，反映事业单位非流动资产占用的金额。如果事业单位采用融资租入方式取得固定资产，会产生固定资产的账面价值与其对应的非流动资产基金不一致的情况。

三、专用基金

（一）专用基金的内容

专用基金是指事业单位按规定提取或者设置的具有专门用途的净资产，主要包括修购基金、职工福利基金、其他基金等。专用基金应当按规定提取，按规定的用途使用。

事业单位的修购基金应当按照事业收入和经营收入的一定比例提取，提取的比例由财政部门、上级主管单位规定。如果事业单位已经对固定资产计提了折旧，不应当再提取修购基金。提取修购基金时，按提取的数额确认本期事业支出、经营支出，并按照规定在相应的购置费和修缮费科目中列支（各列支50%）。事业单位也可以按规定，从其他渠道转入修购基金。事业单位的修购基金是限定用于固定资产维修和购置的资金，不得挪作他用。实行固定资产折旧的事业单位不提取修购基金，事业收入和经营收入较少的事业单位可以不提取修购基金。

事业单位的职工福利基金应当按照非财政补助结余的一定比例提取，提取的比例由财政部门、上级主管单位规定。事业单位的职工福利基金限定于职工的工作和生活条件改善方面的支出，如职工的集体福利设施建设支出、职工福利待遇支出等。

（二）专用基金的核算

事业单位应当设置“专用基金”科目，核算事业单位按规定提取或者设置的具有专门用途的净资产。本科目应当按照专用基金的类别进行明细核算。本科目期末贷方余额，反映事业单位专用基金余额。

专用基金的主要账务处理如下：

1.专用基金的提取

（1）提取修购基金。事业单位按规定从本期收入中提取修购基金的，按照提取金额，借记“事业支出”“经营支出”科目，贷记“专用基金——修购基金”科目。

（2）提取职工福利基金。年末，事业单位按规定从本年度非财政补助结余中提取职工福利基金的，按照提取金额，借记“非财政补助结余分配”科目，贷记“专用基金——职工福利基金”科目。

（3）收到其他基金。若有按规定设置的其他专用基金，按照实际收到的基金金额，借记“银行存款”等科目，贷记“专用基金——××基金”科目。

【例6-8】某事业单位没有建立固定资产折旧制度，按照事业收入和经营收入的5%提取修购基金。本期事业收入为400 000元，经营收入为200 000元。

借：事业支出　　20 000

　　经营支出　　10 000

　贷：专用基金——修购基金　　30 000

【例6-9】年终，某事业单位年结余分配前，“非财政补助结余分配”科目贷方余额为270 000元，按30%的比例从非财政补助结余中提取职工福利基金81 000元。

借：非财政补助结余分配　　81 000

　贷：专用基金——职工福利基金　　81 000

2.专用基金的使用

事业单位按规定使用修购基金、职工福利基金等基金时，按使用的数额借记“专用基金——修购基金（或职工福利基金）”科目，贷记“银行存款”等科目。使用专用基金形成固定资产的，还应借记“固定资产”科目，贷记“非流动资产基金——固定资产”科目。

【例6-10】某事业单位用职工福利基金支付职工福利开支3 000元，款项以银行存款支付。

借：专用基金——职工福利基金　　3 000

　贷：银行存款　　3 000

【例 6-11】某事业单位用修购基金购入一台生产设备，价款18 500元。运输费、安装费共计500元。事业单位通过银行转账支付上述款项。

借：固定资产——生产设备　　190 000

　贷：非流动资产基金——固定资产　　190 000

同时：

借：专用基金——修购基金　　190 000

　贷：银行存款　　190 000

小资料 6-3

修购基金和职工福利基金是事业单位的基本专用基金，行业事业单位可以根据其业务特点和财务制度的规定设置专用基金。例如，医院会计设置医疗风险基金，用于医院购买医疗风险保险发生的支出或实际发生的医疗事故赔偿支出；高等学校会计设置学生奖助基金，用于学费减免、勤工助学、校内无息借款、校内奖助学金和特殊困难补助等支出；科学事业单位会计设置科技成果转化基金，用于科技成果转化方面的支出。

第三节　结转和结余的核算

事业单位结转结余类净资产包括财政补助结转、财政补助结余、非财政补助结转、事业结余、经营结余和非财政补助结余分配。本节讲解《事业单位会计制度》中关于结转结余核算的方法，阐述事业单位各结转结余账户的核算内容、账户设置和主要账务处理。

一、财政补助结转

（一）财政补助结转的内容

财政补助结转是结转到下一年度按原用途继续使用的财政补助资金，包括基本支出结转和项目支出结转。

1.基本支出结转

本期基本支出结转是事业单位本期财政基本补助收入与财政基本补助支出的差额。财政基本补助收入的数额为本期“财政补助收入——基本支出”明细科目的发生额；财政基本补助支出的数额为本期“事业支出——财政补助支出——基本支出”明细科目的发生额。事业单位的基本经费收支应当在期末（如月末）进行结转。

2.项目支出结转

本期项目支出结转是事业单位本期财政项目补助收入与财政项目补助支出的差额。财政项目补助收入的数额为本期“财政补助收入——项目支出”明细科目的发生额；财政项目补助支出的数额为本期“事业支出——财政补助支出——项目支出”明细科目的发生额。事业单位的项目经费收支应当在期末进行结转，年末应当对项目的执行情况进行分析，转出符合财政补助结余性质的项目金额。

（二）财政补助结转的核算

事业单位设立“财政补助结转”科目，核算事业单位滚存的财政补助结转资金，包括基本支出结转和项目支出结转。本科目期末贷方余额，反映事业单位财政补助结转资金数额。

本科目应当设置“基本支出结转”“项目支出结转”两个明细科目，并在“基本支出结转”明细科目下按照“人员经费”“日常公用经费”进行明细核算，在“项目支出结转”明细科目下按照具体项目进行明细核算。本科目还应按照《政府收支分类科目》中“支出功能分类科目”的相关科目进行明细核算。

“财政补助结转”的账户结构如图6-1、图6-2所示。

财政补助结转——基本支出结转

借方	贷方
	期初余额
本期“事业支出——财政补助支出（基本支出）”发生额 本期“财政补助结转——基本支出结转”处置金额	本期“财政补助收入——基本支出”发生额
	期末余额

图6-1 “财政补助结转——基本支出结转”账户结构

财政补助结转——项目支出结转

借方	贷方
	期初余额
本期“事业支出——财政补助支出（项目支出）”发生额 年末财政补助结余转出金额 本期“财政补助结转——项目支出结转”处置金额	本期“财政补助收入——项目支出”发生额
	期末余额

图6-2 “财政补助结转——项目支出结转”账户结构

财政补助结转的主要账务处理如下：

1.本期基本支出结转

期末，事业单位进行基本支出结转时，按照其发生额借记“财政补助收入——基本支出”科目，贷记“事业支出——财政补助支出——基本支出”（或者“事业支出——基本支出——财政补助支出”）科目，按照计算出来的本期财政补助基本支出结转的数额，贷记“财政补助结转——基本支出结转”科目。

2.本期项目支出结转

期末，事业单位进行项目支出结转时，按照其发生额借记“财政补助收入——项目支出”科目，贷记“事业支出——财政补助支出——项目支出”（或者“事业支出——项目支出——财政补助支出”）科目，按照计算出来的本期财政补助项目支出结转的数额，贷记“财政补助结转——项目支出结转”科目。

3.本年财政补助结余转出

年末，完成上述期末结转后，事业单位应当对财政补助各项目的执行情况进行分析，按照有关规定将符合财政补助结余性质的项目余额转入财政补助结余，借记“财政补助结转——项目支出结转（××项目）”科目，贷记“财政补助结余”科目。如果项目剩余资金为负数，作相反会计分录。

4.财政补助结转资金的处理

财政补助结转资金一般要求按原用途或项目继续使用。如有规定上缴财政补助结转资金或注销财政补助结转额度的，按照实际上缴资金数额或注销的资金额度数额，借记“财政补助结转”科目，贷记“财政应返还额度”“零余额账户用款额度”“银行存款”等科目。取得主管部门归集调入财政补助结转资金或额度的，做相反会计分录。

5.调整以前年度财政补助结转

事业单位发生需要调整以前年度财政补助结转的事项，通过“财政补助结转”科目核算。根据调整事项的内容，借记（或贷记）有关科目，贷记（或借记）“财政补助结转”科目。

【例6-12】月末，某事业单位“财政补助收入——基本支出”科目贷方发生额为715 000元，“事业支出——财政补助支出——基本支出”科目借方发生额为668 000元。进行月末基本支出结转的处理。

借：财政补助收入——基本支出　　715 000
　贷：事业支出——财政补助支出——基本支出　　668 000
　　财政补助结转——基本支出结转　　47 000

【例6-13】月末，某事业单位“财政补助收入——项目支出”科目贷方发生额为125 000元，“事业支出——财政补助支出——项目支出”科目借方发生额为115 000元。进行月末项目支出结转的处理。

借：财政补助收入——项目支出　　125 000
　贷：事业支出——财政补助支出——项目支出　　115 000
　　财政补助结转——项目支出结转　　10 000

按照会计制度的要求，财政补助结转应当分别财政补助收入转入和事业支出转入做两个会计分录。为清晰表明本期结转的结果，本书将两个会计分录合并为一个会计分录。

需要注意的是，以上会计分录只列出了一级或二明细科目。事业单位会计实务中，需要根据“财政补助结转”科目的核算要求，在“基本支出结转”明细科目下按照“人员经费”“日常公用经费”进行明细核算，在“项目支出结转”明细科目下按照具体项目进行明细核算。同时，按照《政府收支分类科目》中“支出功能分类科目”的相关科目进行明细核算。以下为讲解方便、清晰，省略了一些具体的明细科目。

二、财政补助结余

（一）财政补助结余的内容

财政补助结余是事业单位年度财政项目补助收支差额中，符合财政补助结余资金性质的数额。年末，事业单位应当对财政补助项目执行情况进行分析，将已经完成预算工作目标或因故终止的项目当年剩余的财政补助资金，从“财政补助结转——项目支出结转”转到“财政补助结余”账户。财政补助结余只在年末进行处理，平时不需要核算。

事业单位形成的财政补助结余资金，应当按照财政部门的规定管理。财政补助结余资金不参与事业单位的结余分配、不转入事业基金。年度结余的财政补助资金，或按规定上缴，或注销资金额度，或经批准转为其他用途。

（二）财政补助结余的核算

事业单位设立“财政补助结余”科目，核算事业单位滚存的财政补助项目支出结余资金。本科目应当按照《政府收支分类科目》中“支出功能分类科目”的相关科目进行明细核算。本科目期末贷方余额，反映事业单位财政补助结余资金数额。

“财政补助结余”的账户结构如图6-3所示。

财政补助结余

借方	贷方
	期初余额 年末财政补助结余转入金额
年末财政补助结余资金的处置金额	
	期末余额

图6-3 “财政补助结余”账户结构

财政补助结余的主要账务处理如下：

1.年终财政补助结余资金的转入

年末，事业单位应当对财政补助各明细项目执行情况进行分析，按照有关规定将符合财政补助结余性质的项目余额转入财政补助结余，借记“财政补助结转——项目支出结转（××项目）”科目，贷记“财政补助结余”科目。如果项目剩余资金为负数，做相反会计分录。

2.年终财政补助结余资金的处置

按规定上缴财政补助结余资金或注销财政补助结余额度的，按照实际上缴资金数额或注销的资金额度数额，借记“财政补助结余”科目，贷记“财政应返还额度”“零余额账户用款额度”“银行存款”等科目。取得主管部门归集调入财政补助结余资金或额度的，做相反会计分录。

3.调整以前年度财政补助结余

事业单位发生需要调整以前年度财政补助结余的事项，通过“财政补助结余”科目核算。根据调整事项的内容，借记（或贷记）有关科目，贷记（或借记）“财政补助结余”科目。

【例6-14】年末，某事业单位对财政补助项目执行情况进行分析。本年度财政补助项目中，A项目已经完成，项目当年剩余资金为30 000元；B项目因故终止，当年剩余资金为10 000元，因此符合财政补助结余资金性质的数额为40 000元。其余项目均未完成，资金需要结转下一年度继续按原项目安排使用。进行年末财政补助结余的处理。

借：财政补助结转——项目支出结转（A项目）　30 000
　　　　　　　　——项目支出结转（B项目）　10 000
　贷：财政补助结余　40 000

【例6-15】年末，某事业单位对财政补助结余资金进行处置。根据项目管理的要求，已经完成的A项目当年剩余资金30 000元予以注销，抵财政应返还额度中的未下达的授权支付额度，因故终止的B项目当年剩余资金10 000元需要上缴财政部门，已经通过零余额账户予以上缴。

借：财政补助结余　40 000
　贷：财政应返还额度——授权支付额度　30 000
　　　零余额账户用款额度　10 000

三、非财政补助结转

（一）非财政补助结转的内容

非财政补助结转是事业单位财政补助资金以外的各专项资金收支相抵后的差额。非财政补助结转资金有两个特点，一是它属于非财政补助资金，二是它属于专项资金。事业单位除财政补助收入外，还存在一些非财政性资金收入，例如上级补助收入、事业收入、附属单位上缴收入、其他收入。非财政性资金收入包括专项资金收入和非专项资金收入，专项资金收入必须按规定用途使用，用于专项事业支出或其他支出。形成的非财政补助结转资金，按照规定结转下一年度继续使用。事业单位的非财政补助结转，应当在期末进行处理；年末需要对项目的执行情况进行分析，剩余资金按项目要求进行处理。

事业单位的非财政补助结转资金，应区分未完成项目和已经完成项目。未完成项目的结转资金结转下一年度继续使用，已完成项目的剩余资金按项目规定处理，或缴回原专项资金拨款单位，或转入事项基金留归本单位使用。

（二）非财政补助结转的核算

事业单位设立“非财政补助结转”科目，核算事业单位除财政补助收支以外的各专项资金收入与其相关支出相抵后剩余滚存的、须按规定用途使用的结转资金。本科目应当按照非财政专项资金的具体项目进行明细核算。本科目期末贷方余额，反映事业单位非财政补助专项结转资金数额。

“非财政补助结转”的账户结构如图6-4所示。

非财政补助结转

借方	贷方
	期初余额
本期“事业支出——非财政专项资金支出”发生额	本期“事业收入”中的专项资金收入发生额
本期“其他支出”中的专项资金支出发生额	本期“上级补助收入”中的专项资金收入发生额
	本期“附属单位上缴收入”中的专项资金收入发生额
	本期“其他收入”中的专项资金收入发生额
年末非财政补助结转资金的处置金额	
	期末余额

图6-4 “非财政补助结转”的账户结构

非财政补助结转的主要账务处理如下：

1.本期非财政补助结转资金的转入

期末，将各项收入本期发生额中的专项资金收入转入非财政补助结转时，借记“事业收入”“上级补助收入”“附属单位上缴收入”“其他收入”科目下各专项资金收入明细科目；将各项支出本期发生额中的专项资金支出转入非财政补助结转时，贷记“事业支出——非财政专项资金支出”科目、“其他支出”科目下各专项资金支出明细科目；按上述科目的借贷方差额贷记“非财政补助结转”科目。

2.年终非财政补助结转资金的分析与处置

年末，完成上述结转后，应当对非财政补助专项结转资金各项目情况进行分析，将已完成项目的剩余资金区分以下情况处理：

（1）缴回原专项资金拨款单位的，借记“非财政补助结转——××项目”科目，贷记“银行存款”等科目；

（2）留归本单位使用的，借记“非财政补助结转——××项目”科目，贷记“事业基金”科目。

3.调整以前年度非财政补助结转

事业单位发生需要调整以前年度非财政补助结转的事项，应当通过“非财政补助结转”科目核算。根据调整事项的内容，借记（或贷记）有关科目，贷记（或借记）“非财政补助结转”科目。

【例6-16】月末，某事业单位本月各项收入本期发生额中的专项资金收入如下：“上级补助收入——专项资金收入”23 000元，“其他收入——专项资金收入”3 600元。各项支出本期发生额中的专项资金支出如下：“事业支出——非财政专项资金支出”16 000元，“其他支出——非财政专项资金支出”1 600元。本月其余各收支类科目无专项资金本期发生额。进行月末非财政补助结转的处理。

借：上级补助收入——专项资金收入　　23 000
　　其他收入——专项资金收入　　3 600
　贷：事业支出——非财政专项资金支出　　16 000
　　　其他支出——非财政专项资金支出　　1 600
　　　非财政补助结转　　9 000

上述会计分录中，“专项资金收入”“非财政专项资金支出”并非具体的明细科目。在会计核算实务中，需要按所设置的具体的专款项目名称进行明细核算，如“××项目”。为讲解方便、清晰，省略了专项资金收支明细科目。

【例6-17】年末，某事业单位经过财政补助结转处理后，“非财政补助结转”科目贷方余额为26 000元。事业单位对非财政专项资金项目执行情况进行了分析，确认上级主管单位安排的C项目已经完成，项目当年剩余资金为5 000元。根据项目资金管理规定，C项目剩余资金按60%比例缴回原拨款单位，其余留归本单位使用。

借：非财政补助结转——C项目　　5 000
　贷：银行存款　　3 000
　　　事业基金　　2 000

四、事业结余

（一）事业结余的内容

事业结余是事业单位一定期间事业类收入与支出相抵后的余额，反映事业单位专业业务的收支平衡情况。事业单位的财政补助收支、非财政专项资金收支和经营收支不转入事业结余，其他各项收支应当转入事业结余中。事业结余一般在期末进行结转。事业结余是非财政补助性质的结余，年末，应当将本年度累计形成的事业结余转入非财政补助结余分配。

（二）事业结余的核算

事业单位设置“事业结余”科目，核算事业单位一定期间除财政补助收支、非财政专项资金收支和经营收支以外各项收支相抵后的余额。本科目期末如为贷方余额，反映事业单位自年初至报告期末累计实现的事业结余；如为借方余额，反映事业单位自年初至报告期末累计发生的事业亏损。年末结账后，本科目应无余额。

“事业结余”的账户结构如图6-5所示。

事业结余

借方	贷方
	期初余额
本期“事业支出——其他资金支出”发生额	本期“事业收入”中非专项资金收入发生额
本期“对附属单位补助支出”发生额	本期“上级补助收入”中非专项资金收入发生额
本期“上缴上级支出”发生额	本期“附属单位上缴收入”中非专项资金收入发生额
本期“其他支出”中的非专项资金支出发生额	本期“其他收入”中的非专项资金收入发生额
年终余额：年度事业亏损金额	年终余额：年度事业结余金额
年末，事业结余转非财政补助结余分配金额	年末，非财政补助结余弥补事业亏损金额
	期末余额　0

图6-5　“事业结余”账户的结构

事业结余的主要账务处理如下：

1.本期事业结余的结转

期末，将各项收入本期发生额中的非专项资金收入转入事业结余时，借记“事业收入”“上级补助收入”“附属单位上缴收入”“其他收入”科目下各非专项资金收入明细科目；将事业支出、其他支出本期发生额中的非财政、非专项资金支出，以及对附属单位补助支出、上缴上级支出的本期发生额转入事业结余时，贷记“事业支出——其他资金支出”科目、“其他支出”科目下各非专项资金支出明细科目、“对附属单位补助支出”科目、“上缴上级支出”科目；按上述科目的借贷方差额贷记（或借记）“事业结余”科目。

2.年终将事业结余转入结余分配

年末，若“事业结余”科目存在贷方余额，借记“事业结余”科目，贷记“非财政补助结余分配”科目。若“事业结余”科目存在借方余额，借记“非财政补助结余分配”科目，贷记“事业结余”科目。

【例 6-18】月末，某事业单位各项收入本期发生额中的非专项资金收入如下：“事业收入——非专项资金收入”515 000元，“上级补助收入——非专项资金收入”129 000元，“附属单位上缴收入——非专项资金收入”25 000元，“其他收入——非专项资金收入”8 400元。各项支出本期发生额中的非专项资金支出如下：“事业支出——其他资金支出”453 000元，“对附属单位补助支出”126 000元，“上缴上级支出”81 000元，“其他支出——其他资金支出”3 400元。进行本月事业结余的处理。

会计分录	借方	贷方
借：事业收入——非专项资金收入	515 000	
上级补助收入——非专项资金收入	129 000	
附属单位上缴收入——非专项资金收入	25 000	
其他收入——非专项资金收入	8 400	
贷：事业支出——其他资金支出		453 000
对附属单位补助支出		126 000
上缴上级支出		81 000
其他支出——其他资金支出		3 400
事业结余		14 000

【例 6-19】某事业单位年末转账后，“事业结余”科目贷方余额为278 000元。将其转入“非财政补助结余分配”科目。

会计分录	借方	贷方
借：事业结余	278 000	
贷：非财政补助结余分配		278 000

五、经营结余

（一）经营结余的内容

经营结余是事业单位一定期间经营类收入与支出相抵后的余额，反映事业单位经营业务的成果。事业单位开展经营业务所取得的经营收入和发生的经营支出，应当转入经营结余中，以核算经营业务的成果。经营业务的盈利在弥补以前年度亏损后，应转入非财政补助结余分配。经营业务的亏损，留待以后年度的经营盈利弥补。

（二）经营结余的核算

事业单位设立“经营结余”科目，核算事业单位一定期间各项经营收支相抵后的余额。本科目期末如为贷方余额，反映事业单位自年初至报告期末累计实现的经营结余弥补以前年度经营亏损后的经营结余；如为借方余额，反映事业单位截至报告期末累计发生的经营亏损。年末结账后，本科目一般无余额；如为借方结余，反映事业单位累计发生的经营亏损。

“经营结余”的账户结构如图6-6所示。

经营结余的主要账务处理如下：

经营结余

借方	贷方
期初余额：累计经营亏损 本期“经营支出”发生额	期初余额 本期“经营收入”发生额
年终余额：年度经营亏损金额	年终余额：年度经营结余金额
经营结余转非财政补助结余分配	
期末余额：留待弥补的经营亏损金额	期末余额 0

图6-6 “经营结余”的账户结构

1.本期经营结余的结转

期末，结转本期经营结余时，按照经营收入、经营支出的发生额借记“经营收入”科目，贷记“经营支出”科目；按照上述科目的借贷方差额贷记（或借记）“经营结余”科目。

2.年终将经营结余转入结余分配

年末，若“经营结余”科目为贷方余额，借记“经营结余”科目，贷记“非财政补助结余分配”科目；如“经营结余”科目为借方余额，为经营亏损，不予结转。

【例6-20】月末，某事业单位本月“经营收入”科目贷方发生额为21 000元，“经营支出”科目借方发生额为13 000元。进行本月经营结余的处理。

借：经营收入 21 000
　贷：经营支出 13 000
　　经营结余 8 000

【例6-21】年末，某事业单位“经营结余”科目贷方余额为96 000元。将其转入“非财政补助结余分配”科目。

借：经营结余 96 000
　贷：非财政补助结余分配 96 000

六、非财政补助结余分配

（一）非财政补助结余分配的内容

年末，事业单位的非财政补助结余资金应当转入非财政补助结余分配账户进行分配。进入分配的结余资金，主要是事业单位的年度事业结余（或亏损）和经营结余（不包括亏损）。财政补助形成的结余资金不得转入分配，各项结转资金也不得进行分配。

事业单位非财政补助结余分配的内容为：

（1）有企业所得税缴纳义务的事业单位应缴纳的企业所得税；

（2）按照规定从非财政补助结余中提取的职工福利基金；

（3）可分配结余扣除前两部分后，其他的部分转入事业基金。

（二）非财政补助结余分配的核算

事业单位设立“非财政补助结余分配”科目，核算事业单位本年度非财政补助结余分配的情况和结果。年末结账后，本科目应无余额。

“非财政补助结余分配”的账户结构如图6-7所示。

非财政补助结余分配

借方	贷方
	期初余额
年末“事业结余”借方转入金额	年末“事业结余”贷方转入金额
	年末“经营结余”贷方转入金额
缴纳的企业所得税金额	
提取的职工福利基金	
转入事业基金	
	期末余额　0

图6-7　“非财政补助结余分配”的账户结构

非财政补助结余分配的主要账务处理如下：

1.年终结余的转入

（1）事业结余转入。年末，无论“事业结余”科目余额在贷方还是借方，均应转入“非财政补助结余分配”科目，借记或贷记“事业结余”科目，贷记或借记“非财政补助结余分配”科目。

（2）经营结余转入。年末，若“经营结余”科目为贷方余额，转入“非财政补助结余分配”科目，借记“经营结余”科目，贷记“非财政补助结余分配”科目；如“经营结余”科目为借方余额，不进行结转，留待后期的经营盈余来弥补。

2.非财政补助结余的分配

（1）计算企业所得税。有企业所得税缴纳义务的事业单位，按照计算出来的应缴纳的企业所得税，借记“非财政补助结余分配”科目，贷记“应缴税费——应缴企业所得税”科目。

（2）提取职工福利基金。按照有关规定提取职工福利基金的，按提取的金额，借记“非财政补助结余分配”科目，贷记“专用基金——职工福利基金”科目。

3.未分配结余转入事业基金

（1）年末，按规定完成上述处理后，将剩余部分转入事业基金时，借记“非财政补助结余分配”科目，贷记“事业基金”科目。

（2）用事业基金弥补事业亏损时，借记“事业基金”科目，贷记“非财政补助结余分配”科目。

【例6-22】年末，某事业单位转账后“事业结余”科目贷方余额83 000元，“经营支出”科目借方余额11 000元。将事业结余转入非财政补助结余分配。经营业务为亏损，留待以后经营业务弥补。

借：事业结余　　83 000

　贷：非财政补助结余分配　　83 000

【例6-23】年末，某事业单位“非财政补助结余分配”科目贷方余额374 000元。按规定提取职工福利基金112 200元，其余261 800元转入事业基金。

借：非财政补助结余分配　　374 000

　贷：专用基金——职工福利基金　　112 200

　　事业基金　　261 800

【例6-24】年末，某事业单位“非财政补助结余分配”科目借方余额23 000元，用事业基金弥补。

借：事业基金　　23 000

　贷：非财政补助结余分配　　23 000

以上按会计科目顺序讲解了各项结转、结余的核算方法。需要注意的是，事业单位的结转、结余，有些要求在期末（一般为月末）进行处理，有些则要求在年末进行处理。为厘清事业单位结转、结余的处理流程，下面讲解两个综合性的例题，一个是关于结转结余的期末（月末）处理，另一个是关于结转结余的年末处理。

【例6-25】20×5年12月末结账前，某事业单位的12月份各收入、支出账户的发生额的明细情况见表6-2。

（1）进行本月财政补助结转的处理。

基本支出结转：

借：财政补助收入——基本支出　　360 000

　贷：事业支出——财政补助支出——基本支出　　335 000

　　财政补助结转——基本支出结转　　25 000

项目支出结转：

借：财政补助收入——项目支出　　62 000

　贷：事业支出——财政补助支出——项目支出　　60 500

　　财政补助结转——项目支出结转　　1 500

（2）进行本月非财政补助结转的处理。

借：上级补助收入——专项资金收入　　11 000

　其他收入——专项资金收入　　1 800

贷：事业支出——非财政专项资金支出　8 000
　　其他支出——非财政专项资金支出　800
　　非财政补助结转　4 000

表 6-2

收入、支出明细表

20×5 年 12 月　单位：元

支出类	金额	收入类	金额
事业支出	613 500	财政补助收入	422 000
其中：财政补助支出——基本支出	335 000	其中：基本支出	360 000
——项目支出	60 500	项目支出	62 000
非财政专项资金支出	8 000	上级补助收入	76 000
其他资金支出	210 000	其中：专项资金收入	11 000
对附属单位补助支出	65 000	非专项资金收入	65 000
上缴上级支出	42 000	事业收入	265 000
经营支出	6 000	其中：专项资金收入	0
其他支出	2 500	非专项资金收入	265 000
其中：非财政专项资金支出	800	附属单位上缴收入	13 000
其他资金支出	1 700	其中：专项资金收入	0
		非专项资金收入	13 000
		经营收入	12 000
		其他收入	6 000
		其中：专项资金收入	1 800
		非专项资金收入	4 200
支出合计	729 000	收入合计	794 000

（3）进行本月事业结余的处理。

借：事业收入——非专项资金收入　265 000
　　上级补助收入——非专项资金收入　65 000
　　附属单位上缴收入——非专项资金收入　13 000
　　其他收入——非专项资金收入　4 200
　贷：事业支出——其他资金支出　210 000
　　　对附属单位补助支出　65 000

贷：上缴上级支出 42 000

其他支出——其他资金支出 1 700

事业结余 28 500

（4）进行本月经营结余的处理。

借：经营收入 12 000

贷：经营支出 6 000

经营结余 6 000

【例6-26】20×5年12月31日，某事业单位在进行年末结转结余的处理之前，各结转结余类账户余额见表6-3。

表6-3 **各结转结余类账户余额表**

20×5年12月31日 单位：元

结转结余类会计科目	年末处理前的余额	年末处理后的余额
财政补助结转	220 000	
其中：基本支出结转	150 000	
项目支出结转	70 000	
财政补助结余	0	
非财政补助结转	17 000	
事业结余	185 000	
经营结余	49 000	
非财政补助结余分配	0	
结转结余合计	471 000	

（1）年末，事业单位对财政补助项目执行情况进行分析，确认符合财政补助结余资金性质的数额为30 000元。其中，16 000元应当上缴财政部门，事业单位通过零余额账户予以上缴。

借：财政补助结转——项目支出结转 30 000

贷：财政补助结余 30 000

同时：

借：财政补助结余 16 000

贷：零余额账户用款额度 16 000

（2）年末，事业单位对非财政专项资金项目执行情况进行了分析，确认已经完成项目当年剩余资金为8 000元。根据项目资金管理规定，项目剩余资金全额留归本单位使用。

借：非财政补助结转 8 000

贷：事业基金　8 000

(3) 年末，将事业结余、经营结余转入非财政补助结余分配。

借：事业结余　185 000

经营结余　49 000

贷：非财政补助结余分配　234 000

(4) 年末，按规定从“非财政补助结余分配”中提取职工福利基金70 200元，其余转入事业基金。

借：非财政补助结余分配　234 000

贷：专用基金——职工福利基金　70 200

事业基金　163 800

(5) 年末，经过上述处理后，各结转结余类账户余额见表6-4。

表6-4　**各结转结余类账户余额表**

20×5年12月31日　单位：元

结转结余类会计科目	年末处理前的余额	年末处理后的余额
财政补助结转	220 000	190 000
其中：基本支出结转	150 000	150 000
项目支出结转	70 000	40 000
财政补助结余	0	14 000
非财政补助结转	17 000	9 000
事业结余	185 000	0
经营结余	49 000	0
非财政补助结余分配	0	0
结转结余合计	471 000	213 000

小资料6-4

会计制度为结转结余设计了较为科学的账务处理流程，结转思路较为清晰。结转结余的会计处理包括期末（月末）事项和年末事项。月末，为了编制月度会计报表，应当将本月各收入、支出类会计科目的余额分别转到财政补助结转、非财政补助结转、事业结余和经营结余中。年末，通过对项目执行情况的分析，转出财政补助结余和非财政补助结余，并对非财政结余资金进行分配。

第七章

事业单位的财务报告

第一节　事业单位财务报告概述

本节讲解《事业单位会计准则》和《事业单位会计制度》中关于财务报告的相关规定，阐述事业单位财务报告的含义、内容与编报要求，以及《政府会计准则——基本准则》中关于编制政府决算报告和政府财务报告的要求。

一、事业单位财务报告的含义

根据《事业单位会计准则》，财务报告是反映事业单位某一特定日期的财务状况和某一会计期间的事业成果、预算执行等会计信息的文件。事业单位需要编制财务报告，向财务报告使用者提供与事业单位财务状况、事业成果、预算执行等有关的会计信息，反映事业单位受托责任的履行情况，为财务报告使用者合理配置资源、进行社会及经济决策服务。

事业单位财务报告是各级政府和上级部门了解事业单位预算执行情况的重要依据，也是事业单位内部管理的基础资料。财务报告所提供的会计信息，有助于加强事业单位的预算管理和财务管理，接受社会公众的监督，促进事业单位提高公益服务水平。

二、事业单位财务报告的内容

根据《事业单位会计准则》规定，事业单位财务报告包括财务报表和其他应当在财务会计中披露的相关信息和资料。财务报表由会计报表及其附注构成。事业单位财务报告通常由会计报表、会计报表附注和财务情况说明书组成。

（一）会计报表

会计报表是以表格形式反映事业单位的财务状况、收入支出情况和其他会计信息，是财务报告的重要组成部分。事业单位的会计报表主要包括资产负债表、收入支出表、财政补助收入支出表以及有关附表。

（1）资产负债表是指反映事业单位在某一特定日期的财务状况的报表。

（2）收入支出表是指反映事业单位在某一会计期间的事业成果及结余分配情况的报表。

（3）财政补助收入支出表是指反映事业单位在某一会计期间财政补助收入、支出、结转结余情况的报表。

事业单位除编制上述主要会计报表外，还需要编制一系列明细表和附表，以全面反映各项收入、支出的构成。事业单位需要编制的明细表主要包括事业支出明细表、基本支出明细表、项目支出明细表等。这些报表需要根据《政府收支分类科目》的要求，按支出的经济分类列出各类、款、项的具体数额。事业单位还需要编制资产情况表、机构人员情况表、基本数字表等附表，反映事业单位的基本状况。

（二）会计报表附注

会计报表附注是指对在会计报表中列示项目的文字描述或明细资料，以及对未能在会计报表中列示项目的说明等。《事业单位会计制度》要求，会计报表附注至少应当披露下列内容：

（1）遵循《事业单位会计准则》《事业单位会计制度》的声明；

（2）单位整体财务状况、业务活动情况的说明；

（3）会计报表中列示的重要项目的进一步说明，包括其主要构成、增减变动情况等；

（4）重要资产处置情况的说明；

（5）重大投资、借款活动的说明；

（6）以名义金额计量的资产名称、数量等情况，以及以名义金额计量理由的说明；

（7）以前年度结转、结余调整情况的说明；

（8）有助于理解和分析会计报表需要说明的其他事项。

会计报表和会计报表附注构成财务报表。《事业单位会计制度》对财务报表的编制要求、报表格式和编制期等作出了具体的规定。事业单位不得违反会计制度规定，随意改变财务报表的编制基础、编制依据、编制原则和方法，不得随意改变本制度规定的财务报表有关数据的会计口径。事业单位财务报表应当根据登记完整、核对无误的账簿记录和其他有关资料编制，做到数字真实、计算准确、内容完整、报送及时。事业单位财务报表应当由单位负责人和主管会计工作的负责人、会计机构负责人（会计主管人员）签名并盖章。事业单位的财务报表应当按照月度和年度编制，各会计报表的名称、编号、编制期见表7-1。

（三）财务情况说明书

财务情况说明书是对事业单位财务状况、事业成果的变动情况及原因所做的

表7-1 **事业单位的财务报表**

编号	财务报表名称	编制期
会事业01表	资产负债表	月度、年度
会事业02表	收入支出表	月度、年度
会事业03表	财政补助收入支出表	年度
	附注	年度

文字阐述。在完成了会计报表的编制工作后，财务人员需要撰写财务情况说明书，对事业单位年度预算执行情况进行分析，揭示重大影响的事项，总结经验与教训，进行绩效考核与评价，为下期会计工作奠定良好的基础。

根据《事业单位财务规则》的规定，财务情况说明书主要说明事业单位收入及支出、结转、结余及其分配、资产负债变动、对外投资、资产出租出借、资产处置、固定资产投资、绩效考评的情况，对本期或者下期财务状况发生重大影响的事项，以及需要说明的其他事项。

三、事业单位的部门决算报告和部门财务报告

根据《政府会计准则——基本准则》(自2017年1月1日起施行)，事业单位应当按年度编制部门决算报告和部门财务报告。

(一) 部门决算报告

事业单位的部门决算报告是指事业单位以收付实现制为基础编制的，反映本单位预算执行结果的总结性文件。事业单位的部门决算报告包括决算报表和其他应当在决算报告中反映的相关信息和资料，通常由部门决算报表和部门决算说明与分析组成。

1. 部门决算报表

事业单位的决算报表是以表格形式反映的事业单位年度预算执行情况的信息，由收入支出决算总表、财政拨款收入支出决算表、收入决算表、支出决算表等一系列决算表和附表组成。财政部负责制定全国统一的部门决算报表体系及部门决算软件，明确报表格式要求和填报口径。

2. 部门决算说明与分析

事业单位的决算说明是以文字形式对决算报表的基础数据所做的说明，包括事业单位的基本情况、报表数据审核情况、年度主要收支指标增减变动情况以及因重大事项或特殊事项影响决算数据的情况说明等。事业单位的决算分析对事业单位年度预算执行情况进行分析，总结存在的问题，进行预算绩效考核与评价，为下期预算管理工作奠定良好的基础。

（二）部门财务报告

事业单位的部门财务报告是指事业单位以权责发生制为基础编制的，反映本单位财务状况、业务活动情况等信息的总结性文件。事业单位的部门财务报告包括财务报表和其他应当在财务报告中披露的相关信息和资料，通常由部门财务报表和部门财务分析组成。

1.部门财务报表

事业单位的部门财务报表包括会计报表和报表附注。会计报表包括资产负债表、收入费用表和现金流量表。在试点编制阶段，不要求编制现金流量表，但应当编制当期盈余与预算结余差异表和净资产差异表。附注是对会计报表中列示项目所作的进一步说明，以及对未能在这些报表中列示项目的说明。需要注意的是，部门财务报告中的财务报表是以权责发生制为基础编制的，不同于按照会计制度编制的会计报表。

2. 部门财务分析

事业单位的政府部门财务分析，是以财务报表数据为基础，对事业单位的财务状况和运行情况所进行的分析。财务分析内容包括事业单位的财务状况分析、事业单位的运行情况分析、相关指标变化情况及趋势分析，以及本单位在财务管理方面采取的主要措施和取得成效等。

小资料 7-1

在政府综合财务报告制度改革阶段，事业单位会计依然应当按照《事业单位会计制度》的规定，编制资产负债表、收入支出表和财政补助收入支出表等会计报表，再根据决算报告制度和财务报告制度的要求编制年度部门决算报告和部门财务报告。会计制度中的会计报表是根据会计核算账簿数据资料编制的，一般以收付实现制为基础，部分经济业务或者事项采用权责发生制基础。部门财务报告中的会计报表以权责发生制为基础，需要对会计核算账簿数据资料进行调整。会计制度中的会计报表在期末编制，部门财务报告中的会计报表在年末编制。

第二节 资产负债表

资产负债表是反映事业单位财务状况的报表。本节依据《事业单位会计制度》，阐述资产负债表的含义、内容，讲解资产负债表的编制方法。

一、资产负债表的含义

资产负债表是反映事业单位某一特定日期财务状况的报表，反映事业单位在某一特定日期的全部资产、负债和净资产的情况。

资产负债表是会计报表的重要组成部分，可以提供反映会计期末事业单位占有或使用的资源、承担的债务和形成的净资产情况的会计信息。事业单位应当定期编制资产负债表，披露事业单位在会计期末的财务状况。

二、资产负债表的内容

事业单位的资产负债表由表首标题和报表主体构成。报表主体部分包括编报项目、栏目及金额。

1.表首标题

资产负债表的表首标题包括报表名称、编号（会事业01表）、编制单位、编表时间和金额单位等内容。资产负债表反映事业单位在某一时点的财务状况，属于静态报表，需要注明是某年某月某日的报表。按编报时间的不同，资产负债表分为月报资产负债表和年报资产负债表。

2.编报项目

资产负债表的编报项目包括资产、负债和净资产三个会计要素，按资产（左侧）和负债与净资产（右侧）排列，按资产等于负债加净资产平衡。资产项目按其流动性分别流动资产、非流动资产排列；负债项目按其流动性分别流动负债、非流动负债排列；净资产项目分别基金净资产、结转结余净资产排列。

3.栏目及金额

资产负债表包括“期末余额”和“年初余额”两栏数字。“期末余额”栏的数额根据本期各账户的期末余额直接填列，或经过分析、计算后填列；“年初余额”栏的数额根据上年年末资产负债表“期末余额”栏内的数字填列。

事业单位资产负债表的格式见附录三第四部分。

三、资产负债表的编制

资产负债表的“年初余额”栏内各项数字，应当根据上年年末资产负债表“期末余额”栏内数字填列。如果本年度资产负债表规定的各个项目的名称和内容同上年度不相一致，应对上年年末资产负债表各项目的名称和数字按照本年度的规定进行调整，填入资产负债表的“年初余额”栏内。

（一）资产类项目“期末余额”的内容和填列方法

资产类项目反映事业单位占用或使用的资产情况，一般根据会计账簿中资产类账户的期末借方余额直接填列、合并填列、分析填列。

（1）“货币资金”项目，反映事业单位期末库存现金、银行存款和零余额账户用款额度的合计数。本项目应当根据“库存现金”“银行存款”“零余额账户用款额度”科目的期末余额合计填列。

（2）“短期投资”项目，反映事业单位期末持有的短期投资成本。本项目应当根据“短期投资”科目的期末余额填列。

（3）“财政应返还额度”项目，反映事业单位期末财政应返还额度的金额。本项目应当根据“财政应返还额度”科目的期末余额填列。

（4）“应收票据”项目，反映事业单位期末持有的应收票据的票面金额。本项目应当根据“应收票据”科目的期末余额填列。

（5）“应收账款”项目，反映事业单位期末尚未收回的应收账款余额。本项目应当根据“应收账款”科目的期末余额填列。

（6）“预付账款”项目，反映事业单位预付给商品或者劳务供应单位的款项。本项目应当根据“预付账款”科目的期末余额填列。

（7）“其他应收款”项目，反映事业单位期末尚未收回的其他应收款余额。本项目应当根据“其他应收款”科目的期末余额填列。

（8）“存货”项目，反映事业单位期末为开展业务活动及其他活动耗用而储存的各种材料、燃料、包装物、低值易耗品及达不到固定资产标准的用具、装具、动植物等的实际成本。本项目应当根据“存货”科目的期末余额填列。

（9）“其他流动资产”项目，反映事业单位除上述各项之外的其他流动资产，如将在1年内（含1年）到期的长期债券投资。本项目应当根据“长期投资”等科目的期末余额分析填列。

（10）“长期投资”项目，反映事业单位持有时间超过1年（不含1年）的股权和债权性质的投资。本项目应当根据“长期投资”科目期末余额减去其中将于1年内（含1年）到期的长期债券投资余额后的金额填列。

（11）“固定资产”项目，反映事业单位期末各项固定资产的账面价值。本项目应当根据“固定资产”科目期末余额减去“累计折旧”科目期末余额后的金额填列。

“固定资产原价”项目，反映事业单位期末各项固定资产的原价。本项目应当根据“固定资产”科目的期末余额填列。

“累计折旧”项目，反映事业单位期末各项固定资产的累计折旧。本项目应当根据“累计折旧”科目的期末余额填列。

（12）“在建工程”项目，反映事业单位期末尚未完工交付使用的在建工程发生的实际成本。本项目应当根据“在建工程”科目的期末余额填列。

（13）“无形资产”项目，反映事业单位期末持有的各项无形资产的账面价值。本项目应当根据“无形资产”科目期末余额减去“累计摊销”科目期末余额后的金额填列。

“无形资产原价”项目，反映事业单位期末持有的各项无形资产的原价。本项目应当根据“无形资产”科目的期末余额填列。

“累计摊销”项目，反映事业单位期末各项无形资产的累计摊销。本项目应当根据“累计摊销”科目的期末余额填列。

（14）“待处置资产损溢”项目，反映事业单位期末待处置资产的价值及处置损溢。本项目应当根据“待处置资产损溢”科目的期末借方余额填列。如“待处置资产损溢”科目期末为贷方余额，则以“-”号填列。

（15）“非流动资产合计”项目，按照“长期投资”“固定资产”“在建工程”“无形资产”“待处置资产损溢”项目金额的合计数填列。

（二）负债类项目“期末余额”的内容和填列方法

负债类项目反映事业单位承担债务的情况，一般根据会计账簿中负债账户的期末贷方余额直接填列，或分析债务的偿还期后填列。

（1）“短期借款”项目，反映事业单位借入的期限在1年内（含1年）的各种借款。本项目应当根据“短期借款”科目的期末余额填列。

（2）“应缴税费”项目，反映事业单位应交未交的各种税费。本项目应当根据“应缴税费”科目的期末贷方余额填列。如“应缴税费”科目期末为借方余额，则以“-”号填列。

（3）“应缴国库款”项目，反映事业单位按规定应缴入国库的款项（应缴税费除外）。本项目应当根据“应缴国库款”科目的期末余额填列。

（4）“应缴财政专户款”项目，反映事业单位按规定应缴入财政专户的款项。本项目应当根据“应缴财政专户款”科目的期末余额填列。

（5）“应付职工薪酬”项目，反映事业单位按有关规定应付给职工及为职工支付的各种薪酬。本项目应当根据“应付职工薪酬”科目的期末余额填列。

（6）“应付票据”项目，反映事业单位期末应付票据的金额。本项目应当根据“应付票据”科目的期末余额填列。

（7）“应付账款”项目，反映事业单位期末尚未支付的应付账款的金额。本项目应当根据“应付账款”科目的期末余额填列。

（8）“预收账款”项目，反映事业单位期末按合同规定预收但尚未实际结算的款项。本项目应当根据“预收账款”科目的期末余额填列。

（9）“其他应付款”项目，反映事业单位期末应付未付的其他各项应付及暂收款项。本项目应当根据“其他应付款”科目的期末余额填列。

（10）“其他流动负债”项目，反映事业单位除上述各项之外的其他流动负债，如承担的将于1年内（含1年）偿还的长期负债。本项目应当根据“长期借款”“长期应付款”等科目的期末余额分析填列。

（11）“长期借款”项目，反映事业单位借入的期限超过1年（不含1年）的各项借款本金。本项目应当根据“长期借款”科目的期末余额减去其中将于1年内（含1年）到期的长期借款余额后的金额填列。

（12）“长期应付款”项目，反映事业单位发生的偿还期限超过1年（不含1年）的各种应付款项。本项目应当根据“长期应付款”科目的期末余额减去其中将于1年内（含1年）到期的长期应付款余额后的金额填列。

（三）净资产类项目“期末余额”的内容和填列方法

净资产类项目反映事业单位资产净额的情况，一般根据会计账簿中净资产账户的期末贷方余额直接填列。

（1）“事业基金”项目，反映事业单位期末拥有的非限定用途的净资产。本项目应当根据“事业基金”科目的期末余额填列。

（2）“非流动资产基金”项目，反映事业单位期末非流动资产占用的金额。本项目应当根据“非流动资产基金”科目的期末余额填列。

（3）“专用基金”项目，反映事业单位按规定设置或提取的具有专门用途的净资产。本项目应当根据“专用基金”科目的期末余额填列。

（4）“财政补助结转”项目，反映事业单位滚存的财政补助结转资金。本项目应当根据“财政补助结转”科目的期末余额填列。

（5）“财政补助结余”项目，反映事业单位滚存的财政补助项目支出结余资金。本项目应当根据“财政补助结余”科目的期末余额填列。

（6）“非财政补助结转”项目，反映事业单位滚存的非财政补助专项结转资金。本项目应当根据“非财政补助结转”科目的期末余额填列。

（7）“非财政补助结余”项目，反映事业单位自年初至报告期末累计实现的非财政补助结余弥补以前年度经营亏损后的余额。本项目应当根据“事业结余”“经营结余”科目的期末余额合计填列；如“事业结余”“经营结余”科目的期末余额合计为亏损数，则以“-”号填列。在编制年度资产负债表时，本项目金额一般应为0；若不为0，本项目金额应为“经营结余”科目的期末借方余额（以“-”号填列）。

“事业结余”项目，反映事业单位自年初至报告期末累计实现的事业结余。本项目应当根据“事业结余”科目的期末余额填列；如“事业结余”科目的期末余额为亏损数，则以“-”号填列。在编制年度资产负债表时，本项目金额应为0。

“经营结余”项目，反映事业单位自年初至报告期末累计实现的经营结余弥补以前年度经营亏损后的余额。本项目应当根据“经营结余”科目的期末余额填列；如“经营结余”科目的期末余额为亏损数，则以“-”号填列。在编制年度资产负债表时，本项目金额一般应为0；若不为0，本项目金额应为“经营结余”科目的期末借方余额（以“-”号填列）。

【例7-1】某事业单位20×5年12月31日结账后各资产、负债和净资产类会计科目见表7-2所示。据此，编制该事业单位的资产负债表。

12月31日编制的资产负债表为年末资产负债表时，“年初余额”栏内各项数字，应当根据上年年末资产负债表“期末余额”栏内数字填列。“期末余额”栏内各项数字根据各账户的期末余额直接填列、合并填列或分析填列。主要项目的填列说明如下：

（1）货币资金项目

货币资金的数额为库存现金、银行存款和零余额账户用款额度的合计数。

货币资金=3 500+161 500+0=165 000（元）

（2）长期投资项目

经过分析，长期投资中，将在1年内到期的长期债券投资为40 000元，应列入其他流动资产项目。

表 7-2

会计科目余额表

20×5年12月31日

单位：元

资　产	借方余额	负债和净资产	贷方余额
库存现金	3 500	短期借款	120 000
银行存款	161 500	应缴税费	0
零余额账户用款额度	0	应缴国库款	0
短期投资	22 500	应缴财政专户款	0
财政应返还额度	36 000	应付职工薪酬	0
应收票据	12 000	应付票据	0
应收账款	40 000	应付账款	8 000
预付账款	13 000	预收账款	1000
其他应收款	4 500	其他应付款	2 000
存货	331 000	长期借款	320 000
长期投资	161 000	长期应付款	0
固定资产	1 957 500	事业基金	100 000
累计折旧	-507 500	非流动资产基金	1 909 000
在建工程	86 000	专用基金	60 000
无形资产	266 000	财政补助结转	28 000
累计摊销	-53 000	财政补助结余	12 000
待处置资产损溢	51 000	非财政拨款结转	25 000
		非财政补助结余	0
		事业结余	0
		经营结余	0
合　计	2 585 000	合　计	2 585 000

长期投资=161 000-40 000=121 000（元）

其他流动资产=40 000元

（3）固定资产、无形资产项目

固定资产、无形资产按扣除累计折旧、累计摊销的数额填列。

固定资产=1957500-507500=1450 000（元）

无形资产=266 000-53 000=213 000（元）

（4）长期借款项目

长期借款中，将于1年内（含1年）偿还的借款为85 000元，应列入其他流动负债项目。

长期借款=320 000-85 000=235 000（元）

其他流动负债=85 000元

（5）其他项目

其他各项目均可根据各账户的期末余额直接填列。资产总计、负债合计、净资产合计等项目的数额按其内容汇总后填列。编制完成的年度资产负债表见表7-3。

表7-3　**资产负债表**　会事业01表

编制单位：××××　20×5年12月31日　位：元

资　产	期末余额	年初余额	负债和净资产	期末余额	年初余额
流动资产：			流动负债：		
货币资金	165 000	142 000	短期借款	120 000	100 000
短期投资	22 500	19 500	应缴税费	0	0
财政应返还额度	36 000	21 000	应缴国库款	0	0
应收票据	12 000	10 000	应缴财政专户款	0	0
应收账款	40 000	60 000	应付职工薪酬	0	0
预付账款	13 000	6 000	应付票据	0	1 000
其他应收款	4 500	3 000	应付账款	8 000	5 000
存货	331 000	323 500	预收账款	1 000	0
其他流动资产	40 000	0	其他应付款	2 000	3 000
流动资产合计	664 000	585 000	其他流动负债	85 000	0
非流动资产：			流动负债合计	216 000	109 000
长期投资	121 000	100 000	非流动负债：		
固定资产	1 450 000	1 120 000	长期借款	235 000	270 000
固定资产原价	1 957 500	1 512 000	长期应付款	0	0
减：累计折旧	507 500	392 000	非流动负债合计	235 000	270 000
在建工程	86 000	150 000	负债合计	451 000	379 000
无形资产	213 000	230 000	净资产：		
无形资产原价	266 000	287 500	事业基金	100 000	80 000
减：累计摊销	53 000	57 500	非流动资产基金	1 909 000	1 600 000
待处置资产损溢	51 000	0	专用基金	60 000	50 000
非流动资产合计	1 921 000	1 600 000	财政补助结转	28 000	42 000
			财政补助结余	12 000	18 000
			非财政拨款结转	25 000	16 000
			非财政补助结余	0	0
			1.事业结余	0	0
			2.经营结余	0	0
			净资产合计	2 134 000	1 806 000
资产总计	2 585 000	2 185 000	负债和净资产总计	2 585 000	2 185 000

小资料 7-2

事业单位的资产负债表分为月报资产负债表和年报资产负债表，表 7-3 的资产负债表为年末编制的资产负债表。如果编制月报资产负债表，非财政补助结余项目（包括事业结余和经营结余）可能会存在余额。资产负债表编制完成后，应检查表中各项目之间的钩稽关系是否正确。"资产总计"栏目的金额，应当与"负债与净资产总计"栏目的金额相等。

第三节 收入支出表

收入支出表是反映事业单位运营情况的报表。本节依据《事业单位会计制度》，阐述收入支出表的含义、内容，讲解收入支出表的编制方法。

一、收入支出表的含义

收入支出表是反映事业单位在一定会计期间的事业成果及其分配情况的会计报表，反映事业单位在某一会计期间内各项收入、支出和结转结余情况，以及年末非财政补助结余的分配情况。

收入支出表是事业单位会计报表的重要组成部分，可以提供一定时期事业单位收入总额及构成情况、支出总额及构成情况，以及各项结转结余的数额及其分配内容的会计信息。事业单位应当定期编制收入支出表，披露事业单位在一定会计期间的业务活动成果。

二、收入支出表的内容

事业单位的收入支出表由表首标题和报表主体构成。报表主体部分包括编报项目、栏目及金额。

1.表首标题

收入支出表的表首标题包括报表名称、编号（会事业 02 表）、编制单位、编表时间和金额单位等内容。由于收入支出表反映事业单位在某一时期的事业成果，属于动态报表，因此需要注明报表所属的期间，如××××年××月、××××年度。按编报时间的不同，收入支出表分为月报收入支出表和年报收入支出表。

2.编报项目

收入支出表应当按照收入、支出的构成和非财政补助结余分配情况分项列示，按本期财政补助结转结余、本期事业结转结余、本期经营结余、本年非财政补助结转结余等项目分层次排列。

3.栏目及金额

月报的收入支出表由"本月数"和"本年累计数"两栏组成，年报的收入支出表由"上年数"和"本年数"两栏组成。收入支出表的各栏数额，应当根据相关收支账户的"本月合计数"和"本年累计数"的发生额填列，或经过计算、分析后填列。

事业单位的收入支出表的格式见附录三第四部分。

三、收入支出表的编制

收入支出表“本月数”栏反映各项目的本月实际发生数。在编制年度收入支出表时，应当将本栏改为“上年数”栏，反映上年度各项目的实际发生数；如果本年度收入支出表规定的各个项目的名称和内容同上年度不一致，应对上年度收入支出表各项目的名称和数字按照本年度的规定进行调整，填入本年度收入支出表的“上年数”栏。收入支出表“本年累计数”栏反映各项目自年初起至报告期期末止的累计实际发生数。编制年度收入支出表时，应当将本栏改为“本年数”。收入支出表“本月数”栏各项目的内容和填列方法如下。

（一）本期财政补助结转结余

（1）“本期财政补助结转结余”项目，反映事业单位本期财政补助收入与财政补助支出相抵后的余额。本项目应当按照本表中“财政补助收入”项目金额减去“事业支出（财政补助支出）”项目金额后的余额填列。

（2）“财政补助收入”项目，反映事业单位本期从同级财政部门取得的各类财政拨款。本项目应当根据“财政补助收入”科目的本期发生额填列。

（3）“事业支出（财政补助支出）”项目，反映事业单位本期使用财政补助发生的各项事业支出。本项目应当根据“事业支出——财政补助支出”科目的本期发生额填列，或者根据“事业支出——基本支出（财政补助支出）”“事业支出——项目支出（财政补助支出）”科目的本期发生额合计填列。

（二）本期事业结转结余

（1）“本期事业结转结余”项目，反映事业单位本期除财政补助收支、经营收支以外的各项收支相抵后的余额。本项目应当按照本表中“事业类收入”项目金额减去“事业类支出”项目金额后的余额填列；如为负数，以“-”号填列。

（2）“事业类收入”项目，反映事业单位本期事业收入、上级补助收入、附属单位上缴收入、其他收入的合计数。本项目应当按照本表中“事业收入”“上级补助收入”“附属单位上缴收入”“其他收入”项目金额的合计数填列。

“事业收入”项目，反映事业单位开展专业业务活动及其辅助活动取得的收入。本项目应当根据“事业收入”科目的本期发生额填列。

“上级补助收入”项目，反映事业单位从主管部门和上级单位取得的非财政补助收入。本项目应当根据“上级补助收入”科目的本期发生额填列。

“附属单位上缴收入”项目，反映事业单位附属独立核算单位按照有关规定上缴的收入。本项目应当根据“附属单位上缴收入”科目的本期发生额填列。

“其他收入”项目，反映事业单位除财政补助收入、事业收入、上级补助收入、附属单位上缴收入、经营收入以外的其他收入。本项目应当根据“其他收入”科目的本期发生额填列。

“捐赠收入”项目，反映事业单位接受现金、存货捐赠取得的收入。本项目应当根据“其他收入”科目所属相关明细科目的本期发生额填列。

（3）“事业类支出”项目，反映事业单位本期事业支出（非财政补助支出）、上缴上级支出、对附属单位补助支出、其他支出的合计数。本项目应当按照本表中“事业支出（非财政补助支出）”“上缴上级支出”“对附属单位补助支出”“其他支出”项目金额的合计数填列。

“事业支出（非财政补助支出）”项目，反映事业单位使用财政补助以外的资金发生的各项事业支出。本项目应当根据“事业支出——非财政专项资金支出”“事业支出——其他资金支出”科目的本期发生额合计填列，或者根据“事业支出——基本支出（其他资金支出）”“事业支出——项目支出（非财政专项资金支出、其他资金支出）”科目的本期发生额合计填列。

“上缴上级支出”项目，反映事业单位按照财政部门和主管部门的规定上缴上级单位的支出。本项目应当根据“上缴上级支出”科目的本期发生额填列。

“对附属单位补助支出”项目，反映事业单位用财政补助收入之外的收入对附属单位补助发生的支出。本项目应当根据“对附属单位补助支出”科目的本期发生额填列。

“其他支出”项目，反映事业单位除事业支出、上缴上级支出、对附属单位补助支出、经营支出以外的其他支出。本项目应当根据“其他支出”科目的本期发生额填列。

（三）本期经营结余

（1）“本期经营结余”项目，反映事业单位本期经营收支相抵后的余额。本项目应当按照本表中“经营收入”项目金额减去“经营支出”项目金额后的余额填列；如为负数，以“-”号填列。

（2）“经营收入”项目，反映事业单位在专业业务活动及其辅助活动之外开展非独立核算经营活动取得的收入。本项目应当根据“经营收入”科目的本期发生额填列。

（3）“经营支出”项目，反映事业单位在专业业务活动及其辅助活动之外开展非独立核算经营活动发生的支出。本项目应当根据“经营支出”科目的本期发生额填列。

（四）弥补以前年度亏损后的经营结余

编制月度收入支出表时不设置此项目，本项目只有在编制年度收入支出表时才填列。

“弥补以前年度亏损后的经营结余”项目，反映事业单位本年度实现的经营结余扣除本年年初未弥补经营亏损后的余额。本项目应当根据“经营结余”科目年末转入“非财政补助结余分配”科目前的余额填列；如该年末余额为借方余额，以“-”号填列。

（五）本年非财政补助结转结余

编制月度收入支出表时不设置此项目，本项目只有在编制年度收入支出表时才填列。

（1）“本年非财政补助结转结余”项目，反映事业单位本年除财政补助结转结余之外的结转结余金额。如本表中“弥补以前年度亏损后的经营结余”项目为正数，本项目应当按照本表中“本期事业结转结余”“弥补以前年度亏损后的经营结余”项目金额的合计数填列；如为负数，以“-”号填列。如本表中“弥补以前年度亏损后的经营结余”项目为负数，本项目应当按照本表中“本期事业结转结余”项目金额填列；如为负数，以“-”号填列。

（2）“非财政补助结转”项目，反映事业单位本年除财政补助收支外的各专项资金收入减去各专项资金支出后的余额。本项目应当根据“非财政补助结转”科目本年贷方发生额中专项资金收入转入金额合计数减去本年借方发生额中专项资金支出转入金额合计数后的余额填列。

（六）本年非财政补助结余

编制月度收入支出表时不设置此项目，本项目只有在编制年度收入支出表时才填列。

（1）“本年非财政补助结余”项目，反映事业单位本年除财政补助之外的其他结余金额。本项目应当按照本表中“本年非财政补助结转结余”项目金额减去“非财政补助结转”项目金额后的金额填列；如为负数，以“-”号填列。

（2）“应缴企业所得税”项目，反映事业单位按照税法规定应缴纳的企业所得税金额。本项目应当根据“非财政补助结余分配”科目的本年发生额分析填列。

（3）“提取专用基金”项目，反映事业单位本年按规定提取的专用基金金额。本项目应当根据“非财政补助结余分配”科目的本年发生额分析填列。

（七）转入事业基金

编制月度收入支出表时不设置此项目，本项目只有在编制年度收入支出表时才填列。

“转入事业基金”项目，反映事业单位本年按规定转入事业基金的非财政补助结余资金。本项目应当按照本表中“本年非财政补助结余”项目金额减去“应缴企业所得税”“提取专用基金”项目金额后的余额填列；如为负数，以“-”号填列。

【例7-2】某事业单位20×5年收入、支出类科目发生额见表7-4。其他相关资料如下：

（1）该事业单位“非财政补助结转”科目本年贷方发生额中专项资金收入转入金额合计数为319 000元，本年借方发生额中专项资金支出转入金额合计数为293 000元。

表7-4 **收入、支出类科目发生额**

20×5年 单位：元

支出类	本年累计数	收入类	本年累计数
事业支出	15 000 000	财政补助收入	10 000 000
其中：财政补助支出——基本支出	8 020 000	其中：基本支出	8 500 000
——项目支出	1 380 000	项目支出	1 500 000
非财政专项资金支出	280 000	上级补助收入	1 824 000
其他资金支出	5 320 000	事业收入	6 180 000
对附属单位补助支出	1 512 000	附属单位上缴收入	300 000
上缴上级支出	972 000	经营收入	252 000
经营支出	156 000	其他收入	144 000
其他支出	60 000	其中：捐赠收入	75 000
其中：非财政专项资金支出	13 000		
其他资金支出	47 000		
支出合计	17 700 000	收入合计	18 700 000

（2）该事业单位无所得税缴纳义务，按财务制度的规定以30%的比例从本年非财政补助结余中提取职工福利基金，其余数额转入事业基金。

编制该事业单位的20×5年收入支出表时，省略了“上年数”一列数字。“本年数”一列数字主要项目的填列说明如下：

（1）本期财政补助结转结余。

本期财政补助结转结余=10 000 000-（8 020 000+1 380 000）=600 000（元）

（2）本期事业结转结余。

本期事业类收入=6 180 000+1 824 000+300 000+144 000=8 448 000（元）

本期事业类支出=280 000+5 320 000+972 000+1 512 000+60 000=8 144 000（元）

本期事业结转结余=8 448 000-8 144 000=304 000（元）

（3）本期经营结余。

本期经营结余=252 000-156 000=96 000（元）

（4）弥补以前年度亏损后的经营结余。

该事业单位前期经营活动无亏损，不需要弥补亏损。

弥补以前年度亏损后的经营结余=96 000元

（5）本年非财政补助结转结余。

本年非财政补助结转结余=304 000+96 000=400 000（元）

非财政补助结转=319 000-293 000=26 000（元）

（6）本年非财政补助结余。

本年非财政补助结余=400 000-26 000=374 000（元）

应缴企业所得税=0

提取专用基金=374 000×30%=112 200（元）

（7）转入事业基金。

转入事业基金=374 000-112 200=261 800（元）

编制完成的事业单位20×5年度收入支出表见表7-5。

表7-5　**收入支出表**　会事业02表

编制单位：××××　20×5年度　单位：元

项　目	上年数（略）	本年数
一、本期财政补助结转结余		600 000
财政补助收入		10 000 000
减：事业支出（财政补助支出）		9 400 000
二、本期事业结转结余		304 000
（一）事业类收入		8 448 000
1.事业收入		6 180 000
2.上级补助收入		1 824 000
3.附属单位上缴收入		300 000
4.其他收入		144 000
其中：捐赠收入		75 000
减：（二）事业类支出		8 144 000
1.事业支出（非财政补助支出）		5 600 000
2.上缴上级支出		972 000
3.对附属单位补助支出		1 512 000
4.其他支出		60 000
三、本期经营结余		96 000
经营收入		252 000
减：经营支出		156 000
四、弥补以前年度亏损后的经营结余		96 000
五、本年非财政补助结转结余		400 000
减：非财政补助结转		26 000
六、本年非财政补助结余		374 000
减：应缴企业所得税		0
减：提取专用基金		112 200
七、转入事业基金		261 800

小资料 7-3

事业单位一般在月末进行收支转账，将本月各收入、支出账户的余额转至相应的结转、结余账户中，编制月报收入支出表。年末，进行各项结转、结余的处置与分配，编制年报收入支出表。为综合讲解资产负债表中的“本期”项目和“本年”项目的填列方法，【例 7-2】假设事业单位只在年末进行收支转账。

第四节 财政补助收入支出表

财政补助收入支出表是反映事业单位财政补助资金运用情况的报表。本节依据《事业单位会计制度》，阐述财政补助收入支出表的含义、内容，讲解财政补助收入支出表的编制方法。

一、财政补助收入支出表的含义

财政补助收入支出表是指反映事业单位在一定会计期间财政补助收入、支出、结转及结余情况的会计报表。事业单位有一定数额的资金来源于财政拨款，这部分资金的取得和使用应当符合部门预算管理的要求。事业单位应定期编制财政补助收入支出表，向财政部门报告财政补助收入、支出和结转结余的明细情况。

二、财政补助收入支出表的内容

事业单位的财政补助收入支出表由表首标题和报表主体构成。报表主体部分包括编报项目、栏目及金额。

1.表首标题

财政补助收入支出表的表首标题包括报表名称、编号（会事业 03 表）、编制单位、编表时间和金额单位等内容。财政补助收入支出表按年编制，月末不需要编报，报表中应需要注明报表所属的年份，如××××年度。

2.编报项目

财政补助收入支出表包括“年初财政补助结转结余”“调整年初财政补助结转结余”“本年归集调入财政补助结转结余”“本年上缴财政补助结转结余”“本年财政补助收入”“本年财政补助支出”“年末财政补助结转结余”等项目，每项内容分别“基本支出结转”“项目支出结转”“项目支出结余”排列。

3.栏目及金额

财政补助收入支出表由“本年数”和“上年数”两栏组成，“本年数”一栏数据根据相应账户或报表的数额填列。“上年数”一栏数据根据上年报表的“本年数”栏内数额填列。

事业单位的财政补助收入支出表的格式见附录三第四部分。

三、财政补助收入支出表的编制

财政补助收入支出表“上年数”栏内各项数字，应当根据上年度财政补助收入支出表“本年数”栏内数字填列。“本年数”栏各项目的内容和填列方法如下。

（一）年初财政补助结转结余

“年初财政补助结转结余”项目及其所属各明细项目，反映事业单位本年初财政补助结转和结余余额。各项目应当根据上年度财政补助收入支出表中“年末财政补助结转结余”项目及其所属各明细项目“本年数”栏的数字填列。

（二）调整年初财政补助结转结余

“调整年初财政补助结转结余”项目及其所属各明细项目，反映事业单位因本年发生需要调整以前年度财政补助结转结余的事项，而对年初财政补助结转结余的调整金额。各项目应当根据“财政补助结转”“财政补助结余”科目及其所属明细科目的本年发生额分析填列。如调整减少年初财政补助结转结余，以“-”号填列。

（三）本年归集调入财政补助结转结余

“本年归集调入财政补助结转结余”项目及其所属各明细项目，反映事业单位本年度取得主管部门归集调入的财政补助结转结余资金或额度金额。各项目应当根据“财政补助结转”“财政补助结余”科目及其所属明细科目的本年发生额分析填列。

（四）本年上缴财政补助结转结余

“本年上缴财政补助结转结余”项目及其所属各明细项目，反映事业单位本年度按规定实际上缴的财政补助结转结余资金或额度金额。各项目应当根据“财政补助结转”“财政补助结余”科目及其所属明细科目的本年发生额分析填列。

（五）本年财政补助收入

“本年财政补助收入”项目及其所属各明细项目，反映事业单位本年度从同级财政部门取得的各类财政拨款金额。各项目应当根据“财政补助收入”科目及其所属明细科目的本年发生额填列。

（六）本年财政补助支出

“本年财政补助支出”项目及其所属各明细项目，反映事业单位本年度发生的财政补助支出金额。各项目应当根据“事业支出”科目所属明细科目本年发生额中的财政补助支出数填列。

（七）年末财政补助结转结余

“年末财政补助结转结余”项目及其所属各明细项目，反映事业单位截至本年末的财政补助结转和结余余额。各项目应当根据“财政补助结转”“财政补助结余”科目及其所属明细科目的年末余额填列。

第五节　事业单位的部门财务报告

根据《政府会计准则——基本准则》，事业单位应当按年度编制以权责发生制为基础的政府部门财务报告。2015年12月财政部颁布了《政府财务报告编制办法（试行）》和《政府部门财务报告编制操作指南（试行）》，规范了改革试点期间的部门财务报告的编制工作。本节依据以上法规，讲解事业单位部门财务报告的主要内容、编报要求和编制方法。

一、部门财务报告的主要内容与编报要求

（一）部门财务报告的主要内容

政府部门财务报告由政府部门编制，主要反映本部门财务状况、运行情况等，为加强政府部门资产负债管理、预算管理、绩效管理等提供信息支持。事业单位编制的财务报告，是政府部门财务报告的重要组成部分，对于建立权责发生制政府综合财务报告制度有着重要的意义。事业单位的部门财务报告以权责发生制为基础，重点反映事业单位的财务状况、运行情况等信息，由部门会计报表、部门报表附注和部门财务分析组成。部门会计报表和报表附注构成部门财务报表。

1.部门会计报表

部门会计报表是以表格形式反映政府部门的财务状况和运行情况，内容包括资产负债表、收入费用表、当期盈余与预算结余差异表和净资产差异表等。

（1）资产负债表反映政府部门年末财务状况。资产负债表应当按照资产、负债和净资产分类分项列示。

（2）收入费用表反映政府部门年度运行情况。收入费用表应当按照收入、费用和盈余分类分项列示。

（3）当期盈余与预算结余差异表反映政府部门权责发生制基础当期盈余与现行会计制度下当期预算结余之间的差异。当期盈余与预算结余差异表按照当期预算结余、差异事项和当期盈余分项列示。

（4）净资产差异表反映政府部门权责发生制基础年末净资产与现行会计制度下年末净资产之间的差异。净资产差异表按照净资产账面余额、差异事项和调整后的净资产分项列示。

2.部门报表附注

部门报表附注是对部门会计报表所作的进一步解释和说明，内容包括报表的编制基础、遵循政府会计准则和会计制度的声明；报表涵盖的主体范围；重要会计政策和会计估计；报表中重要项目的明细资料和进一步说明；或有和承诺事项、资产负债表日后重大事项的说明；部门及所属单位代表政府管理的有关经济业务或事项的说明；需要说明的其他事项。

3.部门财务分析

部门财务分析是对政府部门财务状况和运行情况所作的分析，内容包括资产负债状况分析、运行情况分析、相关指标变化情况及趋势分析，以及政府部门财务管理方面采取的主要措施和取得的成效等。政府部门财务分析应当基于财务报

表所反映的信息，并紧密结合政府部门职能履行、预算管理、资产负债管理和绩效管理等要求。

（二）部门财务报告的编报要求

1.编报主体

根据《政府财务报告编制办法（试行）》，政府部门财务报告由纳入部门决算管理范围的行政单位、事业单位和社会团体逐级编制。事业单位应当按照有关规定，编制本单位财务报告并报送上级单位。作为上级单位的事业单位，除编制本单位财务报告外，还应当对所属单位财务报表进行合并，进行部门财务分析，撰写部门财务报告。

2.编报依据

部门财务报告内容应当符合政府会计准则、政府相关财务会计制度等规定。对于政府会计准则、政府相关财务会计制度尚未作出规定的经济业务或事项，编制部门财务报告应当按照权责发生制原则和相关报告标准规定执行。

3.编报时期与币种

部门财务报告按公历年度编制，即每年1月1日至12月31日。部门财务报告应当以人民币作为报告币种。采用外币计量的项目，应当将有关外币金额折算为人民币金额计量。

4.编报数据

政府各单位应当以经核对无误的会计账簿数据为基础编制本单位财务报表。会计账簿相关数据不符合权责发生制原则的，应当提取数据后按照相关报告标准进行调整。编制合并财务报表时，应当对部门内部单位之间发生的经济业务或事项经过确认后抵销。编报数据应当保持一致性，会计政策、会计估计一经确定，不得随意变更。

5.报告报送

政府各单位按照财务管理关系，按规定内容和时限采取自下而上方式逐级报送部门财务报告，上级单位的部门财务报告报送同级财政部门。

6.质量审核

部门财务报告质量审核的重点是报告内容的真实性、数据的准确性、范围的完整性和格式的规范性。政府各部门、各单位应当对本部门、本单位财务报告的质量进行初审并负责。政府财政部门应当对部门财务报告的质量进行复审。

7.资料管理

部门财务报告数据资料包括以各种介质存放的部门财务报告及相关工作底稿等。各部门、各单位应当按照会计档案管理的相关规定，对部门财务报告数据资料进行归类整理、建档建库，并从计算机中输出、备份保存。部门财务报告数据资料涉及国家秘密的，应当严格实行密级管理。

8.职责分工

财政部是政府财务报告编制管理工作的主管部门。地方各级财政部门负责组织实施本地区政府财务报告的编制管理工作。各部门负责组织实施本部门财务报告的编制管理工作。

（三）部门财务报告的编制阶段

事业单位的部门财务报告中的会计报表，包括单位会计报表和合并会计报表。如果事业单位设有所属预算单位，除编制本单位的会计报表外，还应当编制合并会计报表，编制反映事业单位总体情况的部门财务报告。

1.编制单位会计报表

按照权责发生制原则，对单位会计账簿相关数据进行调整后，编制单位会计报表。部门财务报告以权责发生制为编制基础，需要对现行预算会计制度下生成的报表有关项目按权责发生制原则进行调整，调整事项应当编制调整分录。调整的事项主要分为四类：

（1）当期发生的资本性支出通常会形成资产，不属于当期费用，应予以调减。例如，购置固定资产发生的支出等，按照现行会计制度规定，单位已列入当期支出，但按照权责发生制原则不应属于当期费用，应予以调减。

（2）当期应计提的固定资产折旧和无形资产摊销属于当期费用，应予以调增。

（3）根据预付账款、应付账款等事项的账簿记录，将相关支出调整为当期费用。

（4）根据存货和政府储备物资等事项的账簿记录，将相关支出调整为当期费用。

小资料7-4

《政府部门财务报告编制操作指南（试行）》适用于政府各部门、各单位，执行的会计制度各有不同，包括《行政单位会计制度》《事业单位会计制度》和行业事业单位会计制度，以及《民间非营利组织会计制度》《企业会计准则》等。政府单位执行的会计制度不同，其调整事项也不同。执行《事业单位会计制度》的普通事业单位，涉及的调整事项主要是第一类和第二类。对于医院、高等学校、科学事业单位、彩票机构等行业事业单位或许涉及其他类型的调整事项。

2.编制合并会计报表

上级单位除编制本单位会计报表外，应对所属单位之间发生的经济业务或事项进行抵销，逐级对单位会计报表数据进行合并，编制合并会计报表。抵销事项应当编制抵销分录。抵销事项主要有两类：

（1）部门内部所属单位之间发生的债权债务事项，如部门内部单位之间发生的应收账款与应付账款、预付账款与预收账款、其他应付款和其他应收款等。

（2）部门内部所属单位之间的收入费用事项，如部门内部单位之间发生的上级补助收入与对附属单位补助支出、上缴上级支出与附属单位上缴收入，以及支付给部门内部单位的商品与服务费用和来自部门内部单位的事业收入、其他收入等。

二、部门会计报表的编制

（一）部门会计报表项目

1.资产负债表项目

资产负债表是反映政府部门年末财务状况的报表。资产负债表以权责发生制为基础，提供年末事业单位控制的资产、承担的债务和形成的净资产情况的会计信息。

资产负债表的项目包括资产、负债和净资产三个财务会计要素，按资产等于负债加净资产平衡。资产项目按流动资产、非流动资产和受托代理资产排列；负债项目按流动负债、非流动负债和受托代理负债排列。资产负债表包括“期初数”和“期末数”两栏数字，另加“附注”栏注明附表的序号。

资产负债表的格式见表7-6。

表7-6　**资产负债表**

编制单位：　年　月　日　单位：元

项　目	附　注	期初数	期末数
流动资产			
货币资金	附表1		
财政应返还额度			
应收票据			
应收利息			
应收股利			
应收账款	附表2		
预付账款	附表3		
其他应收款	附表4		
短期投资			
存货			
一年内到期的非流动资产			
非流动资产			
长期投资	附表5		
固定资产净值	附表6		
在建工程			
无形资产净值	附表7		

续表

项　目	附　注	期初数	期末数
政府储备资产			
公共基础设施净值	附表8		
公共基础设施在建工程	附表9		
其他资产			
受托代理资产			
资产合计			
流动负债			
短期借款			
应缴财政款			
应缴税费			
应付票据			
应付利息			
应付账款	附表10		
预收账款	附表11		
其他应付款	附表12		
应付职工薪酬			
应付政府补贴款			
一年内到期的非流动负债			
非流动负债			
长期借款	附表13		
长期应付款			
受托代理负债			
负债合计			
净资产			
负债及净资产合计			

2.收入费用表项目

收入费用表是反映政府部门年度运行情况的报表。收入费用表以权责发生制为基础，提供一定时期政府部门的收入总额及构成情况、费用总额及构成情况、当期盈余情况的会计信息。收入费用表的项目包括收入和费用两个财务会计要素，按照收入、费用和当期盈余分类分项列示，按收入减费用等于当期盈余平衡。收入、费用分别按其类别分项排列。收入费用表包括“上年数”和“本期数”两栏数字，另加“附注”栏注明附表的序号。

收入费用表的格式见表7-7。编制部门财务报表时，标*的项目应抵销完毕，金额为零。

表7-7　**收入费用表**

编制单位：　年　单位：元

项　目	附　注	上年数	本期数
一、收入类			
财政拨款收入			
事业收入	附表14		
经营收入			
投资收益			
上级补助收入			
附属单位上缴收入*			
其他收入	附表15		
收入合计			
二、费用类			
工资福利费用			
商品和服务费用	附表16		
对个人和家庭的补助			
对企事业单位的补贴			
折旧费用			
摊销费用			
财务费用			
经营费用			
上缴上级支出			
对附属单位补助支出*			
其他费用			
费用合计			
当期盈余			

小资料7-5

部门财务报告中的资产负债表、收入费用表的格式适用于所有的政府部门和单位，编报项目较多。为明确报表项目与会计科目之间的对应关系，《政府部门财务报告编制操作指南（试行）》的附录中列出了《事业单位会计制度》和各行业会计制度下的“会计科目与报表项目对照表”，包括普通事业单位、高等学校、中小学校、科学事业单位、医院、基层医疗卫生机构、测绘事业单位、地质勘查单位、企业化管理事业单位、彩票机构等。事业单位编制资产负债表和收入费用表时，应当按照事业单位会计科目与报表项目的对应关系提取数据并进行填报。

3.当期盈余与预算结余差异表项目

当期盈余与预算结余差异表是反映政府部门权责发生制基础当期盈余与现行会计制度下当期预算结余之间差异的报表。当期盈余与预算结余差异表按照当期预算结余、差异事项（包括调增项目和调减项目）和当期盈余排列，设置“金额”一栏数字。

当期盈余与预算结余差异表的格式见表7-8。

表7-8 **当期盈余与预算结余差异表**

编制单位： 年 单位：元

项　目	金　额
当期预算结余（会计账簿的总收入减去总支出）	
加：当期预付的商品和服务支出金额	
支付应付未付的商品和服务支出金额	
当期购买的存货和政府储备资产金额	
当期发生的资本性支出	
减：当期收到已预付账款的商品和服务金额	
当期发生的应付未付商品和服务金额	
当期领用存货和发出的政府储备资产金额	
当期折旧费用	
当期摊销费用	
当期盈余	

4.净资产差异表项目

净资产差异表是反映政府部门权责发生制基础年末净资产与现行会计制度下年末净资产之间差异的报表。净资产差异表按照净资产账面余额、差异事项和调整后的净资产排列，设置“金额”一栏数字。未设置“累计折旧”和“累计摊销”会计科目的单位需要编制净资产差异表。执行《事业单位会计制度》的普通事业单位按规定已经对固定资产计提折旧、对无形资产计提摊销的，不需要编制净资产差异表。行业事业单位会计中，中小学校、基层医疗卫生机构等未建立固定资产折旧和无形资产摊销制度，需要编制净资产差异表。

净资产差异表的格式见表7-9。

表7-9　**净资产差异表**

编制单位：　年　月　日　单位：元

项　目	金　额
净资产账面余额	
减：补提累计折旧	
补提累计摊销	
调整后的净资产	

（二）单位资产负债表和收入费用表的编制

事业单位应当按照权责发生制原则，对单位会计账簿相关数据进行调整后，编制单位资产负债表和收入费用表。对会计账簿数据的调整，应编写调整会计分录，填写调整工作底表。单位资产负债表和收入费用表的编制，编写统一的调整会计分录，填写同一份调整工作底表，遵循相同的工作程序，二者一同编制。

调整工作底表的格式见表7-10。

表7-10　**调整工作底表**　单位：元

部门会计报表项目	调整后金额	会计科目	原有金额	调整金额		备注
				借方	贷方	
一、资产类						
货币资金						
财政应返还额度						
应收票据						
应收利息						
应收股利						
应收账款						
预付账款						
其他应收款						

续表

部门会计报表项目	调整后金额	会计科目	原有金额	调整金额		备注
				借方	贷方	
短期投资						
存货						
一年内到期的非流动资产						
长期投资						
固定资产净值						
固定资产原价						
减：固定资产累计折旧						
在建工程						
无形资产净值						
无形资产原价						
减：累计摊销						
其他资产						
政府储备资产						
公共基础设施净值						
公共基础设施原价						
减：公共基础设施累计折旧						
公共基础设施在建工程						
受托代理资产						
二、负债类						
短期借款						
应缴财政款						
应缴税费						
应付票据						
应付利息						
应付账款						

续表

部门会计报表项目	调整后金额	会计科目	原有金额	调整金额		备注
				借方	贷方	
预收账款						
其他应付款						
应付职工薪酬						
应付政府补贴款						
一年内到期的非流动负债						
长期借款						
长期应付款						
受托代理负债						
三、净资产类						
净资产						
四、收入类						
财政拨款收入						
事业收入						
经营收入						
投资收益						
其他收入						
上级补助收入						
附属单位上缴收入						
五、费用类						
工资福利费用						
商品和服务费用						
对个人和家庭的补助						
对企事业单位的补贴						
折旧费用						
摊销费用						

续表

部门会计 报表项目	调整后 金额	会计 科目	原有 金额	调整金额		备注
				借方	贷方	
财务费用						
经营费用						
其他费用						
上缴上级支出						
对附属单位补助支出						
资本性支出						

单位资产负债表和收入费用表的编制包括填列会计账簿数据、编制调整分录、计算加总数据、生成会计报表四个步骤。

1.填列会计账簿数据

事业单位在编制资产负债表时，首先应当按照“会计科目与报表项目对照表”，将本单位会计账簿中资产、负债、净资产科目期末余额和收入、支出科目本期发生额填入“调整工作底表”中“原有金额”列下对应栏。

2.编制调整分录

填列会计账簿数据后，应当对账簿数据中不符合权责发生制原则的项目进行调整。《政府部门财务报告编制操作指南（试行）》的附录中列出了“调整事项清单”。对于按权责发生制原则应当调整的项目，要逐项编制调整分录，填入调整工作底表“调整金额”栏。执行《事业单位会计制度》的普通事业单位的调整事项如下：

（1）调整“资本性支出”。按照权责发生制原则，事业单位当期发生的资本性支出，包括形成资产的基本建设支出、其他资本性支出、债务利息支出等不属于当期费用，应调减费用总额。事业单位的固定资产、在建工程、无形资产等实行“双分录”核算方法，在取得时列入了当期支出，不符合权责发生制原则下费用的概念，应当进行调整。事业单位为购建固定资产支付的借款利息，如果予以资本化并列入了在建工程，应当进行调整。事业单位的基本建设支出和其他资本性支出中，如果存在不能形成资产的部分，也应当进行调整。调整分录为：借记“净资产”，贷记“资本性支出”。

【例7-3】某事业单位20×5年度购建固定资产的金额为260万元，款项已经全部支付。本年度为改扩建办公用房支付借款利息40万元，列入在建工程成本。相关资本性支出共计300万元不属于费用。该单位编制当期财务报告时，调整分录如下：

借：净资产　3 000 000

　贷：资本性支出　3 000 000

（2）调整“折旧费用”和“摊销费用”。按照权责发生制原则，当期发生的折旧费用和摊销费用属于当期费用，应调增费用总额。事业单位的固定资产折旧和无形资产摊销采用“虚提”的方式，提取时冲减其对应的非流动资产基金，应当进行调整。根据会计账簿“累计折旧”“累计摊销”科目当期贷方发生额中属于当期应计提部分，编制调整分录，借记“折旧费用”“摊销费用”，贷记“净资产”。

【例 7-4】某事业单位当期计提固定资产折旧30万元，无形资产摊销5万元。该单位编制当期财务报告时，调整分录如下：

借：折旧费用　300 000

　　摊销费用　50 000

　贷：净资产　350 000

对于医院会计、中小学校会计、彩票机构会计等行业事业单位会计，其在固定资产折旧、无形资产摊销等方面的会计处理同普通事业单位存在一定的差异，调整事项与方法有所不同。

3.计算加总数据

编制调整分录后，将调整工作底表各项目对应的“原有金额”“调整金额”中的数据分别加总，将合计数填入“调整后金额”栏。根据报表项目分类，计算资产、负债、净资产、收入、费用合计。按照“当期盈余=本期总收入-本期总费用”，计算当期盈余金额。

4.生成会计报表

计算加总数据后，对调整后的各项目金额进行试算平衡，生成“资产负债表”和“收入费用表”。

（1）对调整后的各项目金额进行试算平衡。按照“期末净资产=净资产账面余额+根据所有调整分录汇总的净资产调整额”，计算单位期末净资产总额。所计算的期末净资产总额应当符合根据恒等式“期末净资产=期末总资产-期末总负债”计算的期末净资产总额。

（2）生成“资产负债表”和“收入费用表”。将调整工作底表中各项目对应的“调整后金额”栏数据分别填入单位会计报表中“资产负债表”的“期末数”栏，“收入费用表”的“本年数”栏，生成编制完成的“资产负债表”和“收入费用表”。

（三）合并资产负债表和收入费用表的编制

作为上级单位的事业单位，除编制本单位的会计报表外，还应当对所属单位会计报表进行合并，编制合并资产负债表和合并收入费用表。编制合并会计报表时，应对所属单位之间发生的经济业务或事项进行抵销，对所属单位会计报表数据进行合并。会计报表的合并过程，应当编写抵销会计分录，填写抵销工作底表。

抵销工作底表的格式见表7-11。

表7-11 **抵销工作底表** 单位：元

序号	抵销事项	抵销分录	所属单位A1	所属单位A2	所属单位A3	…	合计
1	部门内部单位之间发生的债权债务事项，应予以抵销	借：应付账款、长期应付款、预收款项、其他应付款					
		贷：应收账款、预付款项、其他应收款					
2	部门内部单位之间发生的上级补助收入与对附属单位补助支出，应予以抵销	借：上级补助收入					
		贷：对附属单位补助支出					
3	部门内部单位之间发生的上缴上级支出与附属单位上缴收入，应予以抵销	借：附属单位上缴收入					
		贷：上缴上级支出					
4	支付给部门内部单位的商品与服务费用和来自部门内部单位的事业收入、其他收入，应予以抵销	借：事业收入					
		借：其他收入					
		贷：商品和服务费用					

合并资产负债表和合并收入费用表的编制包括汇总单位资产负债表和收入费用表、编制抵销分录、生成合并会计报表三个步骤。

1.汇总单位资产负债表和收入费用表

上级单位对各所属单位上报的资产负债表和收入费用表进行分项加总，得出汇总的资产负债表和收入费用表。

2.编制抵销分录

上级单位对所属单位之间发生的经济业务或事项，应确认后予以抵销，并编制抵销分录和抵销工作底表。上级单位应当对所属单位资产负债表、收入费用表及明细表进行分析，确认应当抵销的事项和金额。事业单位的抵销事项包括内部债权债务抵销事项和内部收入费用抵销事项。

（1）内部债权债务抵销事项。内部债权债务抵销事项是指事业单位与所属单位之间、所属单位之间的应收款项和应付款项，在合并时应当予以抵销。对经确认的内部债权债务事项，应编制抵销分录：借记“应付账款”“长期应付款”“预收账款”“其他应付款”，贷记“应收账款”“预付账款”“其他应收款”。

【例7-5】A事业单位作为上级单位，有A1、A2两个所属单位。A1、A2存在内部往来业务事项。A1单位资产负债表“应付账款”明细信息显示，A1单位应付A2单位款项160万元。A2单位资产负债表“应收账款”明细信息显示，A2单位应收A1单位款项160万元。A单位经与A1、A2两单位确认无误后，在编制合并资产负债表时，抵销分录如下：

借：应付账款——A1单位　　1 600 000
　贷：应收账款——A2单位　　1 600 000

【例7-6】B事业单位作为上级单位，有B1、B2两个所属单位。B1、B2存在内部往来业务事项。B1单位资产负债表“其他应收款”明细信息显示，B1单位应收B2单位款项300万元。B2单位资产负债表“其他应付款”明细信息显示，B2单位应付B1单位款项300万元。B单位经与B1、B2两单位确认无误后，在编制合并资产负债表时，抵销分录如下：

借：其他应付款——B2单位　　3 000 000
　贷：其他应收款——B1单位　　3 000 000

（2）内部收入费用抵销事项。内部收入费用抵销事项是指事业单位与所属单位之间、所属单位之间发生的收入和费用，对经确认的内部收入费用事项，在合并时应当予以抵销。内部收入费用抵销事项主要包括以下三种情况：一是“上级补助收入”与“对附属单位补助支出”之间存在抵销关系，抵销分录为：借记“上级补助收入”科目，贷记“对附属单位补助支出”科目；二是“附属单位上缴收入”与“上缴上级支出”之间存在抵销关系，抵销分录为：借记“附属单位上缴收入”，贷记“上缴上级支出”；三是“事业收入”“其他收入”中属于来自本部门内部单位的部分与“商品和服务费用”中属于支付给本部门内部单位的部分存在抵销关系，抵销分录为：借记“事业收入”“其他收入”，贷记“商品和服务费用”。

【例7-7】A事业单位作为上级单位，有A1、A2两个所属单位。A事业单位与A1单位存在内部补助收支事项。A单位收入费用表“对附属单位补助支出”的明细信息显示，A事业单位对A1单位支付补助款项250万元。A1单位收入费用表“上级补助收入”明细信息显示，A1单位收到上级A事业单位补助款项250万元。A事业单位经与A1单位确认无误后，在编制合并收入费用表时，编制抵销分录如下：

借：上级补助收入——A1单位　　2 500 000
　贷：对附属单位补助支出——A单位　　2 500 000

【例7-8】B事业单位作为上级单位，有B1、B2两个所属单位。B1单位收入费用表“事业收入”明细信息显示，B1单位来自B2 单位款项为320万元，

B2单位收入费用表“商品和服务费用”明细信息显示，B2单位支付给B1单位款项320万元。B单位经与B1、B2两单位确认无误后，在编制合并收入费用表时，编制抵销分录如下：

借：事业收入——B2单位　　3 200 000

　贷：商品和服务费用——B1单位　　3 200 000

小资料7-6

经过内部收入费用事项的抵销后，合并收入费用表中的“附属单位上缴收入”和“对附属单位补助支出”项目的金额应当为零。但是，“上级补助收入”和“上缴上级支出”项目的金额可能不为零，其经济含义是事业单位收到的上级主管单位补助的款项，或支付上级主管单位的上缴款项。

3.生成合并会计报表

将抵销分录中相关数据填入抵销工作底表。根据抵销工作底表“合计”栏数据，对汇总后的资产负债表、收入费用表相关项目进行抵销，生成合并资产负债表和收入费用表。合并会计报表的各项目金额应当试算平衡。

（四）当期盈余与预算结余差异表的编制

当期盈余与预算结余差异表包括单位当期盈余与预算结余差异表和合并当期盈余与预算结余差异表。

1.单位当期盈余与预算结余差异表

当期盈余与预算结余差异表包括当期预算结余、差异事项和当期盈余三个项目，主要依据会计账簿和调整分录填列，具体方法如下：

（1）当期预算结余根据单位会计账簿上收入总额减去支出总额的差额填列。

（2）差异事项包括调增事项和调减事项。调增事项是调整分录中“净资产”减少（借方）的事项，对于普通事业单位主要是当期发生的资本性支出调整事项等，其金额根据调整分录中“资本性支出”项目的贷方金额填列。调减事项是调整分录中“净资产”增加（贷方）的事项，对于普通事业单位主要是当期折旧费用和摊销费用调整事项等，其金额根据调整分录中“折旧费用”“摊销费用”项目借方金额填列。行业事业单位或许涉及其他调整事项。

（3）当期盈余项目根据调整后的收入总额减去费用总额的差额填列。

2.合并当期盈余与预算结余差异表

合并当期盈余与预算结余差异表，由上级单位将所属各单位当期盈余与预算结余差异表数据分别加总生成。

（五）净资产差异表的编制

只有未建立固定资产折旧和无形资产摊销制度的单位需要编制净资产差异表，换言之，事业单位如果已经对固定资产计提折旧、对无形资产计提摊销，不需要编制净资产差异表。中小学校等行业事业单位未建立固定资产折旧和无形资产摊销制度，需要编制净资产差异表。净资产差异表包括单位净资产差异表和合并净资产差异表。

1.单位净资产差异表

单位净资产差异表包括净资产账面余额、差异事项和调整后的净资产三个项目，主要依据会计账簿和调整分录填列，具体方法如下：

（1）净资产账面余额项目根据单位会计账簿上净资产期末余额填列。

（2）差异事项包括补提累计折旧和补提累计摊销，分别根据调整分录中“累计折旧”“累计摊销”项目的贷方金额填列。

（3）调整后的净资产项目根据上述各项数据计算填列，其金额为“净资产账面余额”减“补提累计折旧”和“补提累计摊销”后的差额。

2.合并净资产差异表

合并净资产差异表，由上级单位将所属各单位净资产差异表数据分别加总生成。

三、部门报表附注的编制

（一）部门报表附注的含义

部门报表附注是部门财务报表的重要组成部分，重点对部门会计报表作进一步的解释说明。部门会计报表主要包括资产负债表、收入费用表等，以表格形式概括反映事业单位的财务状况和运行情况。部门报表附注是对会计报表中列示项目的文字描述或明细资料，以及对未能在这些报表中列示项目的说明等。阅读会计报表附注，有助于财务报告使用者深入理解会计报表的内容。

部门报表附注的内容应当与部门会计报表项目密切相关，对资产负债表、收入费用表等报表的重要项目进行解释、说明和补充。报表附注的形式应当是数字与文字相结合，从定量和定性两个方面对事业单位的财务状况和运行情况进行阐释。报表附注的格式应当规范，排列有序，文字表达清晰。

（二）部门报表附注的内容

根据《政府财务报告编制办法（试行）》和《政府部门财务报告编制操作指南（试行）》的规定，部门报表附注一般应当按照下列顺序披露：

1.报表的编制基础

政府部门会计报表以权责发生制为基础编制，报表附注中应当予以明确。

2.遵循政府会计准则和会计制度的声明

政府部门应当声明编制的会计报表符合政府会计准则、相关会计制度和财务报告编制规定的要求，如实反映政府部门的财务状况、运行情况等有关信息。

3.报表涵盖的主体范围

报表包含的主体范围主要反映报表编制主体的基本情况，包括所属单位的名称、性质（如行政单位、事业单位或社会团体）、人员编制等基本信息。

4.重要会计政策和会计估计

对会计报表重要项目的含义、确认原则、计量方法等会计政策，以及具体会计方法进行解释和说明。涉及固定资产、公共基础设施的，应说明固定资产、公共基础设施的类别、折旧年限及折旧方法；涉及无形资产的，应说明无形资产的类别、摊销年限及摊销方法等。

5.会计报表重要项目的明细信息及说明

对资产负债表和收入费用表中重要项目进行更为详细的披露，便于报表信息使用者更好地理解报表信息，为编制政府部门财务报表和政府综合财务报表提供抵销所需的数据。

报表重要项目明细信息应包括但不限于下列报表：货币资金明细表、应收账款明细表、预付账款明细表、其他应收款明细表、长期投资明细表、固定资产明细表、无形资产明细表、公共基础设施明细表（包括原值、累计折旧和净值）、公共基础设施在建工程明细表、应付账款明细表、预收账款明细表、其他应付款明细表、长期借款明细表、事业收入明细表、其他收入明细表、商品和服务费用明细表，共计16张附表。

6.未在会计报表中列示的重大事项

未在会计报表中列示但对政府部门财务状况有重大影响的事项需要在报表附注中披露，内容包括：

（1）政府部门股权投资的投资成本（按照投资对象分别列示股权投资成本）。

（2）资产负债表日后重大事项。

（3）或有和承诺事项。逐笔披露政府部门或有事项的事由和金额，如担保事项、未决诉讼或仲裁的财务影响等，若无法预计应说明理由；逐笔披露政府承诺事项的具体内容。

（4）对于政府部门管理的无法取得价值的公共基础设施、文物文化资产、保障性住房、自然资源资产等重要资产，披露种类和实物量等相关信息。

（5）其他未在报表中列示，但对政府部门财务状况有重大影响的事项。

7.需要说明的其他事项

会计报表附注应对会计政策变更、会计估计变更、以前年度差错更正等其他需要说明的事项进行披露。

（三）事业单位报表附注的编制

事业单位报表附注的编制，应当遵循政府部门财务报告编制的有关规定，结合本单位的具体情况。事业单位在完成资产负债表、收入费用表的编制工作后，应当按照规定的内容与顺序分项撰写报表附注。

四、部门财务分析

（一）部门财务分析的含义

部门财务分析是以部门财务报表及其他相关资料为依据，采用一系列专门的技术和方法，对政府部门的资产负债状况、运行情况进行剖析与评价的过程，反映部门加强财务管理的主要措施和取得成效。政府部门财务分析应当基于财务报表所反映的信息，并紧密结合政府部门职能履行、预算管理、资产负债管理和绩效管理等要求。

事业单位应当依据财务报表对财务活动进行分析，发现财务管理中存在的问题，并分析问题产生的原因，总结经验与教训，撰写财务分析报告。事业单位的财务分析报告是财政部门、上级主管部门、事业单位管理者及其他报告使用者了解事业发展情况的重要依据，对于加强事业单位的预算管理、财务管理，进行绩效评价等有着重要的意义。

（二）部门财务分析的内容

根据《政府财务报告编制办法（试行）》和《政府部门财务报告编制操作指南（试行）》的规定，政府部门财务分析主要包括以下内容：

1.政府部门基本情况介绍

政府部门基本情况主要包括部门基本职能、机构设置、年度工作目标计划及执行情况、绩效目标及完成情况等。

2.政府部门资产负债状况分析

（1）结合政府部门职能、工作任务、相关政策要求等，对货币资金、固定资产、政府储备资产、公共基础设施等重要资产项目的结构特点和变化情况进行分析，并评估对政府部门提供公共服务的能力的影响。

（3）结合短期借款、长期借款等重点负债项目的增减变化情况，分析政府部门债务规模和债务结构等。

（4）运用资产负债率、现金比率、流动比率等指标，分析评估政府部门当期及未来中长期财务风险及可控程度，以及需要采取的措施等。

3.政府部门运行情况分析

（1）分析政府部门的收入规模、结构及来源分布、重点收入项目的比重和变化趋势，以及经济形势、相关财政政策等对政府部门收入变动的影响等。

（2）分析政府部门费用规模、构成及变化情况，特别是政府部门控制行政成本的政策、投融资情况及对费用变动的影响等。

（3）运用政府部门的收入费用率等指标，分析政府部门收入用于支付费用的比例情况。

4.政府部门财务管理情况

从部门预算管理、内控管理、资产管理、绩效管理、人才队伍建设等方面反映部门加强财务管理的主要措施和取得成效。

（三）部门财务分析的方法

政府部门可采取比率分析法、比较分析法、结构分析法、趋势分析法等方法进行财务分析。

1.比率分析法

比率分析法是将同一时期财务报表中相关财务指标的数据进行对比，通过计算指标之间的财务比率，来分析政府部门的财务状况和运行情况。

2.比较分析法

比较分析法是将财务报表中的某项财务指标的数据与其基准数据进行对比，通过计算指标之间的差异，来分析政府部门某项财务指标的完成情况。

3.结构分析法

结构分析法是将财务报表中的某一类财务指标的个体数据与其总体数据进行对比，通过计算个体指标占总体指标的比重，来分析政府部门财务结构的合理性。

4.趋势分析法

趋势分析法是将财务报表中某项财务指标的数据与其以前期间的历史数据进行对比，通过计算变动额或变动率，来分析政府部门某项财务指标的变动趋势。

（四）部门财务分析的指标

事业单位进行部门财务分析，应当设置科学、系统的分析指标体系。可参考使用的分析指标主要有以下几种：

1.资产负债率

资产负债率是反映政府部门偿付全部债务本息能力的基本指标。计算公式如下：

资产负债率=负债总额÷资产总额×100%

2.收入费用率

收入费用率反映政府部门收入用于支付费用的比例情况。计算公式如下：

收入费用率=总费用÷年度总收入×100%

3.现金比率

现金比率反映政府部门利用现金及现金等价物偿还短期债务的能力。计算公式如下：

现金比率=（货币资金+财政应返还额度）÷流动负债×100%

4.流动比率

流动比率反映政府部门流动资产用于偿还流动负债的能力。计算公式如下：

流动比率=流动资产÷流动负债×100%

5.固定资产成新率

固定资产成新率反映固定资产的新旧程度、使用状态等。计算公式如下：

固定资产成新率=固定资产净值÷固定资产原值×100%

6.公共基础设施成新率

公共基础设施成新率反映公共基础设施的新旧程度、使用状态等。计算公式如下：

公共基础设施成新率=公共基础设施净值÷公共基础设施原值×100%

第八章 行业事业单位会计制度

第一节 医院会计制度

医院会计属于行业事业单位会计，是事业单位会计的重要组成部分。国家为支持医疗卫生事业的发展，会给予医院一定数额的财政补助资金，但医疗服务收费是其主要收入来源。医院不但要加强预算管理，还需要进行成本核算与业绩评价，其业务活动具有显著的特点。财政部会同卫生部在《事业单位会计准则》的基础上，结合医院会计的特点，单独制定了《医院会计制度》。

一、医院会计制度概述

（一）医院会计制度的范围

医院是向社会提供医疗保健服务的社会组织，主要从事医疗、药品、保健、康复、检查、咨询、培训、宣传等活动。有些医院还承担教学、科研任务。从医院的组织形式看，医院包括公立医院、民办非营利性医院和营利性医院。公立医院是国家或其他单位利用国有资产举办的医疗机构，以事业单位为组织形式，向社会提供公益性医疗服务。

公立医院会计是事业单位会计的组成部分。财政部依据《事业单位会计准则》的规定，结合《医院财务制度》的要求和医院业务的特点，于2010年12月颁布了新修订的《医院会计制度》，自2011年7月1日起在全国施行。

《医院会计制度》适用于中华人民共和国境内各级各类独立核算的公立医院，包括综合医院、中医院、专科医院、门诊部（所）、疗养院等，不包括城市社区卫生服务中心（站）、乡镇卫生院等基层医疗卫生机构。基层医疗卫生机构和公立医院在职能定位、补偿政策、财务管理等方面存在着较大差异，基层医疗卫生机构执行《基层医疗卫生机构会计制度》。

（二）医院会计的目标

医院会计具有一定的综合性，既要反映医院的部门预算资金的使用情况，又要反映医院的业务资金的使用情况。公立医院是国家举办的医疗机构，财政部门会给予其一定数额的补助。目前，国家对医院实行“核定收支、定项补助、超支不补、结余按规定使用”的预算管理办法。因此，医院应当建立健全预算管理制度，满足国家预算管理的要求。同时，公立医院是不以营利为目的的公益性事业单位，可以通过向社会提供医疗服务取得一定数额的业务收入。因而，医院应当加强经营管理，满足医院内部及社会各方面对医院管理和监督的需要。

医院会计的信息使用者包括财政部门、卫生行政主管部门、医院管理当局、社会公众、债权人等，不同的信息使用者对医院会计信息有不同的要求。医院会计的总体目标是向会计信息使用者提供反映受托责任履行情况的会计信息，为医院的经济决策服务。医院会计兼顾了财政预算管理与医院经营管理的要求，在满足国家预算管理要求的同时，侧重于提供有助于经营管理决策的会计信息。

（三）医院会计的确认与计量方法

《医院会计制度》规定，医院会计采用权责发生制基础。医院会计要求进行成本核算，应当采用权责发生制确认基础，以便准确地核算会计期间的各项收入和费用，为制定合理的医疗服务价格提供参考依据。但是，为满足预算管理的要求，医院的财政补助资金、科教项目资金的收入和支出，依然以收付实现制基础确认。

医院会计以历史成本为主要计量属性，但为了真实地反映了医院的资产负债信息，较多地引入了重置成本、公允价值等计量属性。《医院会计制度》规定，接受捐赠的库存物资、固定资产，其成本比照同类或类似物资的市场价格或有关凭据注明的金额确定。医院应当于每年年度终了，对应收医疗款和其他应收款进行全面检查，分析其可收回性，对预计可能产生的坏账损失计提坏账准备。医院会计要建立固定资产折旧制度、无形资产摊销制度，合理计量资产的价值。

为兼顾预算管理的需要，医院使用财政补助收入、科教项目收入购建固定资产、无形资产或购买药品、卫生材料等物资，应当采用“双分录”核算方法，同时确认取得的资产和其所对应的待冲基金。

（四）医院会计要素与会计科目

根据《医院会计制度》，医院会计设置资产、负债、净资产、收入和费用五个会计要素。与执行《事业单位会计制度》的普通事业单位不同，医院需要加强成本核算，进行业绩评价，设置“费用”要素。

医院会计共设置会计科目52个。其中，资产类23个，负债类13个，净资产类7个，收入类4个，支出类5个。各医院会计要根据《医院会计制度》设置一级会计科目，按预算科目分类和业务的要求设置各级明细科目。医院的会计科目见表8-1。

表8-1　**医院会计科目表**

序号	编号	科目名称	序号	编号	科目名称
		一、资产类	28	2203	预收医疗款
1	1001	库存现金	29	2204	应付职工薪酬
2	1002	银行存款	30	2205	应付福利费
3	1003	零余额账户用款额度	31	2206	应付社会保障费
4	1004	其他货币资金	32	2207	应交税费
5	1101	短期投资	33	2209	其他应付款
6	1201	财政应返还额度	34	2301	预提费用
7	1211	应收在院病人医疗款	35	2401	长期借款
8	1212	应收医疗款	36	2402	长期应付款
9	1215	其他应收款			三、净资产类
10	1221	坏账准备	37	3001	事业基金
11	1231	预付账款	38	3101	专用基金
12	1301	库存物资	39	3201	待冲基金
13	1302	在加工物资	40	3301	财政补助结转（余）
14	1401	待摊费用	41	3302	科教项目结转（余）
15	1501	长期投资	42	3401	本期结余
16	1601	固定资产	43	3501	结余分配
17	1602	累计折旧			四、收入类
18	1611	在建工程	44	4001	医疗收入
19	1621	固定资产清理	45	4101	财政补助收入
20	1701	无形资产	46	4201	科教项目收入
21	1702	累计摊销	47	4301	其他收入
22	1801	长期待摊费用			五、费用类
23	1901	待处理财产损溢	48	5001	医疗业务成本
		二、负债类	49	5101	财政项目补助支出
24	2001	短期借款	50	5201	科教项目支出
25	2101	应缴款项	51	5301	管理费用
26	2201	应付票据	52	5302	其他支出
27	2202	应付账款			

二、医院会计收入与费用的核算

（一）医院会计的收入

1.医院会计收入的内容

收入是指医院开展医疗服务及其他活动依法取得的非偿还性资金。医院会计设置的收入类科目包括“医疗收入”“财政补助收入”“科教项目收入”“其他收入”。同普通事业单位会计比较，相同的收入科目包括“财政补助收入”和“其他收入”。

与普通事业单位会计不同，医院的专业业务活动是其所开展的医疗业务活动，医院的事业收入表现为医疗收入。同时，针对医院取得的专门用于科研、教学项目的补助收入，单独设置了“科教项目收入”科目。

2.主要收入类科目的核算

（1）医疗收入的核算

医院会计设置“医疗收入”科目，核算医院在开展医疗业务活动中取得的收入。本科目应设置“门诊收入”“住院收入”两个一级明细科目。医疗收入采用权责发生制基础确认，在提供医疗服务并收讫价款或取得收款权利时，按实际收到的金额或应当收到的金额入账。

【例8-1】某医院收到报来的“住院部收入日报表”，本日住院部医疗收入150 000元，已经存入银行账户。收到报来“应收医疗费用明细表”，应向住院病人收取的医疗款为80 000元。

借：银行存款	150 000	
应收在院病人医疗款	80 000	
贷：医疗收入——住院收入		230 000

（2）科教项目收入的核算

医院会计设置“科教项目收入”科目，核算医院取得的除财政补助收入外专门用于科研、教学项目的补助收入。本科目应设置“科研项目收入”“教学项目收入”两个明细科目，并按具体项目进行明细核算。科教项目收入应当在实际收到时，按照实际收到的金额予以确认。

【例8-2】某医院承担国家自然科学基金的一项医学研究课题，收到该基金的资助款项120 000元。同时，为开展一项基层全科医生培训工作，收到卫生主管部门拨入的项目补助款60 000元。

借：银行存款	180 000	
贷：科教项目收入——科研项目收入		120 000
——教学项目收入		60 000

（二）医院会计的费用

1.医院会计费用的内容

费用是指医院开展医疗服务及其他业务活动所发生的资金耗费和损失。医院会计设置的费用类科目包括“医疗业务成本”“财政项目补助支出”“科教项目支出”“管理费用和其他支出”。由于医院会计要求成本核算，费用类科目的设置，与普通事业单位会计的支出类科目存在较大的差异。

成本核算是指医院将其业务活动中所发生的各种耗费按照核算对象进行归集和分配，计算出总成本和单位成本的过程。医院在成本核算中，应当进行科室成本核算、床日和诊次成本核算，有条件的医院还可以开展医疗服务项目成本核算、病种成本核算。

2.主要费用类科目的核算

（1）医疗业务成本的核算

医院会计设置“医疗业务成本”科目，核算医院开展医疗服务及辅助活动发生的各项费用。应当根据成本核算对象的要求，设置“医疗业务成本明细账”，分别进行科室成本、医疗服务项目成本、病种成本、床日和诊次成本的核算。医疗业务成本按权责发生制基础确认，属于本期的医疗业务费用无论是否实际发生款项支出，均需要确认医疗业务成本。

【例8-3】某医院结转已经销售药品成本，按一定方法计算出当月已销药品成本为46 500元。

借：医疗业务成本——药品费　46 500

　贷：库存物资——药品　46 500

（2）财政项目补助支出的核算

医院会计设置“财政项目补助支出”科目，核算医院本期使用财政项目补助发生的支出。本科目应当按照《政府收支分类科目》中支出功能分类科目以及具体项目进行明细核算。对于为购建固定资产、无形资产或购买药品等物资而发生的财政项目补助支出，应当采用“双分录”的核算方法，同时确认相关的资产项目和其所对应的待冲基金。

【例8-4】某医院使用财政部门拨入的“甲型H1N1流感”项目经费3 600元，用于支付医疗知识宣传费用，款项已经通过银行账户支付。

借：财政项目补助支出——医疗卫生——“甲型H1N1流感”项目　3 600

　贷：银行存款　3 600

（3）科教项目支出的核算

医院会计设置“科教项目支出”科目，核算医院使用除财政补助收入以外的科研、教学项目收入开展科研、教学项目活动所发生的各项支出。本科目应设置“科研项目支出”“教学项目支出”两个明细科目，并按具体项目进行明细核算。对于为购建固定资产、无形资产或购买药品等物资而发生的科教项目支出，应当采用“双分录”的核算方法，同时确认相关的资产项目和其所对应的待冲基金。

【例8-5】某医院承担国家自然科学基金的一项医学研究课题，支付项目调研费5 600元，款项以银行存款支付。

借：科教项目支出——科研项目支出 5 600

贷：银行存款 5 600

三、医院会计资产、负债与净资产的核算

（一）医院会计的资产

1.医院会计资产的内容

资产是指过去的交易或者事项形成的并由医院拥有或者控制的资源，该资源预期会给医院带来经济利益或者服务潜力的流入。医院会计的资产包括流动资产和非流动资产。

（1）流动资产是指可以在1年内（含1年）变现或者耗用的资产。医院会计设置的流动资产类会计科目包括“库存现金”“银行存款”“零余额账户用款额度”“其他货币资金”“短期投资”“财政应返还额度”“应收在院病人医疗款”“应收医疗款”“其他应收款”“坏账准备”“预付账款”“库存物资”“在加工物资”“待摊费用”。

（2）非流动资产是指流动资产以外的资产。医院会计设置的非流动资产类会计科目包括“长期投资”“固定资产”“累计折旧”“在建工程”“固定资产清理”“无形资产”“累计摊销”“长期待摊费用”“待处理财产损溢”。

医院会计设置的资产类会计科目与普通事业单位会计的类似，但科目名称与核算内容存在一定的差异。

2.主要资产类科目的核算

（1）应收款项的核算

医院会计设置“应收在院病人医疗款”科目，核算医院因提供医疗服务而应向住院病人收取的医疗款。医院应当按照住院病人设置明细科目对应收在院病人医疗款进行明细核算。由于应收在院病人医疗款坏账风险较低，不需要计提坏账准备。

医院会计设置“应收医疗款”科目，核算医院因提供医疗服务而应向门诊病人、出院病人、医疗保险机构等收取的医疗款。本科目应当按照门诊病人、出院病人、医疗保险机构进行明细核算。医院应当于每年年度终了，对应收医疗款进行全面检查，计提坏账准备。

【例8-6】某医院住院部向财务部门报来“住院病人费用结算单”，按照国家规定的医疗服务项目收费标准计算，提供医疗服务共计28 000元。其中，应由基本医疗保险机构支付的款项为23 800元，应由病人承担的款项为4 200元。款项尚未收到。

借：应收医疗款——医疗保险机构 23 800

应收在院病人医疗款——某病人 4 200

贷：医疗收入——住院收入 28 000

（2）存货的核算

医院会计设置“库存物资”科目，核算医院为开展医疗服务及辅助活动而储存的药品、卫生材料、低值易耗品和其他材料的实际成本。本科目应当按照库存物资的类别设置一级明细科目。

医院会计设置“在加工物资”科目，核算医院自制或委托外单位加工的各种药品、卫生材料等物资的实际成本。本科目应设置“自制物资”“委托加工物资”两个一级明细科目，并按照物资类别或品种设置明细账，进行明细核算。

医院使用财政补助、科教项目收入购买药品、卫生材料等物资，应当采用“双分录”核算方法，同时确认取得的资产和其所对应的待冲基金。

【例8-7】某医院根据药品集中采购的相关规定，向某医药公司购入西药阿洛西林钠600盒，价格为28元/盒，价款16 800元已经支付，药品已经由医药公司配送到医院药房。同时，收到医院制剂室报送的加工药品入库单，加工完成的中成药已经验收入库，结转在加工物资成本7 300元。

借：库存物资——西药　　16 800

　　　　　　——中成药　　7 300

　贷：银行存款　　16 800

　　　在加工物资——自制物资　　7 300

（3）固定资产的核算

医院会计设置“固定资产”科目，核算医院固定资产的原始价值。本科目按固定资产类别、使用部门和固定资产项目进行明细核算。固定资产是指医院持有的预计使用年限在1年以上（不含1年）、单位价值在规定标准以上、在使用过程中基本保持原有物质形态的有形资产。根据《医院财务制度》的规定，医院普通固定资产的单位价值要求在1 000元以上，专业设备单位价值在1 500元以上。医院固定资产分为房屋及建筑物、专业设备、一般设备、其他固定资产四个种类。

医院的固定资产，应当按取得时的实际成本作为入账成本。医院使用财政补助、科教项目收入购建的固定资产，应当采用“双分录”核算方法，同时确认取得的资产和其所对应的待冲基金。医院应当建立固定资产折旧制度，对固定资产进行后续计量。

【例8-8】某医院用取得的医疗收入购入一台不需要安装的医疗设备，设备价款72 000元，设备款以银行存款支付，设备已经安装使用。

借：固定资产——医疗设备　　72 000

　贷：银行存款　　72 000

（二）医院会计的负债

1.医院会计负债的内容

负债是指医院所承担的能以货币计量，需要以资产或者劳务偿还的债务。医院的负债包括流动负债和非流动负债。

（1）流动负债是指偿还期在1年以内（含1年）的负债。医院会计设置的流动负债类会计科目包括“短期借款”“应缴款项”“应付票据”“应付账款”“预收医疗款”“应付职工薪酬”“应付福利费”“应付社会保障费”“应缴税费”“预提费用”。

（2）非流动负债是指偿还期在1年以上（不含1年）的负债。医院会计设置的非流动负债类会计科目包括“长期借款”和“长期应付款”。

医院会计设置的负债类会计科目与普通事业单位会计的类似，但科目名称与核算内容存在一定的差异。

2.主要负债类科目的核算

（1）应缴款项的核算

医院会计设置“应缴款项”科目，核算医院按规定应缴入国库或应上缴行政主管部门的款项。本科目应按应缴款项类别进行明细核算。医院国有资产处置的收入属于国家所有，应当按照政府非税收入管理的规定上缴国库。有些地区的卫生行政管理机构规定，医院的本期结余率超过了规定的标准，应当将超出标准的结余上缴行政主管部门。

【例8-9】某医院报经有关部门批准后，对一期满报废的医疗设备进行清理。清理事项结束后，“固定资产清理”科目存在贷方余额6 000元，此款项按规定应当上缴国库。

借：固定资产清理——处置资产净额	6 000	
贷：应缴款项——国有资产处置收入		6 000

（2）预收医疗款的核算

医院会计设置“预收医疗款”科目，核算医院向住院病人、门诊病人等预收的款项。医院应当按照住院病人、门诊病人等，对预收医疗款进行明细核算。对于享有社会基本医疗保险的病人，病人入院时按一定标准交纳的起付费（门槛费）也属于预收医疗款。

【例8-10】某医院住院部报来“在院病人出院费用结算表”，乙患者治愈办理出院。在院期间共发生医疗费8 520元，其住院期间预交押金10 000元，差额以现金退还。

借：预收医疗款——乙患者	10 000	
贷：医疗收入——住院部		8 520
库存现金		1 480

（三）医院会计的净资产

1.医院会计净资产的内容

净资产是医院的资产减去负债后的余额，体现医院所拥有的资产净值。医院的净资产包括基金和结转（余）两项内容。

（1）基金是医院设立的具有特定来源和用途的财务资源。医院会计设置的基金类科目包括“事业基金”“专用基金”“待冲基金”。

（2）结转（余）是医院一定时期收入和费用（支出）相抵后的差额。医院会计设置的结转（余）类科目包括“财政补助结转（余）”“科教项目结转（余）”“本期结余”“结余分配”。

医院会计设置的净资产类会计科目与普通事业单位会计的类似，但科目名称与核算内容存在一定的差异。

2.主要净资产类科目的核算

（1）待冲基金的核算

医院会计设置“待冲基金”科目，核算医院使用财政补助、科教项目收入购建固定资产、无形资产或购买药品、卫生材料等物资所形成的，留待计提资产折旧、摊销或领用发出库存物资时予以冲减的基金。本科目应设置“待冲财政基金”和“待冲科教项目基金”两个明细科目，进行明细核算。

【例8-11】某医院收到“财政直接支付入账通知书”及原始凭证，通过财政直接支付购入的一台彩色超声诊断仪器完成支付，设备已经通过验收。该设备价值53 000元，所用资金为财政项目经费。

借：财政项目补助支出——医疗卫生 53 000

　贷：财政补助收入——项目支出 53 000

同时：

借：固定资产 53 000

　贷：待冲基金——待冲财政基金 53 000

（2）结转（余）的核算

医院会计设置“财政补助结转（余）”“科教项目结转（余）”“本期结余”“结余分配”四个结转（余）类科目。

医院会计设置“财政补助结转（余）”科目，核算医院历年滚存的财政补助结转和结余资金，包括基本支出结转、项目支出结转和项目支出结余。本科目应设置“财政补助结转”“财政补助结余”两个一级明细科目。

医院会计设置“科教项目结转（余）”科目，核算医院的科教项目结转资金和科教项目结余资金。本科目应设置“科研项目结转（余）”“教学项目结转（余）”两个明细科目，并按具体项目进行明细核算。

医院会计设置“本期结余”科目，核算医院本期除财政项目补助收支、科教项目收支以外的各项收入减去各项费用后的结余。

医院会计设置“结余分配”科目，核算医院当年提取职工福利基金、未分配结余结转事业基金、用事业基金弥补亏损等的情况和结果。本科目应设置“事业基金弥补亏损”“提取职工福利基金”“转入事业基金”等明细科目，进行明细核算。

四、医院的财务报告

医院财务报告是反映医院某一特定日期的财务状况和某一会计期间的收入费

用、现金流量等的书面文件。医院财务报告由会计报表、会计报表附注和财务情况说明书组成。

1.会计报表

医院的会计报表包括资产负债表、收入费用总表、现金流量表、财政补助收支情况表以及有关附表。

2.会计报表附注

医院会计需要编写会计报表附注，对会计报表的编制情况和主要项目进行必要的解释，使会计信息使用者能够正确理解医院所编制的会计报表。会计报表附注的内容主要包括：遵循准则与制度的声明；重要会计政策、会计估计及其变更情况的说明；重要资产转让及出售情况的说明；重大投资、借款活动的说明；会计报表重要项目及其增减变动情况的说明；以前年度结余调整情况的说明；有助于理解和分析会计报表需要说明的其他事项。

3.财务情况说明书

医院会计应当对医院的财务状况和业务情况进行分析与总结，提交书面的说明报告。财务情况说明书的内容包括：业务开展情况；年度预算执行情况；资产利用、负债管理情况；成本核算及控制情况；绩效考评情况；需要说明的其他事项。

医院财务报告分为中期财务报告和年度财务报告。以短于一个完整的会计年度的期间（如季度、月度）为基础编制的财务报告称为中期财务报告；年度财务报告则是以整个会计年度为基础编制的财务报告。医院也应当按年度编写决算报告，反映预算执行情况及结果。

根据《政府会计准则——基本准则》的规定，医院会计应当按年度编制部门决算报告和部门财务报告。

第二节　高等学校会计制度

高等学校会计属于行业事业单位会计，是事业单位会计的重要组成部分。高等学校的教学活动、科研活动有一定的特殊性，财政部会同教育部在《事业单位会计准则》的基础上，结合高等学校会计的特点，单独制定了《高等学校会计制度》。

一、高等学校会计制度概述

（一）高等学校会计制度的范围

高等学校是国家举办的公益性社会组织，担负着向社会提供高等教育服务，为国家培养高级专门人才的职责。我国的高等学校包括公立高等学校（又称国有高等学校）和私立高等学校（又称民办高等学校）两种类型。公立高等学校是国家或其他单位利用国有资产举办的公益性教育组织，以事业单位为组织形式，向社会提供高等教育与科学研究服务。

公立高等学校会计是事业单位会计的组成部分。财政部依据《事业单位会计准则》的规定，结合《高等学校财务制度》的要求和高等学校业务的特点，于2013年12月颁布了新修订的《高等学校会计制度》，自2014年1月1日起在全国施行。

《高等学校会计制度》适用于各级人民政府举办的全日制普通高等学校、成人高等学校，普通中等专业学校、技工学校、成人中等专业学校依照执行。

（二）高等学校的会计目标

公立高等学校是国家举办的向社会提供高等教育服务的公益性社会组织，其财务资源主要来源于国家财政拨款，各项资金的取得和运用应当符合财政预算管理的要求。同时，高等学校为了更好地履行其职责，向社会提供高质量的教育服务，需要加强学校的经济管理，科学配置学校经济资源，实行教育成本核算，实施教育绩效考核与评价，接受社会的监督，提高教育资金使用效益。因此，高等学校会计应当按照国家有关法规、制度的要求组织会计核算，全面反映预算资金和业务资金的运用情况，为财政的预算管理和学校的经济管理提供有用的会计信息。

高等学校会计的信息使用者包括财政部门、教育主管部门、学校管理当局、社会公众等，高等学校会计的总体目标是向会计信息使用者提供反映其受托责任履行情况的会计信息，为高等学校的经济管理服务。高等学校会计兼顾了财政预算管理与高等学校经济管理的要求，侧重为预算管理服务。

（三）高等学校会计的确认与计量方法

《高等学校会计制度》规定，高等学校会计核算一般采用收付实现制，但部分经济业务或者事项的核算应当按照本制度的规定采用权责发生制。与执行《事业单位会计制度》的普通事业单位相同，如果没有会计制度的明确规定，高等学校会计对于发生的经济业务或者事项应当采用收付实现制基础确认。会计制度有明确规定的，方可采用权责发生制确认，如经营业务的收入和支出等。

高等学校会计以历史成本为主要计量属性，但为了真实地反映了高等学校的资产负债信息，适当引入了其他计量属性。高等学校会计的各项资产，一般要求以实际成本入账，不要求进行后续计量。但是，高等学校应当对固定资产计提折旧，对无形资产进行摊销。

与执行《事业单位会计制度》的普通事业单位类似，高等学校会计对非流动资产项目采用了“双分录”的核算方法，兼顾了预算管理与财务管理的要求。

（四）高等学校会计要素与会计科目

根据《高等学校会计制度》，高等学校会计设置资产、负债、净资产、收入和支出五个会计要素，其内容与含义与普通事业单位会计的基本相同。

高等学校会计共设置会计科目54个。其中，资产类17个，负债类12个，净资产类9个，收入类7个，支出类9个。高等学校会计应当按照会计制度的规定设置和使用会计科目。在不影响账务处理和编报财务报表的前提下，可以根据实际情况自行增设本制度规定以外的明细科目、减少或合并本制度规定的明细科目。高等学校会计科目见表8-2。

表8-2 高等学校会计科目表

序号	编号	科目名称	序号	编号	科目名称
		一、资产类			三、净资产类
1	1001	库存现金	30	3001	事业基金
2	1002	银行存款	31	3101	非流动资产基金
3	1011	零余额账户用款额度	32	3201	专用基金
4	1101	短期投资	33	3301	财政补助结转
5	1201	财政应返还额度	34	3302	财政补助结余
6	1211	应收票据	35	3401	非财政补助结转
7	1212	应收账款	36	3402	事业结余
8	1213	预付账款	37	3403	经营结余
9	1215	其他应收款	38	3404	非财政补助结余分配
10	1301	存 货			四、收入类
11	1401	长期投资	39	4001	财政补助收入
12	1501	固定资产	40	4101	教育事业收入
13	1502	累计折旧	41	4102	科研事业收入
14	1511	在建工程	42	4201	上级补助收入
15	1601	无形资产	43	4301	附属单位上缴收入
16	1602	累计摊销	44	4401	经营收入
17	1701	待处置资产损溢	45	4501	其他收入
		二、负债类			五、支出类
18	2001	短期借款	46	5001	教育事业支出
19	2101	应缴税费	47	5002	科研事业支出
20	2102	应缴国库款	48	5003	行政管理支出
21	2103	应缴财政专户款	49	5004	后勤保障支出
22	2201	应付职工薪酬	50	5005	离退休支出
23	2301	应付票据	51	5101	上缴上级支出
24	2302	应付账款	52	5201	对附属单位补助支出
25	2303	预收账款	53	5301	经营支出
26	2305	其他应付款	54	5401	其他支出
27	2401	长期借款			
28	2402	长期应付款			
29	2501	代管款项			

二、高等学校会计收入与支出的核算

（一）高等学校会计的收入

1.高等学校会计收入的内容

收入是指高等学校开展教学、科研及其他活动依法取得的非偿还性资金。高等学校会计设置的收入类科目包括“财政补助收入”“教育事业收入”“科研事业收入”“上级补助收入”“附属单位上缴收入”“经营收入”“其他收入”。

同普通事业单位会计比较，事业收入在高等学校细化为教育事业收入和科研事业收入。高等学校的事业收入，即高等学校开展教学、科研及其辅助活动取得的收入。

2.主要收入类科目的核算

（1）教育事业收入的核算

高等学校会计设置“教育事业收入”科目，核算高等学校开展教学及其辅助活动取得的收入，包括通过学历和非学历教育向学生个人或者单位收取的学费、住宿费、委托培养费、考试考务费、培训费和其他教育事业收入。本科目应当按照教育事业收入的类别、项目等进行明细核算。教育事业收入中如有专项资金收入，还应按具体项目进行明细核算。

采用财政专户返还方式管理的教育事业收入，在收到从财政专户返还的教育事业收入时，按照实际收到的返还金额确认收入。采用其他方式管理的教育事业收入，在收讫款项时，按照实际收到的金额确认收入。

【例8-12】某高等学校的学费收入全额上缴财政专户管理。收到代理银行转来的“财政授权支付到账通知书”，本月从财政专户返还的学费收入6 000 000元已经下达到学校的零余额账户。

借：零余额账户用款额度　　6 000 000

　贷：教育事业收入——学费收入　　6 000 000

（2）科研事业收入的核算

高等学校会计设置“科研事业收入”科目，核算高等学校开展科研及其辅助活动取得的收入，包括通过承接科研项目、开展科研协作、转化科技成果、进行科技咨询等取得的收入。高等学校因开展科研及其辅助活动从非同级财政部门取得的经费拨款，也通过本科目核算。本科目应当按照科研事业收入的类别、项目等进行明细核算。对于高等学校因开展科研及其辅助活动从非同级财政部门取得的经费拨款，应单设“非同级财政拨款”明细科目进行核算；科研事业收入中如有专项资金收入，还应按具体项目进行明细核算。

【例8-13】某省属高等学校收到中央财政拨来的重点实验室建设经费500 000元。同时，因向某企业转让一项自主开发的科研成果，取得转让费180 000元。款项均已存入学校的银行账户。

借：银行存款　　680 000

贷：科研事业收入——非同级财政拨款 500 000

——科技成果转让收入 180 000

（二）高等学校会计的支出

1.高等学校会计支出的内容

支出是指高等学校开展教学、科研及其他活动发生的资金耗费和损失。高等学校会计设置的支出类科目包括“教育事业支出”“科研事业支出”“行政管理支出”“后勤保障支出”“离退休支出”“上缴上级支出”“对附属单位补助支出”“经营支出”“其他支出”。

同普通事业单位会计比较，高等学校会计结合了其专业业务特点，分别教育事业、科研事业、行政管理和后勤保障等具体业务设置事业类支出科目。

2.主要支出类科目的核算

（1）教育事业支出的核算

高等学校会计设置“教育事业支出”科目，核算高等学校开展各类教学活动和教学辅助活动发生的基本支出和项目支出。其中，教学活动支出是指高等学校各学院、系等教学机构，以及校团委、学工部、学生会等各类学生思政教育部门为培养各类学生发生的支出；教学辅助活动支出是指高等学校信息网络中心、电教中心、测试中心、图书馆、博物馆和档案馆等教学辅助部门发生的支出。本科目应当按照“基本支出”和“项目支出”，以及“财政补助支出”“非财政专项资金支出”“其他资金支出”等层级进行明细核算。

【例8-14】某高等学校会计学院教师参加教学经验研讨会，报销差旅费3 800元。财务部门审核后，通过学校的零余额账户支付。

借：教育事业支出——财政补助支出——基本支出 3 800

贷：零余额账户用款额度 3 800

（2）科研事业支出的核算

高等学校会计设置“科研事业支出”科目，核算高等学校开展科研及其辅助活动发生的基本支出和项目支出，包括高等学校在学院、系外单独设立的研究所、研究中心等各类科研机构发生的支出，以及高等学校为完成各项科研任务发生的支出。本科目应当按照“基本支出”和“项目支出”，以及“财政补助支出”“非财政专项资金支出”“其他资金支出”等层级进行明细核算。

【例8-15】某高等学校所属研究中心为完成所承担的国家社会科学基金课题项目，发生图书资料费1 200元、数据采集费2 800元、调研差旅费6 500元、小型会议费1 500元，共计12 000元，通过学校的银行账户支付。

借：科研事业支出——非财政专项资金支出——项目支出 12 000

贷：银行存款 12 000

（3）行政管理支出的核算

高等学校会计设置“行政管理支出”科目，核算高等学校校级行政管理部门开展行政管理活动发生的基本支出和项目支出，以及高等学校统一负担的不属于后勤保障支出的工会经费、诉讼费、中介费、印花税、房产税、车船税等。本科目应当按照“基本支出”和“项目支出”，以及“财政补助支出”“非财政专项资金支出”“其他资金支出”等层级进行明细核算。

【例8-16】某高等学校校长办公室从仓库领用打印纸30包，其加权平均成本为840元。

借：行政管理支出——财政补助支出——基本支出　　840

　贷：存货——办公用品　　840

三、高等学校会计资产、负债与净资产的核算

（一）高等学校会计的资产

1.高等学校会计资产的内容

资产是指高等学校占有或者使用的能以货币计量的经济资源，包括各种财产、债权和其他权利。高等学校会计的资产包括流动资产和非流动资产。

（1）流动资产是指可以在1年以内变现或者耗用的资产。高等学校会计设置的流动资产类会计科目包括“库存现金”“银行存款”“零余额账户用款额度”“短期投资”“财政应返还额度”“应收票据”“应收账款”“预付账款”“其他应收款”“存货”。

（2）非流动资产是指流动资产以外的资产。高等学校会计设置的非流动资产类会计科目包括“长期投资”“固定资产”“累计折旧”“在建工程”“无形资产”“累计摊销”“待处置资产损溢”。

高等学校会计设置的资产类会计科目与普通事业单位会计的完全一致，其核算内容也基本相同。

2.主要资产类科目的核算

（1）存货的核算

高等学校会计设置“存货”科目，核算高等学校在开展业务活动及其他活动中为耗用而储存的各种材料、燃料、包装物、低值易耗品及达不到固定资产标准的用具、装具、动植物等的实际成本。本科目应当按照存货的种类、规格、保管地点等进行明细核算。

【例8-17】某高等学校购入教学器具（未达到固定资产价值标准）一批，价值共计26 500元，运输费、装卸费500元。款项通过学校的零余额账户支付，教学器具已经验收入库。

借：存货——教学器具　　27 000

　贷：零余额账户用款额度　　27 000

（2）固定资产的核算

高等学校会计设置“固定资产”科目，核算高等学校固定资产的原始价值。本科目按固定资产类别、使用部门和固定资产项目进行明细核算。固定资产是指高等学校持有的使用期限超过1年（不含1年）、单位价值在规定标准以上（普通固定资产的单位价值要求在1 000元以上，专业设备单位价值在1 500元以上），并在使用过程中基本保持原有物质形态的资产。高等学校的固定资产一般分为六类：房屋及构筑物；专用设备；通用设备；文物和陈列品；图书、档案；家具、用具、装具及动植物。

高等学校的固定资产，应当按取得时的实际成本作为入账成本。高等学校的固定资产采用“双分录”核算方法，同时确认取得的资产和其所对应的非流动资产基金。高等学校应当建立固定资产折旧制度，对固定资产进行后续计量。

【例8-18】某高等学校以政府集中采购的方式购入计算机30台，每台价值5 000元，款项共计150 000元，由同级财政部门直接支付，所用经费为财政拨款设备购置项目经费。根据设备购置计划，交付各教学学院15台，研究所、研究中心等科研部门5台，教务处、学生处等行政管理部门8台，校园管理处、总务处等后勤保障部门2台。

借：固定资产——计算机 150 000

　贷：非流动资产基金——固定资产 150 000

同时：

借：教育事业支出——财政补助支出——项目支出 75 000

　　科研事业支出——财政补助支出——项目支出 25 000

　　行政管理支出——财政补助支出——项目支出 40 000

　　后勤保障支出——财政补助支出——项目支出 10 000

　贷：财政补助收入 — 150 000

（二）高等学校会计的负债

1.高等学校会计负债的内容

负债是指高等学校所承担的能以货币计量，需要以资产或劳务偿还的债务。高等学校的负债包括流动负债和非流动负债。

（1）流动负债是指偿还期在1年以内（含1年）的负债。高等学校会计设置的流动负债类会计科目包括“短期借款”“应缴税费”“应缴国库款”“应缴财政专户款”“应付职工薪酬”“应付票据”“应付账款”“预收账款”“其他应付款”。

（2）非流动负债是指偿还期在1年以上（不含1年）的负债。高等学校会计设置的非流动负债类会计科目包括“长期借款”“长期应付款”“代管款项”。

高等学校会计设置的负债类会计科目与普通事业单位会计的基本相同，只是针对高等学校接受委托代为管理的各类款项，增设了“代管款项”科目。

2.主要负债类科目的核算

（1）应缴财政专户款的核算

高等学校会计设置“应缴财政专户款”科目，核算高等学校按规定应缴入财政专户的款项。本科目应当按照应缴财政专户的各款项类别进行明细核算。根据有关规定，高等学校通过学历教育向学生收取的学费属于财政专户的资金，应当按照国库集中收缴的有关规定及时足额上缴。

【例 8-19】某高等学校的学费收入全额上缴财政专户管理。收到本学年学生的学费45 000 000元，上缴财政专户。

收到学费时：

借：银行存款　　45 000 000

　贷：应缴财政专户款——学费　　45 000 000

上缴学费时：

借：应缴财政专户款——学费　　45 000 000

　贷：银行存款　　45 000 000

（2）代管款项的核算

高等学校会计设置“代管款项”科目，核算高等学校接受委托代为管理的各类款项，包括党费、团费、学会（协会）会费等。本科目应当按照代管款项的类别、项目等进行明细核算。

【例 8-20】某高等学校收到学校党委交来的本月党费170 000元，存入学校的银行账户。

借：银行存款　　170 000

　贷：代管款项——党费　　170 000

（三）高等学校会计的净资产

1.高等学校会计净资产的内容

净资产是指高等学校资产减去负债后的余额，体现高等学校所拥有的资产净值。高等学校的净资产包括基金和结转结余两项内容。

（1）基金是高等学校设立的具有特定来源和用途的财务资源。高等学校会计设置的基金类科目包括“事业基金”“非流动资产基金”“专用基金”。

（2）结转结余是高等学校年度收入与支出相抵后的余额。高等学校会计设置的结转结余类科目包括“财政补助结转”“财政补助结余”“非财政补助结转”“事业结余”“经营结余”“非财政补助结余分配”。

高等学校会计设置的净资产类会计科目与普通事业单位会计的完全相同，只是核算内容方面稍有差异。

2.主要净资产类科目的核算

（1）专用基金的核算

高等学校会计设置“专用基金”科目，核算高等学校按规定提取或者设置的具有专门用途的净资产，主要包括职工福利基金、学生奖助基金等。本科目应当按照专用基金的类别进行明细核算。其中，学生奖助基金是按照国家有关规定，按照教育事业收入的一定比例提取，在事业支出的相关科目中列支，用于学费减免、勤工助学、校内无息借款、校内奖助学金和特殊困难补助等的资金。

【例8-21】某高等学校根据本学年教育事业收入的规模，按规定比例提取学生奖助基金2 250 000元。

借：教育事业支出　　　　　　　　　　　　2 250 000

　贷：专用基金——学生奖助基金　　　　　　　　　　2 250 000

（2）结转结余的核算

高等学校会计设置结转结余类会计科目与普通事业单位会计的相同，其核算流程也基本一致。需要注意的是，高等学校会计根据其业务特点设置了多个事业类收支科目，在期末转账时，应当将所有的事业类收支科目本期发生额中的非财政、非专项资金的数额转至“事业结余”科目。

四、高等学校的财务报告

财务报告是反映高等学校一定时期财务状况和教育事业成果的总结性书面文件。高等学校应当定期向各有关主管部门和财政部门以及其他有关的报告使用者提供财务报告。高等学校财务报告的内容，与普通事业单位的基本一致。根据《政府会计准则——基本准则》的规定，高等学校会计应当按年度编制部门决算报告和部门财务报告。

第三节　科学事业单位会计制度

科学事业单位会计属于行业事业单位会计，是事业单位会计的重要组成部分。科学事业单位的科学技术研究活动有一定的特殊性，财政部会同科学技术部在《事业单位会计准则》的基础上，结合科学事业单位会计的特点，单独制定了《科学事业单位会计制度》。

一、科学事业单位会计制度概述

（一）科学事业单位会计制度的范围

科学事业单位是国家举办的公益性社会组织，专门从事科学技术研究、开发与应用，为社会提供高水平的科技产品与服务。科学事业单位包括自然科学研究事业单位、社会科学研究事业单位和综合性科学研究事业单位。科学事业单位经政府机构编制部门批准设立，其经费主要来源于国家财政拨款与科学事业收入。

科学事业单位会计是事业单位会计的组成部分。财政部依据《事业单位会计准则》的规定，结合《科学事业单位财务制度》的要求和科学事业单位业务的特点，于2013年12月颁布了修订后的《科学事业单位会计制度》，自2014年1月1日起在全国施行。

《科学事业单位会计制度》适用于各级各类科学事业单位，包括各级政府举办的研究院、研究所等。接受国家经常性资助的社会力量举办的从事科学研究及相关活动的公益服务性组织和社会团体，可以参照本制度执行。纳入企业财务管理体系的科学事业单位和科学事业单位附属独立核算的生产经营单位执行企业会计规范，不执行本制度。

（二）科学事业单位会计的目标

科学事业单位开展科学研究活动的经费，部分来源于国家财政拨款，纳入财政预算管理，应当符合预算管理的各项规定。科学事业单位在向社会提供科技产品与服务时会取得一定的科研收入，应当加强成本核算与成本管理，实施业绩考核与评价。因此，科学事业单位会计既要满足预算管理的需要，也要为单位的经济管理提供有用的会计信息。

科学事业单位会计的信息使用者包括财政部门、科技主管部门、单位管理当局、社会公众等。科学事业单位会计的总体目标是向会计信息使用者提供反映其受托责任履行情况的会计信息，为科学事业单位的经济管理服务。科学事业单位会计兼顾了财政预算管理与科学事业单位经济管理的要求，不但注重预算管理的需要，也要满足单位的财务管理的需要。

（三）科学事业单位会计的确认与计量方法

《科学事业单位会计制度》规定，科学事业单位会计核算一般采用收付实现制，但部分经济业务或者事项的核算应当按照本制度的规定采用权责发生制。这一规定与执行《事业单位会计制度》的普通事业单位基本相同，科学事业单位会计的科研收支、经营收入等业务或事项采用权责发生制确认。

科学事业单位会计以历史成本为主要计量属性，但为了真实地反映科学事业单位的资产负债信息，适当引入了其他计量属性。科学事业单位会计的各项资产，一般要求以实际成本入账，不要求进行后续计量。但科学事业单位应当对固定资产计提折旧，对无形资产进行摊销。

与执行《事业单位会计制度》的普通事业单位类似，科学事业单位会计对非流动资产项目采用了“双分录”的核算方法，兼顾了预算管理与财务管理的要求。

（四）科学事业单位会计要素与会计科目

根据《科学事业单位会计制度》，科学事业单位会计设置资产、负债、净资产、收入和支出五个会计要素，其内容与含义与普通事业单位会计的基本相同。

科学事业单位会计共设置会计科目55个。其中，资产类18个，负债类11个，净资产类9个，收入类7个，支出类10个。科学事业单位会计应当按照会计制度的规定设置和使用会计科目。在不影响账务处理和编报财务报表的前提下，可以根据实际情况自行增设本制度规定以外的明细科目、减少或合并本制度规定的明细科目。科学事业单位会计科目见表8-3。

二、科学事业单位会计收入与支出的核算

（一）科学事业单位会计的收入

1.科学事业单位会计收入的内容

收入是指科学事业单位为开展业务及其他活动依法取得的非偿还性资金。科

表8-3 **科学事业单位会计科目表**

序号	编号	科目名称	序号	编号	科目名称
		一、资产类			三、净资产类
1	1001	库存现金	30	3001	事业基金
2	1002	银行存款	31	3101	非流动资产基金
3	1011	零余额账户用款额度	32	3201	专用基金
4	1101	短期投资	33	3301	财政补助结转
5	1201	财政应返还额度	34	3302	财政补助结余
6	1211	应收票据	35	3401	非财政补助结转
7	1212	应收账款	36	3402	事业结余
8	1213	预付账款	37	3403	经营结余
9	1215	其他应收款	38	3404	非财政补助结余分配
10	1301	库存材料			四、收入类
11	1302	科技产品	39	4001	财政补助收入
12	1401	长期投资	40	4101	科研收入
13	1501	固定资产	41	4102	非科研收入
14	1502	累计折旧	42	4201	上级补助收入
15	1511	在建工程	43	4301	附属单位上缴收入
16	1601	无形资产	44	4401	经营收入
17	1602	累计摊销	45	4501	其他收入
18	1701	待处置资产损溢			五、支出类
		二、负债类	46	5001	科研支出
19	2001	短期借款	47	5002	非科研支出
20	2101	应缴税费	48	5003	支撑业务支出
21	2102	应缴国库款	49	5004	行政管理支出
22	2103	应缴财政专户款	50	5006	后勤保障支出
23	2201	应付职工薪酬	51	5007	离退休支出
24	2301	应付票据	52	5101	上缴上级支出
25	2302	应付账款	53	5201	对附属单位补助支出
26	2303	预收账款	54	5301	经营支出
27	2305	其他应付款	55	5401	其他支出
28	2401	长期借款			
29	2402	长期应付款			

学事业单位会计设置的收入类科目包括“财政补助收入”“科研收入”“非科研收入”“上级补助收入”“附属单位上缴收入”“经营收入”“其他收入”。

同普通事业单位会计比较，科学事业单位会计结合了其专业业务活动的特点，将事业收入细化为科研收入和非科研收入。

2.主要收入类科目的核算

(1) 科研收入的核算

科学事业单位会计设置“科研收入”科目，核算科学事业单位承担科研项目取得的收入，不包括按照部门预算隶属关系从同级财政部门取得的财政拨款。本科目应当按照科研收入的类别、项目等进行明细核算。对于因开展科研及其辅助活动从非同级财政部门取得的经费拨款，应单设“非同级财政拨款”明细科目进行核算；科研收入中如有专项资金收入，还应按具体项目进行明细核算。科研收入属于非财政补助项目收入，应当按照科研项目合同完成进度确认。

【例8-22】某科学事业单位与A企业签订科技服务合同，为其W产品开发提供支持。研发费用总计150 000元，在签订合同时支付。项目研究从4月1日至8月30日共5个月，分为两期：第一期为3个月，提供合同规定的部分研究成果；第二期为2个月，提供全部研究成果。

(1) 收到预付的研发费用时：

借：银行存款 150 000

贷：预付账款——A企业 150 000

(2) 完成第一期项目时：

借：预付账款——A企业 90 000

贷：科研收入——W产品开发项目 90 000

(3) 完成第二期项目时：

借：预付账款——A企业 60 000

贷：科研收入——W产品开发项目 60 000

(2) 非科研收入的核算

科学事业单位会计设置“非科研收入”科目，核算科学事业单位承担非科研项目活动取得的收入，包括技术收入、学术活动收入、科普活动收入、试制产品收入、教学活动收入等，不包括按照部门预算隶属关系从同级财政部门取得的财政拨款。本科目应当按照非科研收入的类别、项目等进行明细核算。非科研收入中如有专项资金收入，还应按具体项目进行明细核算。非科研收入在收到时，按照实际收到的金额确认。纳入财政专户管理的非科研收入，在收到从财政专户返还的款项时确认。

【例8-23】某科学事业单位向B企业提供技术咨询服务，取得服务费用50 000元。同时，举办学术交流活动，取得学术活动收入30 000元。款项均已存入单位的银行账户。

借：银行存款　　　　　　　　　　　　　　　　　　80 000

　贷：非科研收入——技术收入　　　　　　　　　　　　50 000

　　　　　　　　——学术活动收入　　　　　　　　　　30 000

（二）科学事业单位会计的支出

1.科学事业单位会计支出的内容

支出是指科学事业单位开展业务及其他活动发生的资金耗费和损失。科学事业单位会计设置的支出类科目包括“科研支出”“非科研支出”“支撑业务支出”“行政管理支出”“后勤保障支出”“离退休支出”“上缴上级支出”“对附属单位补助支出”“经营支出”“其他支出”。

同普通事业单位会计比较，科学事业单位会计结合其科学技术研究业务及辅助活动特点，设置了“科研支出”“非科研支出”“支撑业务支出”“行政管理支出”“后勤保障支出”“离退休支出”等事业类支出科目。

2.主要支出类科目的核算

（1）科研支出的核算

科学事业单位会计设置“科研支出”科目，核算科学事业单位承担科学项目研究活动发生的各项科研支出。本科目应当按照“基本支出”和“项目支出”，以及“财政补助支出”“非财政专项资金支出”“其他资金支出”等层级进行明细核算。

【例8-24】某科学事业单位计算本月W产品开发项目人员薪酬，基本工资、绩效工资、津贴补贴、社会保险费、住房公积金等共计32 000元。所用款项为非财政补助专项经费。

借：科研支出——非财政专项资金支出——项目支出　　　32 000

　贷：应付职工薪酬　　　　　　　　　　　　　　　　　32 000

《科学事业单位财务制度》规定，具备条件的科学事业单位应当按照财务主管部门和财政部门的要求或者根据业务发展需要，以科研项目为基本核算对象实施内部成本费用管理。

（2）非科研支出的核算

科学事业单位会计设置“非科研支出”科目，核算科学事业单位除科研支出以外的其他项目支出。按照非科研项目类别，非科研支出包括技术支出、学术活动支出、科普活动支出、试制产品支出和教学活动支出等。本科目应当按照“基本支出”和“项目支出”，以及“财政补助支出”“非财政专项资金支出”“其他资金支出”等层级进行明细核算。

【例8-25】某科学事业单位举办技术交流活动，发生费用支出共计18 000元，通过单位的零余额账户支出。所用款项为财政补助项目经费。

借：非科研支出——财政补助支出——项目支出　　　18 000

　贷：零余额账户用款额度　　　　　　　　　　　　　18 000

(3) 支撑业务支出的核算

科学事业单位会计设置“支撑业务支出”科目，核算科学事业单位为支撑科研活动发生的各项不能直接计入科研支出和非科研支出的其他辅助科研业务支出，包括技术平台运行、公用仪器运行维护等综合支出。本科目应当按照“基本支出”和“项目支出”，以及“财政补助支出”“非财政专项资金支出”“其他资金支出”等层级进行明细核算。期末，在结转收支科目之前，应当按照科学、合理的分摊标准，将本科目的余额分摊转入“科研支出”和“非科研支出”科目。

【例8-26】某科学事业单位基础实验室领用设备维护用品3 500元。库存材料辅助登记显示，该维护用品系使用财政补助资金（基本经费）购入。

借：支撑业务支出——财政补助支出——基本支出 3 500

贷：库存材料——维护用品 3 500

三、科学事业单位会计资产、负债与净资产的核算

（一）科学事业单位会计的资产

1.科学事业单位会计资产的内容

资产是指科学事业单位占有或者使用的能以货币计量的经济资源，包括各种财产、债权和其他权利。科学事业单位会计的资产包括流动资产和非流动资产。

(1) 流动资产是指可以在1年以内变现或者耗用的资产。科学事业单位会计设置的流动资产类会计科目包括“库存现金”“银行存款”“零余额账户用款额度”“短期投资”“财政应返还额度”“应收票据”“应收账款”“预付账款”“其他应收款”“库存材料”“科技产品”。

(2) 非流动资产是指流动资产以外的资产。科学事业单位会计设置的非流动资产类会计科目包括“长期投资”“固定资产”“累计折旧”“在建工程”“无形资产”“累计摊销”“待处置资产损溢”。

科学事业单位会计设置的资产类会计科目与普通事业单位会计的基本一致，只是结合科学研究单位的特点，设置了“库存材料”和“科技产品”两个存货类科目。

2.主要资产类科目的核算

(1) 科技产品的核算

科学事业单位会计设置“科技产品”科目，核算科学事业单位利用非财政性资金试制、生产的科技产品的实际成本。本科目应当按照科技产品的种类、规格、保管地点等进行明细核算。科学事业单位应当通过明细核算或辅助登记方式，登记取得科技产品成本的资金来源（区分非财政性专项资金和其他资金）。

科技产品应当实行成本核算制度，设置“生产成本”和“产成品”两个明细科目。其中，“生产成本”明细科目归集核算试制、生产科技产品所发生的实际成本（包括耗用的直接材料费用、发生的直接人工费用和分配的间接费用）；“产成品”明细科目核算已验收入库的科技产品的实际成本。

【例8-27】某科学事业单位生产完成的C科技产品验收入库，其生产成本为6 900元。

借：生产成本——产成品——C科技产品 6 900

贷：生产成本——生产成本 6 900

（2）无形资产的核算

科学事业单位会计设置“无形资产”科目，核算科学事业单位无形资产的原价。无形资产是指科学事业单位持有的、没有实物形态的可辨认非货币性资产，包括专利权、商标权、著作权、土地使用权、非专利技术等。本科目应当按照无形资产的类别、项目等进行明细核算。科学事业单位应当对无形资产在其使用期限内采用平均年限法进行摊销。

【例8-28】某科学事业单位为M项目的研发购入一项专有技术，购买价款及相关税费共计67 000元，款项通过单位的零余额账户支付，所用款项为财政拨款项目经费。

借：无形资产——专有技术 67 000

贷：非流动资产基金——无形资产 67 000

同时：

借：科研支出——财政补助支出——项目支出 67 000

贷：零余额账户用款额度 67 000

（二）科学事业单位会计的负债

负债是指科学事业单位所承担的能以货币计量，需要以资产或者劳务偿还的债务。科学事业单位的负债包括流动负债和非流动负债。

（1）流动负债是指偿还期在1年以内（含1年）的负债。科学事业单位会计设置的流动负债类会计科目包括“短期借款”“应缴税费”“应缴国库款”“应缴财政专户款”“应付职工薪酬”“应付票据”“应付账款”“预收账款”“其他应付款”。

（2）非流动负债是指偿还期在1年以上（不含1年）的负债。科学事业单位会计设置的非流动负债类会计科目包括“长期借款”和“长期应付款”。

科学事业单位会计设置的负债类会计科目与普通事业单位会计的完全相同。

（三）科学事业单位会计的净资产

1.科学事业单位会计净资产的内容

净资产是指科学事业单位资产减去负债后的余额，体现科学事业单位所拥有的资产净值。科学事业单位的净资产包括基金和结转结余两项内容。

（1）基金是科学事业单位设立的具有特定来源和用途的财务资源。科学事业单位会计设置的基金类科目包括“事业基金”“非流动资产基金”“专用基金”。

（2）结转结余是科学事业单位年度收入与支出相抵后的余额。科学事业单位会计设置的结转结余类科目包括“财政补助结转”“财政补助结余”“非财政补助结转”“事业结余”“经营结余”“非财政补助结余分配”。

科学事业单位会计设置的净资产类会计科目与普通事业单位会计、高等学校会计的完全相同，只是核算内容方面稍有差异。

2. 主要净资产类科目的核算

（1）专用基金的核算

科学事业单位会计设置“专用基金”科目，核算科学事业单位按规定提取或者设置的具有专门用途的净资产，主要包括科技成果转化基金、职工福利基金、其他专用基金等。本科目应当按照专用基金的类别进行明细核算。科技成果转化基金是从事业收入中提取，在事业支出的相关科目中列支，以及在经营收支结余中提取转入，用于科技成果转化的资金。

【例 8-29】年末，某科学事业单位按照有关规定从经营收支结余中提取科技成果转化基金 52 000 元。

借：非财政补助结余分配　　52 000

　贷：专用基金——科技成果转化基金　　52 000

（2）结转结余的核算

科学事业单位会计与普通事业单位会计设置的结转结余类会计科目相同，其核算流程也基本一致，只是科学事业单位会计设置的事业类收支科目较多，需要分别进行结转。

四、科学事业单位的财务报告

财务报告是科学事业单位一定时期财务状况和科学事业成果的总结性书面文件。科学事业单位应当按照规定，定期向财务主管部门和财政部门以及其他有关的报告使用者提供财务报告。科学事业单位财务报告的内容，与普通事业单位的基本一致。根据《政府会计准则——基本准则》的规定，科学事业单位会计应当按年度编制部门决算报告和部门财务报告。

第四节　中小学校会计制度

中小学校会计属于行业事业单位会计，是事业单位会计的重要组成部分。中小学校的开展的教育教学活动活动有一定的特殊性，财政部会同教育部在《事业单位会计准则》的基础上，结合中小学校会计的特点，单独制定了《中小学校会计制度》。

一、中小学校会计制度概述

（一）中小学校会计制度的范围

中小学校是从事基础教育活动的社会服务组织，包括实施最初教育的普通小学、实施中等普通教育的初级中学和高级中学、实施中等专业教育的中等职业学校，以及实施特定教育的特殊教育学校、工读学校等。国家对中小学校实行核定收支、定额或者定项补助、超支不补、结转和结余按照规定使用的预算管理办法。根据教育法的规定，国家建立以财政拨款为主、其他多种渠道筹措教育经费为辅的体制，逐步增加对教育的投入，保证国家举办的学校教育经费的稳定来源。企业事业组织、社会团体及其他社会组织和个人依法举办的学校及其他教育机构，办学经费由举办者负责筹措，各级人民政府可以给予适当支持。

财政部依据《事业单位会计准则》的规定，结合《中小学校财务制度》的要求和中小学校业务的特点，于2013年12月颁布了新修订的《中小学校会计制度》，自2014年1月1日起在全国施行。

《中小学校会计制度》适用于各级人民政府和接受国家经常性资助的社会力量举办的普通中小学校、中等职业学校、特殊教育学校、工读教育学校、成人中学和成人初等学校（以下统称中小学校）。其他社会力量举办的上述学校可以参照执行。各级人民政府和接受国家经常性资助的社会力量举办的幼儿园依照执行。中小学校食堂实行单独核算，适用中小学校会计制度的有关规定。

（二）中小学校的会计目标

中小学校是向社会提供基础教育服务的公益性社会组织，其财务资源主要来源于各级政府的财政拨款和经常性资助，各项资金的取得和运用应当符合财政预算管理的要求。非义务教育阶段的中小学校依据国家有关规定向学生收取的学费，是中小学校一项重要的资金来源。中小学校应当加强学校的经济管理，科学配置学校经济资源，实行教育成本核算，实施教育绩效考核与评价，接受社会公众的监督，提高教育资金使用效益。因此，中小学校会计应当按照国家有关法规、制度的要求组织会计核算，全面反映预算资金和业务资金的运用情况，为财政的预算管理和学校的经济管理提供有用的会计信息。

中小学校会计的信息使用者包括财政部门、教育行政部门、中小学校管理当局、社会公众等。中小学校会计的总体目标是向会计信息使用者提供反映其受托责任履行情况、有助于进行经济决策的会计信息。中小学校会计不但要反映预算收支情况及结果，还要反映财务状况，兼顾预算管理与财务管理的要求。

（三）中小学校会计的确认与计量方法

《中小学校会计制度》规定，中小学校会计核算一般采用收付实现制，但部分经济业务或者事项的核算应当按照本制度的规定采用权责发生制。与执行《事业单位会计制度》的普通事业单位类似，如果没有会计制度的明确规定，中小学校会计对于发生的经济业务或者事项应当采用收付实现制基础确认。会计制度有明确规定的经济业务或者事项，如中小学校的经营收入、经营支出等，方可采用权责发制确认。

中小学校会计以历史成本为主要计量属性。各项资产按照取得时支付货币的金额，或者付出的非货币性资产的评估价值、公允价值计量；各项负债按照承担时实际收到款项或者资产的金额，或者承担现时义务的合同的金额计量。与执行《事业单位会计制度》的普通事业单位不同，中小学校不对固定资产计提折旧，不对无形资产进行摊销。

与执行《事业单位会计制度》的普通事业单位类似，中小学校会计对非流动资产项目采用了“双分录”的核算方法，兼顾了预算管理与财务管理的要求。

中小学校以校为单位进行会计核算，可以实行集中核算制度。集中核算制度是指采取“集中记账，分校核算”的方式，在不改变学校财务管理权的条件下，在一定区域内由县级财政和教育部门确定的会计核算机构统一办理区域内中小学校的会计核算。学校设置报账员，在校长领导下，管理学校的财务活动，统一在会计核算机构报账。中小学校食堂应当坚持公益性和非营利性原则，在学校财务部门统一管理下，实行单独核算，定期公开账务。

（四）中小学校的会计要素与会计科目

根据《中小学校会计制度》，中小学校会计设置资产、负债、净资产、收入和支出五个会计要素，其内容和含义与普通事业单位会计的基本相同。

中小学校会计共设置会计科目44个。其中，资产类13个，负债类10个，净资产类9个，收入类7个，支出类5个。中小学校应当按照会计制度的规定设置和使用会计科目。在不影响账务处理和编报财务报表的前提下，可以根据实际情况自行增设、减少或合并某些明细科目。中小学校会计科目见表8-4。

根据《中小学校财务制度》的规定，义务教育阶段学校不得从事经营活动，不得对外投资、举借债务、提取修购基金。中小学校会计科目的设置区分义务教育与非义务教育，明确规定了义务教育阶段学校不得使用的科目。会计科目表中带有“△”上标的会计科目为中小学校非义务教育阶段使用的会计科目，义务教育阶段不得使用。兼有义务教育阶段和非义务教育阶段的中小学校可以设置标有“△”的会计科目，但仅适用于本校非义务教育阶段的有关业务。

二、中小学校会计收入与支出的核算

（一）中小学校会计的收入

1.中小学校会计收入的内容

收入是指中小学校为开展教育教学及其他活动依法取得的非偿还性资金。中小学校会计设置的收入类科目包括“公共财政预算拨款”“政府性基金预算拨款”“事业收入”“上级补助收入”“附属单位上缴收入”“经营收入”“其他收入”。其中，“经营收入”是非义务教育阶段学校使用的科目。

同普通事业单位会计比较，财政补助收入在中小学校细化为公共财政预算拨款和政府性基金预算拨款。中小学校的事业收入有其特点，是中小学校开展教育教学及其辅助活动依法取得的收入。

表8-4 **中小学校会计科目表**

序号	编号	科目名称	序号	编号	科目名称
		一、资产类			三、净资产类
1	1001	库存现金	24	3001	事业基金
2	1002	银行存款	25	3101	非流动资产基金
3	1011	零余额账户用款额度	26	3201	专用基金
4	1101	短期投资△	27	3301	财政补助结转
5	1201	财政应返还额度	28	3302	财政补助结余
6	1212	应收账款	29	3401	非财政补助结转
7	1215	其他应收款	30	3402	事业结余
8	1301	存 货	31	3403	经营结余△
9	1401	长期投资△	32	3404	非财政补助结余分配
10	1501	固定资产			四、收入类
11	1511	在建工程	33	4001	公共财政预算拨款
12	1601	无形资产	34	4002	政府性基金预算拨款
13	1701	待处置资产损溢	35	4101	事业收入
		二、负债类	36	4201	上级补助收入
14	2001	短期借款△	37	4301	附属单位上缴收入
15	2101	应缴税费	38	4401	经营收入△
16	2102	应缴国库款	39	4501	其他收入
17	2103	应缴财政专户款			五、支出类
18	2201	应付职工薪酬	40	5001	事业支出
19	2302	应付账款	41	5101	上缴上级支出
20	2305	其他应付款	42	5201	对附属单位补助支出△
21	2401	长期借款△	43	5301	经营支出△
22	2402	长期应付款	44	5401	其他支出
23	2501	代管款项			

2.主要收入类科目的核算

（1）公共财政预算拨款的核算

中小学校会计设置“公共财政预算拨款”科目，核算中小学校从同级财政部门取得的、用公共财政预算安排的各类财政拨款，包括教育事业费拨款、教育费附加拨款、其他经费拨款等。本科目应当设置“基本支出”和“项目支出”两个明细科目，再按照《政府收支分类科目》中“支出功能分类”的相关科目进行明细核算。同时，在“基本支出”明细科目下按照“人员经费”和“日常公用经费”进行明细核算，在“项目支出”明细科目下按照具体项目进行明细核算。

按照修订后的预算法，中小学校取得的公共财政预算拨款为同级财政的一般公共预算资金。各级人民政府应将中小学校的教育经费纳入财政预算，按照教职工编制标准、工资标准和学校建设标准、学生人均公用经费标准等，及时足额拨付教育经费。学校的学生人均公用经费基本标准由国务院财政部门会同教育行政部门制定，并根据经济和社会发展状况适时调整。省、自治区、直辖市人民政府可以根据本行政区域的实际情况，制定不低于国家标准的学校学生人均公用经费标准。

中小学校公共财政预算拨款的账务处理方法，与普通事业单位会计的财政补助收入基本相同，包括财政直接支付方式、财政授权支付方式和其他方式三种。

【例8-30】某学校收到国库支付执行机构委托代理银行转来的“财政直接支付入账通知书”及原始凭证，中小学校的一笔教师培训费用35 000元已经完成支付。此款项为同级财政按照学生人均公用经费标准拨付的教育事业费拨款，资金性质为一般公共预算资金。

借：事业支出——基本支出　　35 000

　贷：公共财政预算拨款——基本支出——日常公用经费　　35 000

（2）政府性基金预算拨款的核算

中小学校会计设置“政府性基金预算拨款”科目，核算中小学校从同级财政部门取得的、用政府性基金预算安排的各类财政拨款，包括地方教育附加拨款、国有土地出让收入拨款、国有资源使用收入拨款、彩票公益金拨款等。本科目明细科目的设置要求与“公共财政预算拨款”科目的一致，其账务处理方法也基本相同。

【例8-31】某学校收到代理银行转来的“授权支付到账通知书”，本月财政授权支付额度18 000元已经下达到单位的零余额账户。此款项为同级财政的地方教育附加拨款，专门用于学校操场的维护。

借：零余额账户用款额度　　18 000

　贷：政府性基金预算拨款——项目支出——操场维护　　18 000

(3) 事业收入的核算

中小学校会计设置“事业收入”科目，核算中小学校开展教育教学及其辅助活动依法取得的收入，主要包括行政事业性收费（如纳入行政事业性收费的学费、住宿费、考试报名费、考试考务费等）、科研收入以及与教育教学活动直接相关的对外服务性收费（如未纳入行政事业性收费的非学历培训费等）等。本科目应当按照事业收入的类别、项目等进行明细核算。事业收入中如有专项资金收入，还应当按照具体项目进行明细核算。

中小学校事业收入的账务处理方法，与普通事业单位会计的基本相同，包括采用财政专户返还方式管理和未采用财政专户返还方式管理两种方式。

【例8-32】某学校举办非学历教育培训，其收费未纳入财政专户管理。培训收费总计为32 000元，现收到其中的30 000元，款项已经存入银行。

借：银行存款　　30 000

　贷：事业收入——非学历教育培训收入　　30 000

【例8-33】某学校收到财政专户返还的教育收费收入186 000元，款项已经转入学校的银行账户。此款项为纳入财政专户管理的学生学费和住宿费。

借：银行存款　　186 000

　贷：事业收入——财政专户返还收入（学费和住宿费）　　186 000

（二）中小学校会计的支出

1.中小学校会计支出的内容

支出是指中小学校为开展教育教学及其他活动发生的各项资金耗费和损失。中小学校会计设置的支出类科目包括“事业支出”“上缴上级支出”“对附属单位补助支出”“经营支出”“其他支出”。其中，“对附属单位补助支出”“经营支出”是非义务教育阶段学校使用的科目。

中小学校会计设置的支出类科目与普通事业单位的完全相同，但中小学校会计的事业支出、经营支出的核算有其特点。

2.主要支出类科目的核算

(1) 事业支出的核算

中小学校会计设置“事业支出”科目，核算中小学校开展教育教学及其辅助活动发生的基本支出和项目支出。本科目应当按照“财政补助支出”“非财政专项资金支出”“其他资金支出”，以及“基本支出”和“项目支出”进行明细核算，并按照《政府收支分类科目》中“支出功能分类”相关科目进行明细核算；“基本支出”和“项目支出”明细科目下应当按照《政府收支分类科目》中“支出经济分类”的款级科目进行明细核算；同时在“项目支出”明细科目下按照具体项目进行明细核算。

中小学校事业支出的账务处理方法，与普通事业单位会计的处理方法基本相同，内容包括为从事教育教学及其辅助活动人员计提的薪酬、开展教育教学及其辅助活动领用的存货、开展教育教学及其辅助活动发生的其他各项支出等事项。

【例8-34】某学校组织教师外出调研，发生差旅费用3 200元，款项通过单位的零余额账户支付。

借：事业支出——财政补助支出——基本支出　3 200

　贷：零余额账户用款额度　3 200

【例8-35】某学校使用自行筹集的捐赠款，组织学生赴北京参加知识竞赛，发生费用17 600元，款项通过单位的银行存款账户支付。

借：事业支出——非财政专项资金支出——项目支出（知识竞赛）

17 600

　贷：银行存款　17 600

（2）经营支出的核算

中小学校会计设置“经营支出”科目，核算非义务教育阶段中小学校在教育教学及其辅助活动之外开展非独立核算经营活动发生的支出。本科目应当按照经营活动类别、项目等进行明细核算。

义务教育阶段学校不得开展经营活动。非义务教育阶段学校开展经营活动，应当以不影响正常教育教学活动为前提。在开展非独立核算经营活动中，应当加强经济核算，正确归集实际发生的各项费用。不能直接归集的，应当按照规定的比例合理分摊。经营支出按权责发生制确认，按支出发生的所属会计期间确认支出，与经营收入配比。

【例8-36】某学校对外提供资料复印服务，此项活动与教育教学非直接相关，属于没有实行独立核算的经营活动。复印服务业务发生设备维修费用360元，款项尚未支付。

借：经营支出——复印服务　360

　贷：应付账款　360

三、中小学校会计资产、负债与净资产的核算

（一）中小学校会计的资产

1.中小学校会计资产的内容

资产是指中小学校占有或者使用的能以货币计量的经济资源，包括各种财产、债权和其他权利。中小学校会计的资产包括流动资产和非流动资产。

（1）流动资产是指可以在1年以内变现或者耗用的资产。中小学校会计设置的流动资产类会计科目包括“库存现金”“银行存款”“零余额账户用款额度”“短期投资”“财政应返还额度”“应收账款”“其他应收款”“存货”。其中，“短期投资”是非义务教育阶段学校使用的科目。

（2）非流动资产是指流动资产以外的资产。中小学校会计设置的非流动资产类会计科目包括“长期投资”“固定资产”“在建工程”“无形资产”“待处置资产损溢”。其中，“长期投资”是非义务教育阶段学校使用的科目。

中小学校会计设置的资产类会计科目与普通事业单位会计的基本一致，其核算内容也基本相同。由于结算类业务较少，中小学校会计没有设置“应收票据”和“预付账款”科目。由于没有建立固定资产计提折旧制度和无形资产摊销制度，中小学校会计没有设置“累计折旧”和“累计摊销”科目。

2.主要资产类科目的核算

（1）存货的核算

中小学校会计设置“存货”科目，核算中小学校存货的实际成本。存货是指中小学校在开展教育教学及其他活动中为耗用而储存的资产，包括各类材料、燃料、消耗物资和低值易耗品等。本科目应当按照存货的种类等进行明细核算。存货在取得时，应当按照其实际成本入账。存货在发出时，应当根据实际情况采用先进先出法、加权平均法或者个别计价法确定发出存货的实际成本。

【例8-37】某学校购入教学用具一批，购买价款960元。款项通过学校的零余额账户支付，教学用具已经验收入库。

借：存货——教学用具 960

贷：零余额账户用款额度 960

（2）固定资产的核算

中小学校会计设置“固定资产”科目，核算中小学校固定资产的原价。固定资产是指中小学校持有的使用期限超过1年（不含1年）、单位价值在规定标准以上，并在使用过程中基本保持原有物质形态的资产。中小学校固定资产的价值标准，与普通事业单位的一致。中小学校应当设置“固定资产登记簿”和“固定资产卡片”，按照固定资产类别、项目和使用部门等进行明细核算。

中小学校的固定资产采用“双分录”核算方法，同时确认取得的资产和其所对应的非流动资产基金。中小学校没有建立固定资产折旧制度，不要求对固定资产进行后续计量。有条件的中小学校应当设置固定资产折旧辅助账，登记固定资产原价、当期应计提折旧及累计折旧等情况。

【例8-38】某学校收到国库支付执行机构委托代理银行转来的“财政直接支付入账通知书”及原始凭证，以政府集中采购的方式购入的教学设备已经完成支付，款项共计98 000元，资金性质为一般公共预算资金（项目支出）。该教学设备需要安装调试，安装调式费用为7 000元。

（1）购入需要安装的设备时：

借：在建工程——教学设备安装工程 98 000

贷：非流动资产基金——在建工程 98 000

同时：

借：事业支出——财政补助支出——项目支出 98 000

贷：公共财政预算拨款——项目支出 98 000

(2) 通过零余额账户支付安装调试费时:

借: 在建工程——教学设备安装工程 7 000

  贷: 非流动资产基金——在建工程 7 000

同时:

借: 事业支出——财政补助支出——项目支出 7 000

  贷: 零余额账户用款额度 7 000

(3) 设备安装完工交付使用时:

借: 固定资产——教学设备 105 000

  贷: 非流动资产基金——固定资产 105 000

同时:

借: 非流动资产基金——在建工程 105 000

  贷: 在建工程——教学设备安装工程 105 000

(二) 中小学校会计的负债

1.中小学校会计负债的内容

负债是指中小学校所承担的能以货币计量，需要以资产或者劳务偿还的债务。中小学校的负债包括流动负债和非流动负债。

(1) 流动负债是指偿还期在1年以内（含1年）的负债。中小学校会计设置的流动负债类会计科目包括“短期借款”“应缴税费”“应缴国库款”“应缴财政专户款”“应付职工薪酬”“应付账款”“其他应付款”。其中，“短期借款”是非义务教育阶段学校使用的科目。

(2) 非流动负债是指偿还期在1年以上（不含1年）的负债。中小学校会计设置的非流动负债类会计科目包括“长期借款”“长期应付款”“代管款项”。其中，“长期借款”是非义务教育阶段学校使用的科目。

中小学校会计设置的负债类会计科目与普通事业单位会计的基本相同，只是核算内容稍有差异。中小学校会计没有设置“应付票据”和“预收账款”科目，但增设了“代管款项”科目。

2.主要负债类科目的核算

(1) 应缴财政专户款的核算

中小学校会计设置“应缴财政专户款”科目，核算中小学校按规定应缴入财政专户的款项。本科目应当按照应缴财政专户的各款项类别进行明细核算。中小学校的教育收费属于行政事业性收费，纳入财政专户管理，按照“收支两条线”的方式管理，应当通过“应缴财政专户款”科目核算。

【例8-39】某学校属于非义务教育阶段的学校，按照规定的学费标准向学生收取本年度学费共计175 000元，款项已经存入学校的银行账户。学校的学费纳入财政专户管理，应当全额上缴财政专户。

借: 银行存款 175 000

贷：应缴财政专户款——学费 175 000

（2）代管款项的核算

中小学校会计设置“代管款项”科目，核算中小学校接受委托代为管理的各类款项，包括为提供服务的单位代收交付的教科书费、作业本费、食堂伙食费等代收费，以及党费、团费等代管经费。本科目应当按照代收、代管款项类别进行明细核算。

【例8-40】某学校为学生征订下学期教科书，向学生收取费用合计48 000元。同时，为学校独立核算的食堂代收本月伙食费合计4 500元。款项共计52 500元已经存入学校的银行账户。

借：银行存款 52 500

贷：代管款项——教科书费 48 000

——伙食费 4 500

（三）中小学校会计的净资产

1.中小学校会计净资产的内容

净资产是指中小学校资产减去负债后的余额，体现中小学校所拥有的资产净值。中小学校的净资产包括基金和结转结余两项内容。

（1）基金是中小学校提取或设置的具有特定来源和用途的财务资源。中小学校会计设置的基金类科目包括“事业基金”“非流动资产基金”“专用基金”。

（2）结转结余是中小学校年度收入与支出相抵后的余额。中小学校会计设置的结转结余类科目包括“财政补助结转”“财政补助结余”“非财政补助结转”“事业结余”“经营结余”“非财政补助结余分配”。其中，“经营结余”是非义务教育阶段学校使用的科目。

中小学校会计设置的净资产类会计科目与普通事业单位会计的完全相同，只是核算内容方面稍有差异。

2.主要净资产类科目的核算

（1）专用基金的核算

中小学校会计设置“专用基金”科目，核算中小学校按规定提取或者设置的具有专门用途的净资产，包括修购基金、职工福利基金、奖助学基金和其他专用基金。其中，义务教育阶段中小学校不提取修购基金。非义务教育阶段中小学校按照事业收入和经营收入的一定比例提取修购基金，用于本校固定资产维修和购置。

【例8-41】某学校为非义务教育阶段，已经按照有关规定提取了修购基金。为保障学校操场的正常使用，利用暑假对塑胶跑道进行了修缮，动用修购基金4 200元，款项通过学校的银行账户支付。

借：专用基金——修购基金 4 200

贷：银行存款 4 200

（2）结转结余的核算

中小学校会计设置结转结余类会计科目与普通事业单位会计的相同，其核算流程也基本一致。需要注意的是，中小学校会计的非财政补助结转的年末处理有特殊事项：一是中小学校食堂实行单独核算，年末应当将食堂收支净额转至“非财政补助结转——食堂资金结转”科目；二是非财政补助结转中如有尚未使用的、专门用于奖助学的社会捐赠余额，年末应将其转至“专用基金——奖助学基金”科目。

【例8-42】某学校食堂自主经营，并实行独立核算。年末，抵销学校与食堂的内部往来并进行并账处理后，“其他收入——食堂净收入”科目的贷方余额为6 500元，将其转入非财政补助结转。

借：其他收入——食堂净收入　　6 500

　贷：非财政补助结转——食堂资金结转　　6 500

【例8-43】某学校进行非财政补助收支的结转处理后，年末“非财政补助结转——知识竞赛”科目的贷方余额为42 000元，为尚未使用的专门用于资助学生参加知识竞赛的社会捐赠款的余额，将其转入奖助学基金。

借：非财政补助结转——知识竞赛　　42 000

　贷：专用基金——奖助学基金　　42 000

四、中小学校的财务报告

财务报告是反映中小学校一定时期财务状况和事业发展成果的总结性书面文件。中小学校应当定期向主管部门和财政部门以及其他有关的报告使用者提供财务报告。中小学校财务报告的内容，与普通事业单位的基本一致。根据《政府会计准则——基本准则》的规定，中小学校会计应当按年度编制部门决算报告和部门财务报告。

附录一

政府会计准则——基本准则

中华人民共和国财政部令第78号

——政府会计准则——基本准则

《政府会计准则——基本准则》已经财政部部务会议审议通过，现予公布，自2017年1月1日起施行。

部长：楼继伟

2015年10月23日

政府会计准则——基本准则

第一章　总则

第一条　为了规范政府的会计核算，保证会计信息质量，根据《中华人民共和国会计法》《中华人民共和国预算法》和其他有关法律、行政法规，制定本准则。

第二条　本准则适用于各级政府、各部门、各单位（以下统称政府会计主体）。

前款所称各部门、各单位是指与本级政府财政部门直接或者间接发生预算拨款关系的国家机关、军队、政党组织、社会团体、事业单位和其他单位。

军队、已纳入企业财务管理体系的单位和执行《民间非营利组织会计制度》的社会团体，不适用本准则。

第三条　政府会计由预算会计和财务会计构成。

预算会计实行收付实现制，国务院另有规定的，依照其规定。

财务会计实行权责发生制。

第四条　政府会计具体准则及其应用指南、政府会计制度等，应当由财政部遵循本准则制定。

第五条　政府会计主体应当编制决算报告和财务报告。

决算报告的目标是向决算报告使用者提供与政府预算执行情况有关的信息，综合反映政府会计主体预算收支的年度执行结果，有助于决算报告使用者进行监督和管理，并为编制后续年度预算提供参考和依据。政府决算报告使用者包括各级人民代表大会及其常务委员会、各级政府及其有关部门、政府会计主体自身、社会公众和其他利益相关者。

财务报告的目标是向财务报告使用者提供与政府的财务状况、运行情况（含运行成本，下同）和现金流量等有关信息，反映政府会计主体公共受托责任履行情况，有助于财务报告使用者作出决策或者进行监督和管理。政府财务报告使用者包括各级人民代表大会常务委员会、债权人、各级政府及其有关部门、政府会计主体自身和其他利益相关者。

第六条　政府会计主体应当对其自身发生的经济业务或者事项进行会计核算。

第七条　政府会计核算应当以政府会计主体持续运行为前提。

第八条　政府会计核算应当划分会计期间，分期结算账目，按规定编制决算报告和财务报告。

会计期间至少分为年度和月度。会计年度、月度等会计期间的起讫日期采用公历日期。

第九条　政府会计核算应当以人民币作为记账本位币。发生外币业务时，应当将有关外币金额折算为人民币金额计量，同时登记外币金额。

第十条　政府会计核算应当采用借贷记账法记账。

第二章　政府会计信息质量要求

第十一条　政府会计主体应当以实际发生的经济业务或者事项为依据进行会

计核算，如实反映各项会计要素的情况和结果，保证会计信息真实可靠。

第十二条　政府会计主体应当将发生的各项经济业务或者事项统一纳入会计核算，确保会计信息能够全面反映政府会计主体预算执行情况和财务状况、运行情况、现金流量等。

第十三条　政府会计主体提供的会计信息，应当与反映政府会计主体公共受托责任履行情况以及报告使用者决策或者监督、管理的需要相关，有助于报告使用者对政府会计主体过去、现在或者未来的情况作出评价或者预测。

第十四条　政府会计主体对已经发生的经济业务或者事项，应当及时进行会计核算，不得提前或者延后。

第十五条　政府会计主体提供的会计信息应当具有可比性。

同一政府会计主体不同时期发生的相同或者相似的经济业务或者事项，应当采用一致的会计政策，不得随意变更。确需变更的，应当将变更的内容、理由及其影响在附注中予以说明。

不同政府会计主体发生的相同或者相似的经济业务或者事项，应当采用一致的会计政策，确保政府会计信息口径一致，相互可比。

第十六条　政府会计主体提供的会计信息应当清晰明了，便于报告使用者理解和使用。

第十七条　政府会计主体应当按照经济业务或者事项的经济实质进行会计核算，不限于以经济业务或者事项的法律形式为依据。

第三章　政府预算会计要素

第十八条　政府预算会计要素包括预算收入、预算支出与预算结余。

第十九条　预算收入是指政府会计主体在预算年度内依法取得的并纳入预算管理的现金流入。

第二十条　预算收入一般在实际收到时予以确认，以实际收到的金额计量。

第二十一条　预算支出是指政府会计主体在预算年度内依法发生并纳入预算管理的现金流出。

第二十二条　预算支出一般在实际支付时予以确认，以实际支付的金额计量。

第二十三条　预算结余是指政府会计主体预算年度内预算收入扣除预算支出后的资金余额，以及历年滚存的资金余额。

第二十四条　预算结余包括结余资金和结转资金。

结余资金是指年度预算执行终了，预算收入实际完成数扣除预算支出和结转资金后剩余的资金。

结转资金是指预算安排项目的支出年终尚未执行完毕或者因故未执行，且下年需要按原用途继续使用的资金。

第二十五条　符合预算收入、预算支出和预算结余定义及其确认条件的项目应当列入政府决算报表。

第四章　政府财务会计要素

第二十六条　政府财务会计要素包括资产、负债、净资产、收入和费用。

第一节　资产

第二十七条　资产是指政府会计主体过去的经济业务或者事项形成的，由政府会计主体控制的，预期能够产生服务潜力或者带来经济利益流入的经济资源。

服务潜力是指政府会计主体利用资产提供公共产品和服务以履行政府职能的潜在能力。

经济利益流入表现为现金及现金等价物的流入，或者现金及现金等价物流出的减少。

第二十八条　政府会计主体的资产按照流动性，分为流动资产和非流动资产。

流动资产是指预计在1年内（含1年）耗用或者可以变现的资产，包括货币资金、短期投资、应收及预付款项、存货等。

非流动资产是指流动资产以外的资产，包括固定资产、在建工程、无形资产、长期投资、公共基础设施、政府储备资产、文物文化资产、保障性住房和自然资源资产等。

第二十九条　符合本准则第二十七条规定的资产定义的经济资源，在同时满足以下条件时，确认为资产：

（一）与该经济资源相关的服务潜力很可能实现或者经济利益很可能流入政府会计主体；

（二）该经济资源的成本或者价值能够可靠地计量。

第三十条　资产的计量属性主要包括历史成本、重置成本、现值、公允价值和名义金额。

在历史成本计量下，资产按照取得时支付的现金金额或者支付对价的公允价值计量。

在重置成本计量下，资产按照现在购买相同或者相似资产所需支付的现金金额计量。

在现值计量下，资产按照预计从其持续使用和最终处置中所产生的未来净现金流入量的折现金额计量。

在公允价值计量下，资产按照市场参与者在计量日发生的有序交易中，出售资产所能收到的价格计量。

无法采用上述计量属性的，采用名义金额（即人民币1元）计量。

第三十一条　政府会计主体在对资产进行计量时，一般应当采用历史成本。

采用重置成本、现值、公允价值计量的，应当保证所确定的资产金额能够持续、可靠计量。

第三十二条　符合资产定义和资产确认条件的项目，应当列入资产负债表。

第二节　负债

第三十三条　负债是指政府会计主体过去的经济业务或者事项形成的，预期会导致经济资源流出政府会计主体的现时义务。

现时义务是指政府会计主体在现行条件下已承担的义务。未来发生的经济业务或者事项形成的义务不属于现时义务，不应当确认为负债。

第三十四条　政府会计主体的负债按照流动性，分为流动负债和非流动负债。

流动负债是指预计在1年内（含1年）偿还的负债，包括应付及预收款项、应付职工薪酬、应缴款项等。

非流动负债是指流动负债以外的负债，包括长期应付款、应付政府债券和政府依法担保形成的债务等。

第三十五条　符合本准则第三十三条规定的负债定义的义务，在同时满足以下条件时，确认为负债：

（一）履行该义务很可能导致含有服务潜力或者经济利益的经济资源流出政府会计主体；

（二）该义务的金额能够可靠地计量。

第三十六条　负债的计量属性主要包括历史成本、现值和公允价值。

在历史成本计量下，负债按照因承担现时义务而实际收到的款项或者资产的金额，或者承担现时义务的合同金额，或者按照为偿还负债预期需要支付的现金计量。

在现值计量下，负债按照预计期限内需要偿还的未来净现金流出量的折现金额计量。

在公允价值计量下，负债按照市场参与者在计量日发生的有序交易中，转移负债所需支付的价格计量。

第三十七条　政府会计主体在对负债进行计量时，一般应当采用历史成本。

采用现值、公允价值计量的，应当保证所确定的负债金额能够持续、可靠计量。

第三十八条　符合负债定义和负债确认条件的项目，应当列入资产负债表。

第三节　净资产

第三十九条　净资产是指政府会计主体资产扣除负债后的净额。

第四十条　净资产金额取决于资产和负债的计量。

第四十一条　净资产项目应当列入资产负债表。

第四节　收入

第四十二条　收入是指报告期内导致政府会计主体净资产增加的、含有服务潜力或者经济利益的经济资源的流入。

第四十三条　收入的确认应当同时满足以下条件：

（一）与收入相关的含有服务潜力或者经济利益的经济资源很可能流入政府会计主体；

（二）含有服务潜力或者经济利益的经济资源流入会导致政府会计主体资产增加或者负债减少；

（三）流入金额能够可靠地计量。

第四十四条　符合收入定义和收入确认条件的项目，应当列入收入费用表。

第五节　费用

第四十五条　费用是指报告期内导致政府会计主体净资产减少的、含有服务潜力或者经济利益的经济资源的流出。

第四十六条　费用的确认应当同时满足以下条件：

（一）与费用相关的含有服务潜力或者经济利益的经济资源很可能流出政府会计主体；

（二）含有服务潜力或者经济利益的经济资源流出会导致政府会计主体资产减少或者负债增加；

（三）流出金额能够可靠地计量。

第四十七条　符合费用定义和费用确认条件的项目，应当列入收入费用表。

第五章　政府决算报告和财务报告

第四十八条　政府决算报告是综合反映政府会计主体年度预算收支执行结果的文件。

政府决算报告应当包括决算报表和其他应当在决算报告中反映的相关信息和资料。

政府决算报告的具体内容及编制要求等，由财政部另行规定。

第四十九条　政府财务报告是反映政府会计主体某一特定日期的财务状况和某一会计期间的运行情况和现金流量等信息的文件。

政府财务报告应当包括财务报表和其他应当在财务报告中披露的相关信息和资料。

第五十条　政府财务报告包括政府综合财务报告和政府部门财务报告。

政府综合财务报告是指由政府财政部门编制的，反映各级政府整体财务状况、运行情况和财政中长期可持续性的报告。

政府部门财务报告是指政府各部门、各单位按规定编制的财务报告。

第五十一条　财务报表是对政府会计主体财务状况、运行情况和现金流量等信息的结构性表述。

财务报表包括会计报表和附注。

会计报表至少应当包括资产负债表、收入费用表和现金流量表。

政府会计主体应当根据相关规定编制合并财务报表。

第五十二条　资产负债表是反映政府会计主体在某一特定日期的财务状况的报表。

第五十三条　收入费用表是反映政府会计主体在一定会计期间运行情况的报表。

第五十四条　现金流量表是反映政府会计主体在一定会计期间现金及现金等价物流入和流出情况的报表。

第五十五条　附注是对在资产负债表、收入费用表、现金流量表等报表中列示项目所作的进一步说明，以及对未能在这些报表中列示项目的说明。

第五十六条　政府决算报告的编制主要以收付实现制为基础，以预算会计核算生成的数据为准。

政府财务报告的编制主要以权责发生制为基础，以财务会计核算生成的数据为准。

第六章　附则

第五十七条　本准则所称会计核算，包括会计确认、计量、记录和报告各个环节，涵盖填制会计凭证、登记会计账簿、编制报告全过程。

第五十八条　本准则所称预算会计，是指以收付实现制为基础对政府会计主体预算执行过程中发生的全部收入和全部支出进行会计核算，主要反映和监督预算收支执行情况的会计。

第五十九条　本准则所称财务会计，是指以权责发生制为基础对政府会计主体发生的各项经济业务或者事项进行会计核算，主要反映和监督政府会计主体财务状况、运行情况和现金流量等的会计。

第六十条　本准则所称收付实现制，是指以现金的实际收付为标志来确定本期收入和支出的会计核算基础。凡在当期实际收到的现金收入和支出，均应作为当期的收入和支出；凡是不属于当期的现金收入和支出，均不应当作为当期的收入和支出。

第六十一条　本准则所称权责发生制，是指以取得收取款项的权利或支付款项的义务为标志来确定本期收入和费用的会计核算基础。凡是当期已经实现的收入和已经发生的或应当负担的费用，不论款项是否收付，都应当作为当期的收入和费用；凡是不属于当期的收入和费用，即使款项已在当期收付，也不应当作为当期的收入和费用。

第六十二条　本准则自2017年1月1日起施行。

附录二

事业单位会计准则

中华人民共和国财政部令第72号

——事业单位会计准则

《事业单位会计准则》已经2012年12月5日财政部部务会议修订通过，现将修订后的《事业单位会计准则》公布，自2013年1月1日起施行。

财政部

2012年12月6日

事业单位会计准则

第一章　总　则

第一条　为了规范事业单位的会计核算，保证会计信息质量，促进公益事业健康发展，根据《中华人民共和国会计法》等有关法律、行政法规，制定本准则。

第二条　本准则适用于各级各类事业单位。

第三条　事业单位会计制度、行业事业单位会计制度（以下统称会计制度）等，由财政部根据本准则制定。

第四条　事业单位会计核算的目标是向会计信息使用者提供与事业单位财务状况、事业成果、预算执行等有关的会计信息，反映事业单位受托责任的履行情况，有助于会计信息使用者进行社会管理、作出经济决策。

事业单位会计信息使用者包括政府及其有关部门、举办（上级）单位、债权人、事业单位自身和其他利益相关者。

第五条　事业单位应当对其自身发生的经济业务或者事项进行会计核算。

第六条　事业单位会计核算应当以事业单位各项业务活动持续正常地进行为前提。

第七条　事业单位应当划分会计期间，分期结算账目和编制财务会计报告（又称财务报告，下同）。

会计期间至少分为年度和月度。会计年度、月度等会计期间的起讫日期采用公历日期。

第八条　事业单位会计核算应当以人民币作为记账本位币。发生外币业务时，应当将有关外币金额折算为人民币金额计量。

第九条　事业单位会计核算一般采用收付实现制；部分经济业务或者事项采用权责发生制核算的，由财政部在会计制度中具体规定。

行业事业单位的会计核算采用权责发生制的，由财政部在相关会计制度中规定。

第十条　事业单位会计要素包括资产、负债、净资产、收入、支出或者费用。

第十一条　事业单位应当采用借贷记账法记账。

第二章　会计信息质量要求

第十二条　事业单位应当以实际发生的经济业务或者事项为依据进行会计核算，如实反映各项会计要素的情况和结果，保证会计信息真实可靠。

第十三条　事业单位应当将发生的各项经济业务或者事项统一纳入会计核算，确保会计信息能够全面反映事业单位的财务状况、事业成果、预算执行等情况。

第十四条　事业单位对于已经发生的经济业务或者事项，应当及时进行会计核算，不得提前或者延后。

第十五条　事业单位提供的会计信息应当具有可比性。

同一事业单位不同时期发生的相同或者相似的经济业务或者事项，应当采用一致的会计政策，不得随意变更。确需变更的，应当将变更的内容、理由和对单位财务状况及事业成果的影响在附注中予以说明。

同类事业单位中不同单位发生的相同或者相似的经济业务或者事项，应当采用统一的会计政策，确保同类单位会计信息口径一致，相互可比。

第十六条　事业单位提供的会计信息应当与事业单位受托责任履行情况的反映、会计信息使用者的管理、决策需要相关，有助于会计信息使用者对事业单位过去、现在或者未来的情况作出评价或者预测。

第十七条　事业单位提供的会计信息应当清晰明了，便于会计信息使用者理解和使用。

第三章　资　产

第十八条　资产是指事业单位占有或者使用的能以货币计量的经济资源，包括各种财产、债权和其他权利。

第十九条　事业单位的资产按照流动性，分为流动资产和非流动资产。

流动资产是指预计在1年内（含1年）变现或者耗用的资产。

非流动资产是指流动资产以外的资产。

第二十条　事业单位的流动资产包括货币资金、短期投资、应收及预付款项、存货等。

货币资金包括库存现金、银行存款、零余额账户用款额度等。

短期投资是指事业单位依法取得的，持有时间不超过1年（含1年）的投资。

应收及预付款项是指事业单位在开展业务活动中形成的各项债权，包括财政应返还额度、应收票据、应收账款、其他应收款等应收款项和预付账款。

存货是指事业单位在开展业务活动及其他活动中为耗用而储存的资产，包括材料、燃料、包装物和低值易耗品等。

第二十一条　事业单位的非流动资产包括长期投资、在建工程、固定资产、无形资产等。

长期投资是指事业单位依法取得的，持有时间超过1年（不含1年）的各种股权和债权性质的投资。

在建工程是指事业单位已经发生必要支出，但尚未完工交付使用的各种建筑（包括新建、改建、扩建、修缮等）和设备安装工程。

固定资产是指事业单位持有的使用期限超过1年（不含1年），单位价值在规定标准以上，并在使用过程中基本保持原有物质形态的资产，包括房屋及构筑物、专用设备、通用设备等。单位价值虽未达到规定标准，但是耐用时间超过1年（不含1年）的大批同类物资，应当作为固定资产核算。

无形资产是指事业单位持有的没有实物形态的可辨认非货币性资产，包括专利权、商标权、著作权、土地使用权、非专利技术等。

第二十二条　事业单位的资产应当按照取得时的实际成本进行计量。除国家另有规定外，事业单位不得自行调整其账面价值。

应收及预付款项应当按照实际发生额计量。

以支付对价方式取得的资产，应当按照取得资产时支付的现金或者现金等价物的金额，或者按照取得资产时所付出的非货币性资产的评估价值等金额计量。

取得资产时没有支付对价的，其计量金额应当按照有关凭据注明的金额加上相关税费、运输费等确定；没有相关凭据的，其计量金额比照同类或类似资产的市场价格加上相关税费、运输费等确定；没有相关凭据、同类或类似资产的市场价格也无法可靠取得的，所取得的资产应当按照名义金额入账。

第二十三条　事业单位对固定资产计提折旧、对无形资产进行摊销的，由财政部在相关财务会计制度中规定。

第四章　负　债

第二十四条　负债是指事业单位所承担的能以货币计量，需要以资产或者劳务偿还的债务。

第二十五条　事业单位的负债按照流动性，分为流动负债和非流动负债。

流动负债是指预计在1年内（含1年）偿还的负债。

非流动负债是指流动负债以外的负债。

第二十六条　事业单位的流动负债包括短期借款、应付及预收款项、应付职工薪酬、应缴款项等。

短期借款是指事业单位借入的期限在1年内（含1年）的各种借款。

应付及预收款项是指事业单位在开展业务活动中发生的各项债务，包括应付票据、应付账款、其他应付款等应付款项和预收账款。

应付职工薪酬是指事业单位应付未付的职工工资、津贴补贴等。

应缴款项是指事业单位应缴未缴的各种款项，包括应当上缴国库或者财政专户的款项、应缴税费，以及其他按照国家有关规定应当上缴的款项。

第二十七条　事业单位的非流动负债包括长期借款、长期应付款等。

长期借款是指事业单位借入的期限超过1年（不含1年）的各种借款。

长期应付款是指事业单位发生的偿还期限超过1年（不含1年）的应付款项，主要指事业单位融资租入固定资产发生的应付租赁款。

第二十八条　事业单位的负债应当按照合同金额或实际发生额进行计量。

第五章 净资产

第二十九条 净资产是指事业单位资产扣除负债后的余额。

第三十条 事业单位的净资产包括事业基金、非流动资产基金、专用基金、财政补助结转结余、非财政补助结转结余等。

事业基金是指事业单位拥有的非限定用途的净资产，其来源主要为非财政补助结余扣除结余分配后滚存的金额。

非流动资产基金是指事业单位非流动资产占用的金额。

专用基金是指事业单位按规定提取或者设置的具有专门用途的净资产。

财政补助结转结余是指事业单位各项财政补助收入与其相关支出相抵后剩余滚存的、须按规定管理和使用的结转和结余资金。

非财政补助结转结余是指事业单位除财政补助收支以外的各项收入与各项支出相抵后的余额。其中，非财政补助结转是指事业单位除财政补助收支以外的各专项资金收入与其相关支出相抵后剩余滚存的、须按规定用途使用的结转资金；非财政补助结余是指事业单位除财政补助收支以外的各非专项资金收入与各非专项资金支出相抵后的余额。

第三十一条 事业基金、非流动资产基金、专用基金、财政补助结转结余、非财政补助结转结余等净资产项目应当分项列入资产负债表。

第六章 收 入

第三十二条 收入是指事业单位开展业务及其他活动依法取得的非偿还性资金。

第三十三条 事业单位的收入包括财政补助收入、事业收入、上级补助收入、附属单位上缴收入、经营收入和其他收入等。

财政补助收入是指事业单位从同级财政部门取得的各类财政拨款，包括基本支出补助和项目支出补助。

事业收入是指事业单位开展专业业务活动及其辅助活动取得的收入。其中：按照国家有关规定应当上缴国库或者财政专户的资金，不计入事业收入；从财政专户核拨给事业单位的资金和经核准不上缴国库或者财政专户的资金，计入事业收入。

上级补助收入是指事业单位从主管部门和上级单位取得的非财政补助收入。

附属单位上缴收入是指事业单位附属独立核算单位按照有关规定上缴的收入。

经营收入是指事业单位在专业业务活动及其辅助活动之外开展非独立核算经

营活动取得的收入。

其他收入是指财政补助收入、事业收入、上级补助收入、附属单位上缴收入和经营收入以外的各项收入，包括投资收益、利息收入、捐赠收入等。

第三十四条　事业单位的收入一般应当在收到款项时予以确认，并按照实际收到的金额进行计量。

采用权责发生制确认的收入，应当在提供服务或者发出存货，同时收讫价款或者取得索取价款的凭据时予以确认，并按照实际收到的金额或者有关凭据注明的金额进行计量。

第七章　支出或者费用

第三十五条　支出或者费用是指事业单位开展业务及其他活动发生的资金耗费和损失。

第三十六条　事业单位的支出或者费用包括事业支出、对附属单位补助支出、上缴上级支出、经营支出和其他支出等。

事业支出是指事业单位开展专业业务活动及其辅助活动发生的基本支出和项目支出。

对附属单位补助支出是指事业单位用财政补助收入之外的收入对附属单位补助发生的支出。

上缴上级支出是指事业单位按照财政部门和主管部门的规定上缴上级单位的支出。

经营支出是指事业单位在专业业务活动及其辅助活动之外开展非独立核算经营活动发生的支出。

其他支出是指事业支出、对附属单位补助支出、上缴上级支出和经营支出以外的各项支出，包括利息支出、捐赠支出等。

第三十七条　事业单位开展非独立核算经营活动的，应当正确归集开展经营活动发生的各项费用数；无法直接归集的，应当按照规定的标准或比例合理分摊。

事业单位的经营支出与经营收入应当配比。

第三十八条　事业单位的支出一般应当在实际支付时予以确认，并按照实际支付金额进行计量。

采用权责发生制确认的支出或者费用，应当在其发生时予以确认，并按照实际发生额进行计量。

第八章　财务会计报告

第三十九条　财务会计报告是反映事业单位某一特定日期的财务状况和某一会计期间的事业成果、预算执行等会计信息的文件。

第四十条　事业单位的财务会计报告包括财务报表和其他应当在财务会计报告中披露的相关信息和资料。

第四十一条　财务报表是对事业单位财务状况、事业成果、预算执行情况等的结构性表述。财务报表由会计报表及其附注构成。

会计报表至少应当包括下列组成部分：

（一）资产负债表；

（二）收入支出表或者收入费用表；

（三）财政补助收入支出表。

第四十二条　资产负债表是指反映事业单位在某一特定日期的财务状况的报表。

资产负债表应当按照资产、负债和净资产分类列示。资产和负债应当分别流动资产和非流动资产、流动负债和非流动负债列示。

第四十三条　收入支出表或者收入费用表是指反映事业单位在某一会计期间的事业成果及其分配情况的报表。

收入支出表或者收入费用表应当按照收入、支出或者费用的构成和非财政补助结余分配情况分项列示。

第四十四条　财政补助收入支出表是指反映事业单位在某一会计期间财政补助收入、支出、结转及结余情况的报表。

第四十五条　附注是指对在会计报表中列示项目的文字描述或明细资料，以及对未能在会计报表中列示项目的说明等。

附注至少应当包括下列内容：

（一）遵循事业单位会计准则、事业单位会计制度（行业事业单位会计制度）的声明；

（二）会计报表中列示的重要项目的进一步说明，包括其主要构成、增减变动情况等；

（三）有助于理解和分析会计报表需要说明的其他事项。

第四十六条　事业单位财务报表应当根据登记完整、核对无误的账簿记录和其他有关资料编制，做到数字真实、计算准确、内容完整、报送及时。

第九章　附　则

第四十七条　纳入企业财务管理体系的事业单位执行企业会计准则或小企业会计准则。

第四十八条　参照公务员法管理的事业单位对本准则的适用，由财政部另行规定。

第四十九条　本准则自2013年1月1日起施行。1997年5月28日财政部印发的《事业单位会计准则（试行）》（财预字［1997］286号）同时废止。

附录三

事业单位会计制度

事业单位会计制度

第一部分　总说明

一、为了规范事业单位的会计核算，保证会计信息质量，根据《中华人民共和国会计法》《事业单位会计准则》和《事业单位财务规则》，制定本制度。

二、本制度适用于各级各类事业单位，下列事业单位除外：

（一）按规定执行《医院会计制度》等行业事业单位会计制度的事业单位；

（二）纳入企业财务管理体系执行企业会计准则或小企业会计准则的事业单位。

参照公务员法管理的事业单位对本制度的适用，由财政部另行规定。

三、事业单位对基本建设投资的会计核算在执行本制度的同时，还应当按照国家有关基本建设会计核算的规定单独建账、单独核算。

四、事业单位会计核算一般采用收付实现制，但部分经济业务或者事项的核算应当按照本制度的规定采用权责发生制。

五、事业单位应当按照《事业单位财务规则》或相关财务制度的规定确定是否对固定资产计提折旧、对无形资产进行摊销。

对固定资产计提折旧、对无形资产进行摊销的，按照本制度规定处理。

不对固定资产计提折旧、不对无形资产进行摊销的，不设置本制度规定的“累计折旧”“累计摊销”科目，在进行账务处理时不考虑本制度其他科目说明中涉及的“累计折旧”“累计摊销”科目。

六、事业单位会计要素包括资产、负债、净资产、收入和支出。

七、事业单位应当按照下列规定运用会计科目：

（一）事业单位应当按照本制度的规定设置和使用会计科目。在不影响会计处理和编报财务报表的前提下，可以根据实际情况自行增设、减少或合并某些明细科目。

（二）本制度统一规定会计科目的编号，以便于填制会计凭证、登记账簿、查阅账目，实行会计信息化管理。事业单位不得打乱重编。

（三）事业单位在填制会计凭证、登记会计账簿时，应当填列会计科目的名称，或者同时填列会计科目的名称和编号，不得只填列科目编号、不填列科目名称。

八、事业单位应当按照下列规定编报财务报表：

（一）事业单位的财务报表由会计报表及其附注构成。会计报表包括资产负债表、收入支出表和财政补助收入支出表。

（二）事业单位的财务报表应当按照月度和年度编制。

（三）事业单位应当根据本制度规定编制并对外提供真实、完整的财务报表。事业单位不得违反本制度规定，随意改变财务报表的编制基础、编制依据、编制原则和方法，不得随意改变本制度规定的财务报表有关数据的会计口径。

（四）事业单位财务报表应当根据登记完整、核对无误的账簿记录和其他有关资料编制，做到数字真实、计算准确、内容完整、报送及时。

（五）事业单位财务报表应当由单位负责人和主管会计工作的负责人、会计机构负责人（会计主管人员）签名并盖章。

九、事业单位会计机构设置、会计人员配备、会计基础工作、会计档案管理、内部控制等，按照《中华人民共和国会计法》《会计基础工作规范》《会计档案管理办法》《行政事业单位内部控制规范（试行）》等规定执行。开展会计信息化工作的事业单位，还应按照财政部制定的相关会计信息化工作规范执行。

十、本制度自2013年1月1日起施行。1997年7月17日财政部印发的《事业单位会计制度》（财预字〔1997〕288号）同时废止。

第二部分　会计科目名称和编号

序　号	科目编号	科目名称
一、资产类		
1	1001	库存现金
2	1002	银行存款
3	1011	零余额账户用款额度
4	1101	短期投资
5	1201	财政应返还额度
	120101	财政直接支付
	120102	财政授权支付
6	1211	应收票据
7	1212	应收账款
8	1213	预付账款
9	1215	其他应收款
10	1301	存货
11	1401	长期投资
12	1501	固定资产
13	1502	累计折旧
14	1511	在建工程
15	1601	无形资产
16	1602	累计摊销
17	1701	待处置资产损溢
二、负债类		
18	2001	短期借款
19	2101	应缴税费
20	2102	应缴国库款
21	2103	应缴财政专户款

续表

序　号	科目编号	科目名称
22	2201	应付职工薪酬
23	2301	应付票据
24	2302	应付账款
25	2303	预收账款
26	2305	其他应付款
27	2401	长期借款
28	2402	长期应付款
三、净资产类		
29	3001	事业基金
30	3101	非流动资产基金
	310101	长期投资
	310102	固定资产
	310103	在建工程
	310104	无形资产
31	3201	专用基金
32	3301	财政补助结转
	330101	基本支出结转
	330102	项目支出结转
33	3302	财政补助结余
34	3401	非财政补助结转
35	3402	事业结余
36	3403	经营结余
37	3404	非财政补助结余分配
四、收入类		
38	4001	财政补助收入
39	4101	事业收入

续表

序　号	科目编号	科目名称
40	4201	上级补助收入
41	4301	附属单位上缴收入
42	4401	经营收入
43	4501	其他收入
五、支出类		
44	5001	事业支出
45	5101	上缴上级支出
46	5201	对附属单位补助支出
47	5301	经营支出
48	5401	其他支出

第三部分　会计科目使用说明

一、资产类

1001　库存现金

一、本科目核算事业单位的库存现金。

二、事业单位应当严格按照国家有关现金管理的规定收支现金，并按照本制度规定核算现金的各项收支业务。

三、库存现金的主要账务处理如下：

（一）从银行等金融机构提取现金，按照实际提取的金额，借记本科目，贷记“银行存款”等科目；将现金存入银行等金融机构，按照实际存入的金额，借记“银行存款”等科目，贷记本科目。

（二）因内部职工出差等原因借出的现金，按照实际借出的现金金额，借记“其他应收款”科目，贷记本科目；出差人员报销差旅费时，按照应报销的金额，借记有关科目，按照实际借出的现金金额，贷记“其他应收款”科目，按其差额，借记或贷记本科目。

（三）因开展业务等其他事项收到的现金，按照实际收到的金额，借记本科目，贷记有关科目；因购买服务或商品等其他事项支出现金，按照实际支出的金额，借记有关科目，贷记本科目。

四、事业单位应当设置“现金日记账”，由出纳人员根据收付款凭证，按照业务发生顺序逐笔登记。每日终了，应当计算当日的现金收入合计数、现金支出合计数和结余数，并将结余数与实际库存数核对，做到账款相符。

每日账款核对中发现现金溢余或短缺的，应当及时进行处理。如发现现金溢余，属于应支付给有关人员或单位的部分，借记本科目，贷记“其他应付款”科目；属于无法查明原因的部分，借记本科目，贷记“其他收入”科目。如发现现金短缺，属于应由责任人赔偿的部分，借记“其他应收款”科目，贷记本科目；属于无法查明原因的部分，报经批准后，借记“其他支出”科目，贷记本科目。

现金收入业务较多、单独设有收款部门的事业单位，收款部门的收款员应当将每天所收现金连同收款凭据等一并交财务部门核收记账；或者将每天所收现金直接送存开户银行后，将收款凭据及向银行送存现金的凭证等一并交财务部门核收记账。

五、事业单位有外币现金的，应当分别按照人民币、各种外币设置“现金日记账”进行明细核算。有关外币现金业务的账务处理参见“银行存款”科目的相关规定。

六、本科目期末借方余额，反映事业单位实际持有的库存现金。

1002 银行存款

一、本科目核算事业单位存入银行或其他金融机构的各种存款。

二、事业单位应当严格按照国家有关支付结算办法的规定办理银行存款收支业务，并按照本制度规定核算银行存款的各项收支业务。

三、银行存款的主要账务处理如下：

（一）将款项存入银行或其他金融机构，借记本科目，贷记“库存现金”“事业收入”“经营收入”等有关科目。

（二）提取和支出存款时，借记有关科目，贷记本科目。

四、事业单位发生外币业务的，应当按照业务发生当日（或当期期初，下同）的即期汇率，将外币金额折算为人民币记账，并登记外币金额和汇率。

期末，各种外币账户的外币余额应当按照期末的即期汇率折算为人民币，作为外币账户期末人民币余额。调整后的各种外币账户人民币余额与原账面人民币余额的差额，作为汇兑损益计入相关支出。

（一）以外币购买物资、劳务等，按照购入当日的即期汇率将支付的外币或应支付的外币折算为人民币金额，借记有关科目，贷记本科目、“应付账款”等科目的外币账户。

（二）以外币收取相关款项等，按照收取款项或收入确认当日的即期汇率将收取的外币或应收取的外币折算为人民币金额，借记本科目、“应收账款”等科目的外币账户，贷记有关科目。

（三）期末，根据各外币账户按期末汇率调整后的人民币余额与原账面人民币余额的差额，作为汇兑损益，借记或贷记本科目、“应收账款”“应付账款”等科目，贷记或借记“事业支出”“经营支出”等科目。

五、事业单位应当按开户银行或其他金融机构、存款种类及币种等，分别设置“银行存款日记账”，由出纳人员根据收付款凭证，按照业务的发生顺序逐笔登记，每日终了应结出余额。“银行存款日记账”应定期与“银行对账单”核对，至少每月核对一次。月度终了，事业单位银行存款账面余额与银行对账单余额之间如有差额，必须逐笔查明原因并进行处理，按月编制“银行存款余额调节表”，调节相符。

六、本科目期末借方余额，反映事业单位实际存放在银行或其他金融机构的款项。

1011 零余额账户用款额度

一、本科目核算实行国库集中支付的事业单位根据财政部门批复的用款计划收到和支用的零余额账户用款额度。

二、零余额账户用款额度的主要账务处理如下：

（一）在财政授权支付方式下，收到代理银行盖章的“授权支付到账通知书”时，根据通知书所列数额，借记本科目，贷记“财政补助收入”科目。

（二）按规定支用额度时，借记有关科目，贷记本科目。

（三）从零余额账户提取现金时，借记“库存现金”科目，贷记本科目。

（四）因购货退回等发生国库授权支付额度退回的，属于以前年度支付的款项，按照退回金额，借记本科目，贷记“财政补助结转”“财政补助结余”“存货”等有关科目；属于本年度支付的款项，按照退回金额，借记本科目，贷记“事业支出”“存货”等有关科目。

（五）年度终了，依据代理银行提供的对账单作注销额度的相关账务处理，借记“财政应返还额度——财政授权支付”科目，贷记本科目。事业单位本年度财政授权支付预算指标数大于零余额账户用款额度下达数的，根据未下达的用款额度，借记“财政应返还额度——财政授权支付”科目，贷记“财政补助收入”科目。

下年初，事业单位依据代理银行提供的额度恢复到账通知书作恢复额度的相关账务处理，借记本科目，贷记“财政应返还额度——财政授权支付”科目。事业单位收到财政部门批复的上年末未下达零余额账户用款额度的，借记本科目，贷记“财政应返还额度——财政授权支付”科目。

三、本科目期末借方余额，反映事业单位尚未支用的零余额账户用款额度。本科目年末应无余额。

1101　短期投资

一、本科目核算事业单位依法取得的，持有时间不超过1年（含1年）的投资，主要是国债投资。

二、事业单位应当严格遵守国家法律、行政法规以及财政部门、主管部门关于对外投资的有关规定。

三、本科目应当按照国债投资的种类等进行明细核算。

四、短期投资的主要账务处理如下：

（一）短期投资在取得时，应当按照其实际成本（包括购买价款以及税金、手续费等相关税费）作为投资成本，借记本科目，贷记"银行存款"等科目。

（二）短期投资持有期间收到利息时，按实际收到的金额，借记"银行存款"科目，贷记"其他收入——投资收益"科目。

（三）出售短期投资或到期收回短期国债本息，按照实际收到的金额，借记"银行存款"科目，按照出售或收回短期国债的成本，贷记本科目，按其差额，贷记或借记"其他收入——投资收益"科目。

五、本科目期末借方余额，反映事业单位持有的短期投资成本。

1201　财政应返还额度

一、本科目核算实行国库集中支付的事业单位应收财政返还的资金额度。

二、本科目应当设置"财政直接支付""财政授权支付"两个明细科目，进行明细核算。

三、财政应返还额度的主要账务处理如下：

（一）财政直接支付

年度终了，事业单位根据本年度财政直接支付预算指标数与当年财政直接支付实际支出数的差额，借记本科目（财政直接支付），贷记"财政补助收入"科目。

下年度恢复财政直接支付额度后，事业单位以财政直接支付方式发生实际支出时，借记有关科目，贷记本科目（财政直接支付）。

（二）财政授权支付

年度终了，事业单位依据代理银行提供的对账单作注销额度的相关账务处理，借记本科目（财政授权支付），贷记"零余额账户用款额度"科目。事业单位本年度财政授权支付预算指标数大于零余额账户用款额度下达数的，根据未下达的用款额度，借记本科目（财政授权支付），贷记"财政补助收入"科目。

下年初，事业单位依据代理银行提供的额度恢复到账通知书作恢复额度的相关账务处理，借记"零余额账户用款额度"科目，贷记本科目（财政授权支付）。事业单位收到财政部门批复的上年末未下达零余额账户用款额度时，借记

"零余额账户用款额度"科目，贷记本科目（财政授权支付）。

四、本科目期末借方余额，反映事业单位应收财政返还的资金额度。

1211 应收票据

一、本科目核算事业单位因开展经营活动销售产品、提供有偿服务等而收到的商业汇票，包括银行承兑汇票和商业承兑汇票。

二、本科目应当按照开出、承兑商业汇票的单位等进行明细核算。

三、应收票据的主要账务处理如下：

（一）因销售产品、提供服务等收到商业汇票，按照商业汇票的票面金额，借记本科目，按照确认的收入金额，贷记"经营收入"等科目，按照应缴增值税金额，贷记"应缴税费——应缴增值税"科目。

（二）持未到期的商业汇票向银行贴现，按照实际收到的金额（即扣除贴现息后的净额），借记"银行存款"科目，按照贴现息，借记"经营支出"等科目，按照商业汇票的票面金额，贷记本科目。

（三）将持有的商业汇票背书转让以取得所需物资时，按照取得物资的成本，借记有关科目，按照商业汇票的票面金额，贷记本科目，如有差额，借记或贷记"银行存款"等科目。

（四）商业汇票到期时，应当分别以下情况处理：

1.收回应收票据，按照实际收到的商业汇票票面金额，借记"银行存款"科目，贷记本科目。

2.因付款人无力支付票款，收到银行退回的商业承兑汇票、委托收款凭证、未付票款通知书或拒付款证明等，按照商业汇票的票面金额，借记"应收账款"科目，贷记本科目。

四、事业单位应当设置"应收票据备查簿"，逐笔登记每一应收票据的种类、号数、出票日期、到期日、票面金额、交易合同号和付款人、承兑人、背书人姓名或单位名称、背书转让日、贴现日期、贴现率和贴现净额、收款日期、收回金额和退票情况等资料。应收票据到期结清票款或退票后，应当在备查簿内逐笔注销。

五、本科目期末借方余额，反映事业单位持有的商业汇票票面金额。

1212 应收账款

一、本科目核算事业单位因开展经营活动销售产品、提供有偿服务等而应收取的款项。

二、本科目应当按照购货、接受劳务单位（或个人）进行明细核算。

三、应收账款的主要账务处理如下：

（一）发生应收账款时，按照应收未收金额，借记本科目，按照确认的收入金额，贷记“经营收入”等科目，按照应缴增值税金额，贷记“应缴税费——应缴增值税”科目。

（二）收回应收账款时，按照实际收到的金额，借记“银行存款”等科目，贷记本科目。

四、逾期三年或以上、有确凿证据表明确实无法收回的应收账款，按规定报经批准后予以核销。核销的应收账款应在备查簿中保留登记。

（一）转入待处置资产时，按照待核销的应收账款金额，借记“待处置资产损溢”科目，贷记本科目。

（二）报经批准予以核销时，借记“其他支出”科目，贷记“待处置资产损溢”科目。

（三）已核销应收账款在以后期间收回的，按照实际收回的金额，借记“银行存款”等科目，贷记“其他收入”科目。

五、本科目期末借方余额，反映事业单位尚未收回的应收账款。

1213　预付账款

一、本科目核算事业单位按照购货、劳务合同规定预付给供应单位的款项。

二、本科目应当按照供应单位（或个人）进行明细核算。

事业单位应当通过明细核算或辅助登记方式，登记预付账款的资金性质（区分财政补助资金、非财政专项资金和其他资金）。

三、预付账款的主要账务处理如下：

（一）发生预付账款时，按照实际预付的金额，借记本科目，贷记“零余额账户用款额度”“财政补助收入”“银行存款”等科目。

（二）收到所购物资或劳务，按照购入物资或劳务的成本，借记有关科目，按照相应预付账款金额，贷记本科目，按照补付的款项，贷记“零余额账户用款额度”“财政补助收入”“银行存款”等科目。

收到所购固定资产、无形资产的，按照确定的资产成本，借记“固定资产”“无形资产”科目，贷记“非流动资产基金——固定资产、无形资产”科目；同时，按资产购置支出，借记“事业支出”“经营支出”等科目，按照相应预付账款金额，贷记本科目，按照补付的款项，贷记“零余额账户用款额度”“财政补助收入”“银行存款”等科目。

四、逾期三年或以上、有确凿证据表明因供货单位破产、撤销等原因已无望再收到所购物资，且确实无法收回的预付账款，按规定报经批准后予以核销。核销的预付账款应在备查簿中保留登记。

（一）转入待处置资产时，按照待核销的预付账款金额，借记“待处置资产损溢”科目，贷记本科目。

（二）报经批准予以核销时，借记“其他支出”科目，贷记“待处置资产损溢”科目。

（三）已核销预付账款在以后期间收回的，按照实际收回的金额，借记“银行存款”等科目，贷记“其他收入”科目。

五、本科目期末借方余额，反映事业单位实际预付但尚未结算的款项。

1215 其他应收款

一、本科目核算事业单位除财政应返还额度、应收票据、应收账款、预付账款以外的其他各项应收及暂付款项，如职工预借的差旅费、拨付给内部有关部门的备用金、应向职工收取的各种垫付款项等。

二、本科目应当按照其他应收款的类别以及债务单位（或个人）进行明细核算。

三、其他应收款的主要账务处理如下：

（一）发生其他各种应收及暂付款项时，借记本科目，贷记“银行存款”“库存现金”等科目。

（二）收回或转销其他各种应收及暂付款项时，借记“库存现金”“银行存款”等科目，贷记本科目。

（三）事业单位内部实行备用金制度的，有关部门使用备用金以后应当及时到财务部门报销并补足备用金。财务部门核定并发放备用金时，借记本科目，贷记“库存现金”等科目。根据报销数用现金补足备用金定额时，借记有关科目，贷记“库存现金”等科目，报销数和拨补数都不再通过本科目核算。

四、逾期三年或以上、有确凿证据表明确实无法收回的其他应收款，按规定报经批准后予以核销。核销的其他应收款应在备查簿中保留登记。

（一）转入待处置资产时，按照待核销的其他应收款金额，借记“待处置资产损溢”科目，贷记本科目。

（二）报经批准予以核销时，借记“其他支出”科目，贷记“待处置资产损溢”科目。

（三）已核销其他应收款在以后期间收回的，按照实际收回的金额，借记“银行存款”等科目，贷记“其他收入”科目。

五、本科目期末借方余额，反映事业单位尚未收回的其他应收款。

1301 存　货

一、本科目核算事业单位在开展业务活动及其他活动中为耗用而储存的各种材料、燃料、包装物、低值易耗品及达不到固定资产标准的用具、装具、动植物等的实际成本。

事业单位随买随用的零星办公用品，可以在购进时直接列作支出，不通过本科目核算。

二、本科目应当按照存货的种类、规格、保管地点等进行明细核算。

事业单位应当通过明细核算或辅助登记方式，登记取得存货成本的资金来源（区分财政补助资金、非财政专项资金和其他资金）。

发生自行加工存货业务的事业单位，应当在本科目下设置“生产成本”明细科目，归集核算自行加工存货所发生的实际成本（包括耗用的直接材料费用、发生的直接人工费用和分配的间接费用）。

三、存货的主要账务处理如下：

（一）存货在取得时，应当按照其实际成本入账。

1.购入的存货，其成本包括购买价款、相关税费、运输费、装卸费、保险费以及其他使得存货达到目前场所和状态所发生的其他支出。事业单位按照税法规定属于增值税一般纳税人的，其购进非自用（如用于生产对外销售的产品）材料所支付的增值税款不计入材料成本。

购入的存货验收入库，按确定的成本，借记本科目，贷记“银行存款”“应付账款”“财政补助收入”“零余额账户用款额度”等科目。

属于增值税一般纳税人的事业单位购入非自用材料的，按确定的成本（不含增值税进项税额），借记本科目，按增值税专用发票上注明的增值税额，借记“应缴税费——应缴增值税（进项税额）”科目，按实际支付或应付的金额，贷记“银行存款”“应付账款”等科目。

2.自行加工的存货，其成本包括耗用的直接材料费用、发生的直接人工费用和按照一定方法分配的与存货加工有关的间接费用。

自行加工的存货在加工过程中发生各种费用时，借记本科目（生产成本），贷记本科目（领用材料相关的明细科目）、“应付职工薪酬”“银行存款”等科目。

加工完成的存货验收入库，按照所发生的实际成本，借记本科目（相关明细科目），贷记本科目（生产成本）。

3.接受捐赠、无偿调入的存货，其成本按照有关凭据注明的金额加上相关税费、运输费等确定；没有相关凭据的，其成本比照同类或类似存货的市场价格加上相关税费、运输费等确定；没有相关凭据、同类或类似存货的市场价格也无法可靠取得的，该存货按照名义金额（即人民币1元，下同）入账。相关财务制度仅要求进行实物管理的除外。

接受捐赠、无偿调入的存货验收入库，按照确定的成本，借记本科目，按照发生的相关税费、运输费等，贷记“银行存款”等科目，按照其差额，贷记“其他收入”科目。

按照名义金额入账的情况下，按照名义金额，借记本科目，贷记“其他收入”科目；按照发生的相关税费、运输费等，借记“其他支出”科目，贷记“银行存款”等科目。

（二）存货在发出时，应当根据实际情况采用先进先出法、加权平均法或者个别计价法确定发出存货的实际成本。计价方法一经确定，不得随意变更。低值易耗品的成本于领用时一次摊销。

1.开展业务活动等领用、发出存货，按领用、发出存货的实际成本，借记“事业支出”“经营支出”等科目，贷记本科目。

2.对外捐赠、无偿调出存货，转入待处置资产时，按照存货的账面余额，借记“待处置资产损溢”科目，贷记本科目。

属于增值税一般纳税人的事业单位对外捐赠、无偿调出购进的非自用材料，转入待处置资产时，按照存货的账面余额与相关增值税进项税额转出金额的合计金额，借记“待处置资产损溢”科目，按存货的账面余额，贷记本科目，按转出的增值税进项税额，贷记“应缴税费——应缴增值税（进项税额转出）”科目。

实际捐出、调出存货时，按照“待处置资产损溢”科目的相应余额，借记“其他支出”科目，贷记“待处置资产损溢”科目。

四、事业单位的存货应当定期进行清查盘点，每年至少盘点一次。对于发生的存货盘盈、盘亏或者报废、毁损，应当及时查明原因，按规定报经批准后进行账务处理。

（一）盘盈的存货，按照同类或类似存货的实际成本或市场价格确定入账价值；同类或类似存货的实际成本、市场价格均无法可靠取得的，按照名义金额入账。

盘盈的存货，按照确定的入账价值，借记本科目，贷记“其他收入”科目。

（二）盘亏或者毁损、报废的存货，转入待处置资产时，按照待处置存货的账面余额，借记“待处置资产损溢”科目，贷记本科目。

属于增值税一般纳税人的事业单位购进的非自用材料发生盘亏或者毁损、报废的，转入待处置资产时，按照存货的账面余额与相关增值税进项税额转出金额的合计金额，借记“待处置资产损溢”科目，按存货的账面余额，贷记本科目，按转出的增值税进项税额，贷记“应缴税费——应缴增值税（进项税额转出）”科目。

报经批准予以处置时，按照“待处置资产损溢”科目的相应余额，借记“其他支出”科目，贷记“待处置资产损溢”科目。

处置存货过程中所取得的收入、发生的费用，以及处置收入扣除相关处置费用后的净收入的账务处理，参见“待处置资产损溢”科目。

五、本科目期末借方余额，反映事业单位存货的实际成本。

1401　长期投资

一、本科目核算事业单位依法取得的，持有时间超过1年（不含1年）的股权和债权性质的投资。

二、事业单位应当严格遵守国家法律、行政法规以及财政部门、主管部门有关事业单位对外投资的规定。

三、本科目应当按照长期投资的种类和被投资单位等进行明细核算。

四、长期投资的主要账务处理如下：

（一）长期股权投资

1.长期股权投资在取得时，应当按照其实际成本作为投资成本。

（1）以货币资金取得的长期股权投资，按照实际支付的全部价款（包括购买价款以及税金、手续费等相关税费）作为投资成本，借记本科目，贷记“银行存款”等科目；同时，按照投资成本金额，借记“事业基金”科目，贷记“非流动资产基金——长期投资”科目。

（2）以固定资产取得的长期股权投资，按照评估价值加上相关税费作为投资成本，借记本科目，贷记“非流动资产基金——长期投资”科目，按发生的相关税费，借记“其他支出”科目，贷记“银行存款”“应缴税费”等科目；同时，按照投出固定资产对应的非流动资产基金，借记“非流动资产基金——固定资产”科目，按照投出固定资产已计提折旧，借记“累计折旧”科目，按投出固定资产的账面余额，贷记“固定资产”科目。

（3）以已入账无形资产取得的长期股权投资，按照评估价值加上相关税费作为投资成本，借记本科目，贷记“非流动资产基金——长期投资”科目，按发生的相关税费，借记“其他支出”科目，贷记“银行存款”“应缴税费”等科目；同时，按照投出无形资产对应的非流动资产基金，借记“非流动资产基金——无形资产”科目，按照投出无形资产已计提摊销，借记“累计摊销”科目，按照投出无形资产的账面余额，贷记“无形资产”科目。

以未入账无形资产取得的长期股权投资，按照评估价值加上相关税费作为投资成本，借记本科目，贷记“非流动资产基金——长期投资”科目，按发生的相关税费，借记“其他支出”科目，贷记“银行存款”“应缴税费”等科目。

2.长期股权投资持有期间，收到利润等投资收益时，按照实际收到的金额，借记“银行存款”等科目，贷记“其他收入——投资收益”科目。

3.转让长期股权投资，转入待处置资产时，按照待转让长期股权投资的账面余额，借记“待处置资产损溢——处置资产价值”科目，贷记本科目。

实际转让时，按照所转让长期股权投资对应的非流动资产基金，借记“非流动资产基金——长期投资”科目，贷记“待处置资产损溢——处置资产价值”科目。

转让长期股权投资过程中取得价款、发生相关税费，以及转让价款扣除相关税费后的净收入的账务处理，参见“待处置资产损溢”科目。

4.因被投资单位破产清算等原因，有确凿证据表明长期股权投资发生损失，按规定报经批准后予以核销。将待核销长期股权投资转入待处置资产时，按照待核销的长期股权投资的账面余额，借记“待处置资产损溢”科目，贷记本科目。

报经批准予以核销时，借记“非流动资产基金——长期投资”科目，贷记“待处置资产损溢”科目。

（二）长期债券投资

1.长期债券投资在取得时，应当按照其实际成本作为投资成本。

以货币资金购入的长期债券投资，按照实际支付的全部价款（包括购买价款以及税金、手续费等相关税费）作为投资成本，借记本科目，贷记“银行存款”等科目；同时，按照投资成本金额，借记“事业基金”科目，贷记“非流动资产基金——长期投资”科目。

2.长期债券投资持有期间收到利息时，按照实际收到的金额，借记“银行存款”等科目，贷记“其他收入——投资收益”科目。

3.对外转让或到期收回长期债券投资本息，按照实际收到的金额，借记“银行存款”等科目，按照收回长期投资的成本，贷记本科目，按照其差额，贷记或借记“其他收入——投资收益”科目；同时，按照收回长期投资对应的非流动资产基金，借记“非流动资产基金——长期投资”科目，贷记“事业基金”科目。

五、本科目期末借方余额，反映事业单位持有的长期投资成本。

1501 固定资产

一、本科目核算事业单位固定资产的原价。

固定资产是指事业单位持有的使用期限超过1年（不含1年）、单位价值在规定标准以上，并在使用过程中基本保持原有物质形态的资产。单位价值虽未达到规定标准，但使用期限超过1年（不含1年）的大批同类物资，作为固定资产核算和管理。

二、事业单位的固定资产一般分为六类：房屋及构筑物；专用设备；通用设备；文物和陈列品；图书、档案；家具、用具、装具及动植物。有关说明如下：

1.对于应用软件，如果其构成相关硬件不可缺少的组成部分，应当将该软件价值包括在所属硬件价值中，一并作为固定资产进行核算；如果其不构成相关硬件不可缺少的组成部分，应当将该软件作为无形资产核算。

2.事业单位以经营租赁租入的固定资产，不作为固定资产核算，应当另设备查簿进行登记。

3.购入需要安装的固定资产，应当先通过“在建工程”科目核算，安装完毕交付使用时再转入本科目核算。

三、事业单位应当根据固定资产定义，结合本单位的具体情况，制定适合于本单位的固定资产目录、具体分类方法，作为进行固定资产核算的依据。

事业单位应当设置“固定资产登记簿”和“固定资产卡片”，按照固定资产类别、项目和使用部门等进行明细核算。出租、出借的固定资产，应当设置备查簿进行登记。

四、固定资产的主要账务处理如下：

（一）固定资产在取得时，应当按照其实际成本入账。

1.购入的固定资产，其成本包括购买价款、相关税费以及固定资产交付使用前所发生的可归属于该项资产的运输费、装卸费、安装调试费和专业人员服务费等。

以一笔款项购入多项没有单独标价的固定资产，按照各项固定资产同类或类似资产市场价格的比例对总成本进行分配，分别确定各项固定资产的入账成本。

购入不需安装的固定资产，按照确定的固定资产成本，借记本科目，贷记“非流动资产基金——固定资产”科目；同时，按照实际支付金额，借记“事业支出”“经营支出”“专用基金——修购基金”等科目，贷记“财政补助收入”“零余额账户用款额度”“银行存款”等科目。

购入需要安装的固定资产，先通过“在建工程”科目核算。安装完工交付使用时，借记本科目，贷记“非流动资产基金——固定资产”科目；同时，借记“非流动资产基金——在建工程”科目，贷记“在建工程”科目。

购入固定资产扣留质量保证金的，应当在取得固定资产时，按照确定的成本，借记本科目［不需安装］或“在建工程”科目［需要安装］，贷记“非流动资产基金——固定资产、在建工程”科目。同时取得固定资产全款发票的，应当同时按照构成资产成本的全部支出金额，借记“事业支出”“经营支出”“专用基金——修购基金”等科目，按照实际支付金额，贷记“财政补助收入”“零余额账户用款额度”“银行存款”等科目，按照扣留的质量保证金，贷记“其他应付款”［扣留期在1年以内（含1年）］或“长期应付款”［扣留期超过1年］科目；取得的发票金额不包括质量保证金的，应当同时按照不包括质量保证金的支出金额，借记“事业支出”“经营支出”“专用基金——修购基金”等科目，贷记“财政补助收入”“零余额账户用款额度”“银行存款”等科目。质保期满支付质量保证金时，借记“其他应付款”“长期应付款”科目，或借记“事业支出”“经营支出”“专用基金——修购基金”等科目，贷记“财政补助收入”“零余额账户用款额度”“银行存款”等科目。

2.自行建造的固定资产，其成本包括建造该项资产至交付使用前所发生的全部必要支出。

工程完工交付使用时，按自行建造过程中发生的实际支出，借记本科目，贷记“非流动资产基金——固定资产”科目；同时，借记“非流动资产基金——在建工程”科目，贷记“在建工程”科目。已交付使用但尚未办理竣工决算手续的固定资产，按照估计价值入账，待确定实际成本后再进行调整。

3.在原有固定资产基础上进行改建、扩建、修缮后的固定资产，其成本按照原固定资产账面价值（“固定资产”科目账面余额减去“累计折旧”科目账面余额后的净值）[①]加上改建、扩建、修缮发生的支出，再扣除固定资产拆除部分的账面价值后的金额确定。

将固定资产转入改建、扩建、修缮时，按固定资产的账面价值，借记“在建工程”科目，贷记“非流动资产基金——在建工程”科目；同时，按固定资产对应的非流动资产基金，借记“非流动资产基金——固定资产”科目，按固定资产已计提折旧，借记“累计折旧”科目，按固定资产的账面余额，贷记本科目。

工程完工交付使用时，借记本科目，贷记“非流动资产基金——固定资产”科目；同时，借记“非流动资产基金——在建工程”科目，贷记“在建工程”科目。

4.以融资租赁租入的固定资产，其成本按照租赁协议或者合同确定的租赁价款、相关税费以及固定资产交付使用前所发生的可归属于该项资产的运输费、途中保险费、安装调试费等确定。

融资租入的固定资产，按照确定的成本，借记本科目［不需安装］或“在建工程”科目［需安装］，按照租赁协议或者合同确定的租赁价款，贷记“长期应付款”科目，按照其差额，贷记“非流动资产基金——固定资产、在建工程”科目。同时，按照实际支付的相关税费、运输费、途中保险费、安装调试费等，借记“事业支出”“经营支出”等科目，贷记“财政补助收入”“零余额账户用款额度”“银行存款”等科目。

定期支付租金时，按照支付的租金金额，借记“事业支出”“经营支出”等科目，贷记“财政补助收入”“零余额账户用款额度”“银行存款”等科目；同时，借记“长期应付款”科目，贷记“非流动资产基金——固定资产”科目。

跨年度分期付款购入固定资产的账务处理，参照融资租入固定资产。

5.接受捐赠、无偿调入的固定资产，其成本按照有关凭据注明的金额加上相关税费、运输费等确定；没有相关凭据的，其成本比照同类或类似固定资产的市场价格加上相关税费、运输费等确定；没有相关凭据、同类或类似固定资产的市场价格也无法可靠取得的，该固定资产按照名义金额入账。

接受捐赠、无偿调入的固定资产，按照确定的固定资产成本，借记本科目［不需安装］或“在建工程”科目［需安装］，贷记“非流动资产基金——固定资产、在建工程”科目；按照发生的相关税费、运输费等，借记“其他支出”科目，贷记“银行存款”等科目。

（二）按月计提固定资产折旧时，按照实际计提金额，借记“非流动资产基金——固定资产”科目，贷记“累计折旧”科目。

① 本制度所称账面价值，是指某会计科目的账面余额减去相关备抵科目（如“累计折旧”“累计摊销”科目）账面余额后的净值。本制度所称账面余额，是指某会计科目的账面实际余额。

（三）与固定资产有关的后续支出，应分别以下情况处理：

1. 为增加固定资产使用效能或延长其使用年限而发生的改建、扩建或修缮等后续支出，应当计入固定资产成本，通过“在建工程”科目核算，完工交付使用时转入本科目。有关账务处理参见“在建工程”科目。

2. 为维护固定资产的正常使用而发生的日常修理等后续支出，应当计入当期支出但不计入固定资产成本，借记“事业支出”“经营支出”等科目，贷记“财政补助收入”“零余额账户用款额度”“银行存款”等科目。

（四）报经批准出售、无偿调出、对外捐赠固定资产或以固定资产对外投资，应当分别以下情况处理：

1. 出售、无偿调出、对外捐赠固定资产，转入待处置资产时，按照待处置固定资产的账面价值，借记“待处置资产损溢”科目，按照已计提折旧，借记“累计折旧”科目，按照固定资产的账面余额，贷记本科目。

实际出售、调出、捐出时，按照处置固定资产对应的非流动资产基金，借记“非流动资产基金——固定资产”科目，贷记“待处置资产损溢”科目。

出售固定资产过程中取得价款、发生相关税费，以及出售价款扣除相关税费后的净收入的账务处理，参见“待处置资产损溢”科目。

2. 以固定资产对外投资，按照评估价值加上相关税费作为投资成本，借记“长期投资”科目，贷记“非流动资产基金——长期投资”科目，按发生的相关税费，借记“其他支出”科目，贷记“银行存款”“应缴税费”等科目；同时，按照投出固定资产对应的非流动资产基金，借记“非流动资产基金——固定资产”科目，按照投出固定资产已计提折旧，借记“累计折旧”科目，按照投出固定资产的账面余额，贷记本科目。

五、事业单位的固定资产应当定期进行清查盘点，每年至少盘点一次。对于发生的固定资产盘盈、盘亏或者报废、毁损，应当及时查明原因，按规定报经批准后进行账务处理。

（一）盘盈的固定资产，按照同类或类似固定资产的市场价格确定入账价值；同类或类似固定资产的市场价格无法可靠取得的，按照名义金额入账。

盘盈的固定资产，按照确定的入账价值，借记本科目，贷记“非流动资产基金——固定资产”科目。

（二）盘亏或者毁损、报废的固定资产，转入待处置资产时，按照待处置固定资产的账面价值，借记“待处置资产损溢”科目，按照已计提折旧，借记“累计折旧”科目，按照固定资产的账面余额，贷记本科目。

报经批准予以处置时，按照处置固定资产对应的非流动资产基金，借记“非流动资产基金——固定资产”科目，贷记“待处置资产损溢”科目。

处置毁损、报废固定资产过程中所取得的收入、发生的相关费用，以及处置收入扣除相关费用后的净收入的账务处理，参见“待处置资产损溢”科目。

六、本科目期末借方余额，反映事业单位固定资产的原价。

1502 累计折旧

一、本科目核算事业单位固定资产计提的累计折旧。

二、本科目应当按照所对应固定资产的类别、项目等进行明细核算。

三、事业单位应当对除下列各项资产以外的其他固定资产计提折旧：

（一）文物和陈列品；

（二）动植物；

（三）图书、档案；

（四）以名义金额计量的固定资产。

四、折旧是指在固定资产使用寿命内，按照确定的方法对应折旧金额进行系统分摊。有关说明如下：

（一）事业单位应当根据固定资产的性质和实际使用情况，合理确定其折旧年限。省级以上财政部门、主管部门对事业单位固定资产折旧年限作出规定的，从其规定。

（二）事业单位一般应当采用年限平均法或工作量法计提固定资产折旧。

（三）事业单位固定资产的应折旧金额为其成本，计提固定资产折旧不考虑预计净残值。

（四）事业单位一般应当按月计提固定资产折旧。当月增加的固定资产，当月不提折旧，从下月起计提折旧；当月减少的固定资产，当月照提折旧，从下月起不提折旧。

（五）固定资产提足折旧后，无论能否继续使用，均不再计提折旧；提前报废的固定资产，也不再补提折旧。已提足折旧的固定资产，可以继续使用的，应当继续使用，规范管理。

（六）计提融资租入固定资产折旧时，应当采用与自有固定资产相一致的折旧政策。能够合理确定租赁期届满时将会取得租入固定资产所有权的，应当在租入固定资产尚可使用年限内计提折旧；无法合理确定租赁期届满时能够取得租入固定资产所有权的，应当在租赁期与租入固定资产尚可使用年限二者中较短的期间内计提折旧。

（七）固定资产因改建、扩建或修缮等原因而延长其使用年限的，应当按照重新确定的固定资产的成本以及重新确定的折旧年限，重新计算折旧额。

五、累计折旧的主要账务处理如下：

（一）按月计提固定资产折旧时，按照应计提折旧金额，借记“非流动资产基金——固定资产”科目，贷记本科目。

（二）固定资产处置时，按照所处置固定资产的账面价值，借记“待处置资产损溢”科目，按照已计提折旧，借记本科目，按照固定资产的账面余额，贷记

“固定资产”科目。

六、本科目期末贷方余额，反映事业单位计提的固定资产折旧累计数。

1511　在建工程

一、本科目核算事业单位已经发生必要支出，但尚未完工交付使用的各种建筑（包括新建、改建、扩建、修缮等）和设备安装工程的实际成本。

二、本科目应当按照工程性质和具体工程项目等进行明细核算。

三、事业单位的基本建设投资应当按照国家有关规定单独建账、单独核算，同时按照本制度的规定至少按月并入本科目及其他相关科目反映。

事业单位应当在本科目下设置“基建工程”明细科目，核算由基建账套并入的在建工程成本。有关基建并账的具体账务处理另行规定。

四、在建工程（非基本建设项目）的主要账务处理如下：

（一）建筑工程

1.将固定资产转入改建、扩建或修缮等时，按照固定资产的账面价值，借记本科目，贷记“非流动资产基金——在建工程”科目；同时，按照固定资产对应的非流动资产基金，借记“非流动资产基金——固定资产”科目，按照已计提折旧，借记“累计折旧”科目，按照固定资产的账面余额，贷记“固定资产”科目。

2.根据工程价款结算账单与施工企业结算工程价款时，按照实际支付的工程价款，借记本科目，贷记“非流动资产基金——在建工程”科目；同时，借记“事业支出”等科目，贷记“财政补助收入”“零余额账户用款额度”“银行存款”等科目。

3.事业单位为建筑工程借入的专门借款的利息，属于建设期间发生的，计入在建工程成本，借记本科目，贷记“非流动资产基金——在建工程”科目；同时，借记“其他支出”科目，贷记“银行存款”科目。

4.工程完工交付使用时，按照建筑工程所发生的实际成本，借记“固定资产”科目，贷记“非流动资产基金——固定资产”科目；同时，借记“非流动资产基金——在建工程”科目，贷记本科目。

（二）设备安装

1.购入需要安装的设备，按照确定的成本，借记本科目，贷记“非流动资产基金——在建工程”科目；同时，按照实际支付金额，借记“事业支出”“经营支出”等科目，贷记“财政补助收入”“零余额账户用款额度”“银行存款”等科目。

融资租入需要安装的设备，按照确定的成本，借记本科目，按照租赁协议或者合同确定的租赁价款，贷记“长期应付款”科目，按照其差额，贷记“非流动资产基金——在建工程”科目。同时，按照实际支付的相关税费、运输费、途中保险费等，借记“事业支出”“经营支出”等科目，贷记“财政补助收入”“零余额账户用款额度”“银行存款”等科目。

2.发生安装费用，借记本科目，贷记“非流动资产基金——在建工程”科目；同时，借记“事业支出”“经营支出”等科目，贷记“财政补助收入”“零余额账户用款额度”“银行存款”等科目。

3.设备安装完工交付使用时，借记“固定资产”科目，贷记“非流动资产基金——固定资产”科目；同时，借记“非流动资产基金——在建工程”科目，贷记本科目。

五、本科目期末借方余额，反映事业单位尚未完工的在建工程发生的实际成本。

1601 无形资产

一、本科目核算事业单位无形资产的原价。

无形资产是指事业单位持有的没有实物形态的可辨认非货币性资产，包括专利权、商标权、著作权、土地使用权、非专利技术等。

事业单位购入的不构成相关硬件不可缺少组成部分的应用软件，应当作为无形资产核算。

二、本科目应当按照无形资产的类别、项目等进行明细核算。

三、无形资产的主要账务处理如下：

（一）无形资产在取得时，应当按照其实际成本入账。

1.外购的无形资产，其成本包括购买价款、相关税费以及可归属于该项资产达到预定用途所发生的其他支出。

购入的无形资产，按照确定的无形资产成本，借记本科目，贷记“非流动资产基金——无形资产”科目；同时，按照实际支付金额，借记“事业支出”等科目，贷记“财政补助收入”“零余额账户用款额度”“银行存款”等科目。

2.委托软件公司开发软件视同外购无形资产进行处理。

支付软件开发费时，按照实际支付金额，借记“事业支出”等科目，贷记“财政补助收入”“零余额账户用款额度”“银行存款”等科目。软件开发完成交付使用时，按照软件开发费总额，借记本科目，贷记“非流动资产基金——无形资产”科目。

3.自行开发并按法律程序申请取得的无形资产，按照依法取得时发生的注册费、聘请律师费等费用，借记本科目，贷记“非流动资产基金——无形资产”科目；同时，借记“事业支出”等科目，贷记“财政补助收入”“零余额账户用款额度”“银行存款”等科目。

依法取得前所发生的研究开发支出，应于发生时直接计入当期支出，借记“事业支出”等科目，贷记“银行存款”等科目。

4.接受捐赠、无偿调入的无形资产，其成本按照有关凭据注明的金额加上相关税费等确定；没有相关凭据的，其成本比照同类或类似无形资产的市场价格加上相关税费等确定；没有相关凭据、同类或类似无形资产的市场价格也无法可靠取得的，该资产按照名义金额入账。

接受捐赠、无偿调入的无形资产，按照确定的无形资产成本，借记本科目，贷记“非流动资产基金——无形资产”科目；按照发生的相关税费等，借记“其他支出”科目，贷记“银行存款”等科目。

（二）按月计提无形资产摊销时，按照应计提摊销金额，借记“非流动资产基金——无形资产”科目，贷记“累计摊销”科目。

（三）与无形资产有关的后续支出，应分别以下情况处理：

1.为增加无形资产的使用效能而发生的后续支出，如对软件进行升级改造或扩展其功能等所发生的支出，应当计入无形资产的成本，借记本科目，贷记“非流动资产基金——无形资产”科目；同时，借记“事业支出”等科目，贷记“财政补助收入”“零余额账户用款额度”“银行存款”等科目。

2.为维护无形资产的正常使用而发生的后续支出，如对软件进行漏洞修补、技术维护等所发生的支出，应当计入当期支出但不计入无形资产成本，借记“事业支出”等科目，贷记“财政补助收入”“零余额账户用款额度”“银行存款”等科目。

（四）报经批准转让、无偿调出、对外捐赠无形资产或以无形资产对外投资，应当分别以下情况处理：

1.转让、无偿调出、对外捐赠无形资产，转入待处置资产时，按照待处置无形资产的账面价值，借记“待处置资产损溢”科目，按照已计提摊销，借记“累计摊销”科目，按照无形资产的账面余额，贷记本科目。

实际转让、调出、捐出时，按照处置无形资产对应的非流动资产基金，借记“非流动资产基金——无形资产”科目，贷记“待处置资产损溢”科目。

转让无形资产过程中取得价款、发生相关税费，以及出售价款扣除相关税费后的净收入的账务处理，参见“待处置资产损溢”科目。

2.以已入账无形资产对外投资，按照评估价值加上相关税费作为投资成本，借记“长期投资”科目，贷记“非流动资产基金——长期投资”科目，按发生的相关税费，借记“其他支出”科目，贷记“银行存款”“应缴税费”等科目；同时，按照投出无形资产对应的非流动资产基金，借记“非流动资产基金——无形资产”科目，按照投出无形资产已计提摊销，借记“累计摊销”科目，按照投出无形资产的账面余额，贷记本科目。

（五）无形资产预期不能为事业单位带来服务潜力或经济利益的，应当按规定报经批准后将该无形资产的账面价值予以核销。

转入待处置资产时，按照待核销无形资产的账面价值，借记“待处置资产损溢”科目，按照已计提摊销，借记“累计摊销”科目，按照无形资产的账面余额，贷记本科目。

报经批准予以核销时，按照核销无形资产对应的非流动资产基金，借记“非流动资产基金——无形资产”科目，贷记“待处置资产损溢”科目。

四、本科目期末借方余额，反映事业单位无形资产的原价。

1602 累计摊销

一、本科目核算事业单位无形资产计提的累计摊销。

二、本科目应当按照对应无形资产的类别、项目等进行明细核算。

三、事业单位应当对无形资产进行摊销，以名义金额计量的无形资产除外。

摊销是指在无形资产使用寿命内，按照确定的方法对应摊销金额进行系统分摊。有关说明如下：

（一）事业单位应当按照如下原则确定无形资产的摊销年限：法律规定了有效年限的，按照法律规定的有效年限作为摊销年限；法律没有规定有效年限的，按照相关合同或单位申请书中的受益年限作为摊销年限；法律没有规定有效年限、相关合同或单位申请书也没有规定受益年限的，按照不少于10年的期限摊销。

（二）事业单位应当采用年限平均法对无形资产进行摊销。

（三）事业单位无形资产的应摊销金额为其成本。

（四）事业单位应当自无形资产取得当月起，按月计提无形资产摊销。

（五）因发生后续支出而增加无形资产成本的，应当按照重新确定的无形资产成本，重新计算摊销额。

四、累计摊销的主要账务处理如下：

（一）按月计提无形资产摊销时，按照应计提摊销金额，借记“非流动资产基金——无形资产”科目，贷记本科目。

（二）无形资产处置时，按照所处置无形资产的账面价值，借记“待处置资产损溢”科目，按照已计提摊销，借记本科目，按照无形资产的账面余额，贷记“无形资产”科目。

五、本科目期末贷方余额，反映事业单位计提的无形资产摊销累计数。

1701 待处置资产损溢

一、本科目核算事业单位待处置资产的价值及处置损溢。

事业单位资产处置包括资产的出售、出让、转让、对外捐赠、无偿调出、盘亏、报废、毁损以及货币性资产损失核销等。

二、本科目应当按照待处置资产项目进行明细核算；对于在处置过程中取得相关收入、发生相关费用的处置项目，还应设置“处置资产价值”“处置净收入”明细科目，进行明细核算。

三、事业单位处置资产一般应当先记入本科目，按规定报经批准后及时进行账务处理。年度终了结账前一般应处理完毕。

四、待处置资产损溢的主要账务处理如下：

（一）按规定报经批准予以核销的应收及预付款项、长期股权投资、无形资产。

1.转入待处置资产时，借记本科目［核销无形资产的，还应借记“累计摊销”科目］，贷记“应收账款”“预付账款”“其他应收款”“长期投资”“无形资产”等科目。

2.报经批准予以核销时，借记“其他支出”科目［应收及预付款项核销］或“非流动资产基金——长期投资、无形资产”科目［长期投资、无形资产核销］，贷记本科目。

（二）盘亏或者毁损、报废的存货、固定资产。

1.转入待处置资产时，借记本科目（处置资产价值）［处置固定资产的，还应借记“累计折旧”科目］，贷记“存货”“固定资产”等科目。

2.报经批准予以处置时，借记“其他支出”科目［处置存货］或“非流动资产基金——固定资产”科目［处置固定资产］，贷记本科目（处置资产价值）。

3.处置毁损、报废存货、固定资产过程中收到残值变价收入、保险理赔和过失人赔偿等，借记“库存现金”“银行存款”等科目，贷记本科目（处置净收入）。

4.处置毁损、报废存货、固定资产过程中发生相关费用，借记本科目（处置净收入），贷记“库存现金”“银行存款”等科目。

5.处置完毕，按照处置收入扣除相关处置费用后的净收入，借记本科目（处置净收入），贷记“应缴国库款”等科目。

（三）对外捐赠、无偿调出存货、固定资产、无形资产。

1.转入待处置资产时，借记本科目［捐赠、调出固定资产、无形资产的，还应借记“累计折旧”“累计摊销”科目］，贷记“存货”“固定资产”“无形资产”等科目。

2.实际捐出、调出时，借记“其他支出”科目［捐出、调出存货］或“非流动资产基金——固定资产、无形资产”科目［捐出、调出固定资产、无形资产］，贷记本科目。

（四）转让（出售）长期股权投资、固定资产、无形资产。

1.转入待处置资产时，借记本科目（处置资产价值）［转让固定资产、无形资产的，还应借记“累计折旧”“累计摊销”科目］，贷记“长期投资”“固定资产”“无形资产”等科目。

2.实际转让时，借记“非流动资产基金——长期投资、固定资产、无形资产”科目，贷记本科目（处置资产价值）。

3.转让过程中取得价款、发生相关税费，以及转让价款扣除相关税费后的净收入的账务处理，按照国家有关规定，比照本科目“四（二）”有关毁损、报废存货、固定资产进行处理。

五、本科目期末如为借方余额，反映尚未处置完毕的各种资产价值及净损失；期末如为贷方余额，反映尚未处置完毕的各种资产净溢余。年度终了报经批准处理后，本科目一般应无余额。

二、负债类

2001 短期借款

一、本科目核算事业单位借入的期限在1年内（含1年）的各种借款。

二、本科目应当按照贷款单位和贷款种类进行明细核算。

三、短期借款的主要账务处理如下：

（一）借入各种短期借款时，按照实际借入的金额，借记“银行存款”科目，贷记本科目。

（二）银行承兑汇票到期，本单位无力支付票款的，按照银行承兑汇票的票面金额，借记“应付票据”科目，贷记本科目。

（三）支付短期借款利息时，借记“其他支出”科目，贷记“银行存款”科目。

（四）归还短期借款时，借记本科目，贷记“银行存款”科目。

四、本科目期末贷方余额，反映事业单位尚未偿还的短期借款本金。

2101 应缴税费

一、本科目核算事业单位按照税法等规定计算应缴纳的各种税费，包括营业税[①]、增值税、城市维护建设税、教育费附加、车船税、房产税、城镇土地使用税、企业所得税等。

事业单位代扣代缴的个人所得税，也通过本科目核算。

事业单位应缴纳的印花税不需要预提应缴税费，直接通过支出等有关科目核算，不在本科目核算。

二、本科目应当按照应缴纳的税费种类进行明细核算。属于增值税一般纳税人的事业单位，其应缴增值税明细账中应设置“进项税额”“已交税金”“销项税额”“进项税额转出”等专栏。

---

① 自2011年以来，营业税改征增值税的范围逐步扩大，但本制度尚未修改，仍保留了营业税——作者注。

三、应缴税费的主要账务处理如下：

（一）发生营业税[1]、城市维护建设税、教育费附加纳税义务的，按税法规定计算的应缴税费金额，借记“待处置资产损溢——处置净收入”科目［出售不动产应缴的税费］或有关支出科目，贷记本科目。实际缴纳时，借记本科目，贷记“银行存款”科目。

（二）属于增值税一般纳税人的事业单位购入非自用材料的，按确定的成本（不含增值税进项税额），借记“存货”科目，按增值税专用发票上注明的增值税额，借记本科目（应缴增值税——进项税额），按实际支付或应付的金额，贷记“银行存款”“应付账款”等科目。

属于增值税一般纳税人的事业单位所购进的非自用材料发生盘亏、毁损、报废、对外捐赠、无偿调出等税法规定不得从增值税销项税额中抵扣进项税额的，将所购进的非自用材料转入待处置资产时，按照材料的账面余额与相关增值税进项税额转出金额的合计金额，借记“待处置资产损溢”科目，按材料的账面余额，贷记“存货”科目，按转出的增值税进项税额，贷记本科目（应缴增值税——进项税额转出）。

属于增值税一般纳税人的事业单位销售应税产品或提供应税服务，按包含增值税的价款总额，借记“银行存款”“应收账款”“应收票据”等科目，按扣除增值税销项税额后的价款金额，贷记“经营收入”等科目，按增值税专用发票上注明的增值税金额，贷记本科目（应缴增值税——销项税额）。

属于增值税一般纳税人的事业单位实际缴纳增值税时，借记本科目（应缴增值税——已交税金），贷记“银行存款”科目。

属于增值税小规模纳税人的事业单位销售应税产品或提供应税服务，按实际收到或应收的价款，借记“银行存款”“应收账款”“应收票据”等科目，按实际收到或应收价款扣除增值税额后的金额，贷记“经营收入”等科目，按应缴增值税金额，贷记本科目（应缴增值税）。实际缴纳增值税时，借记本科目（应缴增值税），贷记“银行存款”科目。

（三）发生房产税、城镇土地使用税、车船税纳税义务的，按税法规定计算的应缴税金数额，借记有关科目，贷记本科目。实际缴纳时，借记本科目，贷记“银行存款”科目。

（四）代扣代缴个人所得税的，按税法规定计算应代扣代缴的个人所得税金额，借记“应付职工薪酬”科目，贷记本科目。实际缴纳时，借记本科目，贷记“银行存款”科目。

（五）发生企业所得税纳税义务的，按税法规定计算的应缴税金数额，借记“非财政补助结余分配”科目，贷记本科目。实际缴纳时，借记本科目，贷记

① 自2011年以来，营业税改征增值税的范围逐步扩大，但本制度尚未修改，仍保留了营业税——作者注。

"银行存款"科目。

（六）发生其他纳税义务的，按照应缴纳的税费金额，借记有关科目，贷记本科目。实际缴纳时，借记本科目，贷记"银行存款"等科目。

四、本科目期末借方余额，反映事业单位多缴纳的税费金额；本科目期末贷方余额，反映事业单位应缴未缴的税费金额。

2102 应缴国库款

一、本科目核算事业单位按规定应缴入国库的款项（应缴税费除外）。

二、本科目应当按照应缴国库的各款项类别进行明细核算。

三、应缴国库款的主要账务处理如下：

（一）按规定计算确定或实际取得应缴国库的款项时，借记有关科目，贷记本科目。

（二）事业单位处置资产取得的应上缴国库的处置净收入的账务处理，参见"待处置资产损溢"科目。

（三）上缴款项时，借记本科目，贷记"银行存款"等科目。

四、本科目期末贷方余额，反映事业单位应缴入国库但尚未缴纳的款项。

2103 应缴财政专户款

一、本科目核算事业单位按规定应缴入财政专户的款项。

二、本科目应当按照应缴财政专户的各款项类别进行明细核算。

三、应缴财政专户款的主要账务处理如下：

（一）取得应缴财政专户的款项时，借记有关科目，贷记本科目。

（二）上缴款项时，借记本科目，贷记"银行存款"等科目。

四、本科目期末贷方余额，反映事业单位应缴入财政专户但尚未缴纳的款项。

2201 应付职工薪酬

一、本科目核算事业单位按有关规定应付给职工及为职工支付的各种薪酬。包括基本工资、绩效工资、国家统一规定的津贴补贴、社会保险费、住房公积金等。

二、本科目应当根据国家有关规定按照"工资（离退休费）""地方（部门）津贴补贴""其他个人收入"以及"社会保险费""住房公积金"等进行明细核算。

三、应付职工薪酬的主要账务处理如下：

（一）计算当期应付职工薪酬，借记"事业支出""经营支出"等科目，贷记本科目。

（二）向职工支付工资、津贴补贴等薪酬，借记本科目，贷记"财政补助收入”“零余额账户用款额度”“银行存款”等科目。

（三）按税法规定代扣代缴个人所得税，借记本科目，贷记“应缴税费——应缴个人所得税”科目。

（四）按照国家有关规定缴纳职工社会保险费和住房公积金，借记本科目，贷记“财政补助收入”“零余额账户用款额度”“银行存款”等科目。

（五）从应付职工薪酬中支付其他款项，借记本科目，贷记“财政补助收入”“零余额账户用款额度”“银行存款”等科目。

四、本科目期末贷方余额，反映事业单位应付未付的职工薪酬。

2301　应付票据

一、本科目核算事业单位因购买材料、物资等而开出、承兑的商业汇票，包括银行承兑汇票和商业承兑汇票。

二、本科目应当按照债权单位进行明细核算。

三、应付票据的主要账务处理如下：

（一）开出、承兑商业汇票时，借记“存货”等科目，贷记本科目。

以承兑商业汇票抵付应付账款时，借记“应付账款”科目，贷记本科目。

（二）支付银行承兑汇票的手续费时，借记“事业支出”“经营支出”等科目，贷记“银行存款”等科目。

（三）商业汇票到期时，应当分别以下情况处理：

1.收到银行支付到期票据的付款通知时，借记本科目，贷记“银行存款”科目。

2.银行承兑汇票到期，本单位无力支付票款的，按照汇票票面金额，借记本科目，贷记“短期借款”科目。

3.商业承兑汇票到期，本单位无力支付票款的，按照汇票票面金额，借记本科目，贷记“应付账款”科目。

四、事业单位应当设置“应付票据备查簿”，详细登记每一应付票据的种类、号数、出票日期、到期日、票面金额、交易合同号、收款人姓名或单位名称，以及付款日期和金额等资料。应付票据到期结清票款后，应当在备查簿内逐笔注销。

五、本科目期末贷方余额，反映事业单位开出、承兑的尚未到期的商业汇票票面金额。

2302　应付账款

一、本科目核算事业单位因购买材料、物资等而应付的款项。

二、本科目应当按照债权单位（或个人）进行明细核算。

三、应付账款的主要账务处理如下：

（一）购入材料、物资等已验收入库但货款尚未支付的，按照应付未付金额，借记“存货”等科目，贷记本科目。

（二）偿付应付账款时，按照实际支付的款项金额，借记本科目，贷记“银行存款”等科目。

（三）开出、承兑商业汇票抵付应付账款，借记本科目，贷记“应付票据”科目。

（四）无法偿付或债权人豁免偿还的应付账款，借记本科目，贷记“其他收入”科目。

四、本科目期末贷方余额，反映事业单位尚未支付的应付账款。

2303 预收账款

一、本科目核算事业单位按合同规定预收的款项。

二、本科目应当按照债权单位（或个人）进行明细核算。

三、预收账款的主要账务处理如下：

（一）从付款方预收款项时，按照实际预收的金额，借记“银行存款”等科目，贷记本科目。

（二）确认有关收入时，借记本科目，按照应确认的收入金额，贷记“经营收入”等科目，按照付款方补付或退回付款方的金额，借记或贷记“银行存款”等科目。

（三）无法偿付或债权人豁免偿还的预收账款，借记本科目，贷记“其他收入”科目。

四、本科目期末贷方余额，反映事业单位按合同规定预收但尚未实际结算的款项。

2305 其他应付款

一、本科目核算事业单位除应缴税费、应缴国库款、应缴财政专户款、应付职工薪酬、应付票据、应付账款、预收账款之外的其他各项偿还期限在1年内（含1年）的应付及暂收款项，如存入保证金等。

二、本科目应当按照其他应付款的类别以及债权单位（或个人）进行明细核算。

三、其他应付款的主要账务处理如下：

（一）发生其他各项应付及暂收款项时，借记“银行存款”等科目，贷记本科目。

（二）支付其他应付款项时，借记本科目，贷记“银行存款”等科目。

（三）无法偿付或债权人豁免偿还的其他应付款项，借记本科目，贷记“其他收入”科目。

四、本科目期末贷方余额，反映事业单位尚未支付的其他应付款。

2401　长期借款

一、本科目核算事业单位借入的期限超过1年（不含1年）的各种借款。

二、本科目应当按照贷款单位和贷款种类进行明细核算。对于基建项目借款，还应按具体项目进行明细核算。

三、长期借款的主要账务处理如下：

（一）借入各项长期借款时，按照实际借入的金额，借记“银行存款”科目，贷记本科目。

（二）为购建固定资产支付的专门借款利息，分别以下情况处理：

1.属于工程项目建设期间支付的，计入工程成本，按照支付的利息，借记“在建工程”科目，贷记“非流动资产基金——在建工程”科目；同时，借记“其他支出”科目，贷记“银行存款”科目。

2.属于工程项目完工交付使用后支付的，计入当期支出但不计入工程成本，按照支付的利息，借记“其他支出”科目，贷记“银行存款”科目。

（三）其他长期借款利息，按照支付的利息金额，借记“其他支出”科目，贷记“银行存款”科目。

（四）归还长期借款时，借记本科目，贷记“银行存款”科目。

四、本科目期末贷方余额，反映事业单位尚未偿还的长期借款本金。

2402　长期应付款

一、本科目核算事业单位发生的偿还期限超过1年（不含1年）的应付款项，如以融资租赁租入固定资产的租赁费、跨年度分期付款购入固定资产的价款等。

二、本科目应当按照长期应付款的类别以及债权单位（或个人）进行明细核算。

三、长期应付款的主要账务处理如下：

（一）发生长期应付款时，借记“固定资产”“在建工程”等科目，贷记本科目、“非流动资产基金”等科目。

（二）支付长期应付款时，借记“事业支出”“经营支出”等科目，贷记“银行存款”等科目；同时，借记本科目，贷记“非流动资产基金”科目。

（三）无法偿付或债权人豁免偿还的长期应付款，借记本科目，贷记“其他收入”科目。

四、本科目期末贷方余额，反映事业单位尚未支付的长期应付款。

三、净资产类

3001 事业基金

一、本科目核算事业单位拥有的非限定用途的净资产，主要为非财政补助结余扣除结余分配后滚存的金额。

二、事业基金的主要账务处理如下：

（一）年末，将“非财政补助结余分配”科目余额转入事业基金，借记或贷记“非财政补助结余分配”科目，贷记或借记本科目。

（二）年末，将留归本单位使用的非财政补助专项（项目已完成）剩余资金转入事业基金，借记“非财政补助结转——××项目”科目，贷记本科目。

（三）以货币资金取得长期股权投资、长期债券投资，按照实际支付的全部价款（包括购买价款以及税金、手续费等相关税费）作为投资成本，借记“长期投资”科目，贷记“银行存款”等科目；同时，按照投资成本金额，借记本科目，贷记“非流动资产基金——长期投资”科目。

（四）对外转让或到期收回长期债券投资本息，按照实际收到的金额，借记“银行存款”等科目，按照收回长期投资的成本，贷记“长期投资”科目，按照其差额，贷记或借记“其他收入——投资收益”科目；同时，按照收回长期投资对应的非流动资产基金，借记“非流动资产基金——长期投资”科目，贷记本科目。

三、事业单位发生需要调整以前年度非财政补助结余的事项，通过本科目核算。国家另有规定的，从其规定。

四、本科目期末贷方余额，反映事业单位历年积存的非限定用途净资产的金额。

3101 非流动资产基金

一、本科目核算事业单位长期投资、固定资产、在建工程、无形资产等非流动资产占用的金额。

二、本科目应当设置“长期投资”“固定资产”“在建工程”“无形资产”等明细科目，进行明细核算。

三、非流动资产基金的主要账务处理如下：

（一）非流动资产基金应当在取得长期投资、固定资产、在建工程、无形资产等非流动资产或发生相关支出时予以确认。

取得相关资产或发生相关支出时，借记“长期投资”“固定资产”“在建工程”“无形资产”等科目，贷记本科目等有关科目；同时或待以后发生相关支出时，借记“事业支出”等有关科目，贷记“财政补助收入”“零余额账户用款额度”“银行存款”等科目。

（二）计提固定资产折旧、无形资产摊销时，应当冲减非流动资产基金。

计提固定资产折旧、无形资产摊销时，按照计提的折旧、摊销金额，借记本科目（固定资产、无形资产），贷记“累计折旧”“累计摊销”科目。

（三）处置长期投资、固定资产、无形资产，以及以固定资产、无形资产对外投资时，应当冲销该资产对应的非流动资产基金。

1.以固定资产、无形资产对外投资，按照评估价值加上相关税费作为投资成本，借记“长期投资”科目，贷记本科目（长期投资），按发生的相关税费，借记“其他支出”科目，贷记“银行存款”等科目；同时，按照投出固定资产、无形资产对应的非流动资产基金，借记本科目（固定资产、无形资产），按照投出资产已提折旧、摊销，借记“累计折旧”“累计摊销”科目，按照投出资产的账面余额，贷记“固定资产”“无形资产”科目。

2.出售或以其他方式处置长期投资、固定资产、无形资产，转入待处置资产时，借记“待处置资产损溢”“累计折旧”［处置固定资产］或“累计摊销”［处置无形资产］科目，贷记“长期投资”“固定资产”“无形资产”等科目。

实际处置时，借记本科目（有关资产明细科目），贷记“待处置资产损溢”科目。

四、本科目期末贷方余额，反映事业单位非流动资产占用的金额。

3201　专用基金

一、本科目核算事业单位按规定提取或者设置的具有专门用途的净资产，主要包括修购基金、职工福利基金等。

二、本科目应当按照专用基金的类别进行明细核算。

三、专用基金的主要账务处理如下：

（一）提取修购基金

按规定提取修购基金的，按照提取金额，借记“事业支出”“经营支出”科目，贷记本科目（修购基金）。

（二）提取职工福利基金

年末，按规定从本年度非财政补助结余中提取职工福利基金的，按照提取金额，借记“非财政补助结余分配”科目，贷记本科目（职工福利基金）。

（三）提取、设置其他专用基金

若有按规定提取的其他专用基金，按照提取金额，借记有关支出科目或“非财政补助结余分配”等科目，贷记本科目。

若有按规定设置的其他专用基金，按照实际收到的基金金额，借记“银行存款”等科目，贷记本科目。

（四）使用专用基金

按规定使用专用基金时，借记本科目，贷记“银行存款”等科目；使用专用基金形成固定资产的，还应借记“固定资产”科目，贷记“非流动资产基金——固定资产”科目。

四、本科目期末贷方余额，反映事业单位专用基金余额。

3301 财政补助结转

一、本科目核算事业单位滚存的财政补助结转资金，包括基本支出结转和项目支出结转。

二、本科目应当设置“基本支出结转”“项目支出结转”两个明细科目，并在“基本支出结转”明细科目下按照“人员经费”“日常公用经费”进行明细核算，在“项目支出结转”明细科目下按照具体项目进行明细核算；本科目还应按照《政府收支分类科目》中“支出功能分类科目”的相关科目进行明细核算。

三、财政补助结转的主要账务处理如下：

（一）期末，将财政补助收入本期发生额结转入本科目，借记“财政补助收入——基本支出、项目支出”科目，贷记本科目（基本支出结转、项目支出结转）；将事业支出（财政补助支出）本期发生额结转入本科目，借记本科目（基本支出结转、项目支出结转），贷记“事业支出——财政补助支出（基本支出、项目支出）”或“事业支出——基本支出（财政补助支出）、项目支出（财政补助支出）”科目。

（二）年末，完成上述（一）结转后，应当对财政补助各明细项目执行情况进行分析，按照有关规定将符合财政补助结余性质的项目余额转入财政补助结余，借记或贷记本科目（项目支出结转——××项目），贷记或借记“财政补助结余”科目。

（三）按规定上缴财政补助结转资金或注销财政补助结转额度的，按照实际上缴资金数额或注销的资金额度数额，借记本科目，贷记“财政应返还额度”“零余额账户用款额度”“银行存款”等科目。取得主管部门归集调入财政补助结转资金或额度的，做相反会计分录。

四、事业单位发生需要调整以前年度财政补助结转的事项，通过本科目核算。

五、本科目期末贷方余额，反映事业单位财政补助结转资金数额。

3302 财政补助结余

一、本科目核算事业单位滚存的财政补助项目支出结余资金。

二、本科目应当按照《政府收支分类科目》中“支出功能分类科目”的相关科目进行明细核算。

三、财政补助结余的主要账务处理如下：

（一）年末，对财政补助各明细项目执行情况进行分析，按照有关规定将符合财政补助结余性质的项目余额转入财政补助结余，借记或贷记“财政补助结转——项目支出结转（××项目）”科目，贷记或借记本科目。

（二）按规定上缴财政补助结余资金或注销财政补助结余额度的，按照实际上缴资金数额或注销的资金额度数额，借记本科目，贷记“财政应返还额度”“零余额账户用款额度”“银行存款”等科目。取得主管部门归集调入财政补助结余资金或额度的，做相反会计分录。

四、事业单位发生需要调整以前年度财政补助结余的事项，通过本科目核算。

五、本科目期末贷方余额，反映事业单位财政补助结余资金数额。

3401　非财政补助结转

一、本科目核算事业单位除财政补助收支以外的各专项资金收入与其相关支出相抵后剩余滚存的、须按规定用途使用的结转资金。

二、本科目应当按照非财政专项资金的具体项目进行明细核算。

三、非财政补助结转的主要账务处理如下：

（一）期末，将事业收入、上级补助收入、附属单位上缴收入、其他收入本期发生额中的专项资金收入结转入本科目，借记“事业收入”“上级补助收入”“附属单位上缴收入”“其他收入”科目下各专项资金收入明细科目，贷记本科目；将事业支出、其他支出本期发生额中的非财政专项资金支出结转入本科目，借记本科目，贷记“事业支出——非财政专项资金支出”或“事业支出——项目支出（非财政专项资金支出）”“其他支出”科目下各专项资金支出明细科目。

（二）年末，完成上述（一）结转后，应当对非财政补助专项结转资金各项目情况进行分析，将已完成项目的项目剩余资金区分以下情况处理：缴回原专项资金拨入单位的，借记本科目（××项目），贷记“银行存款”等科目；留归本单位使用的，借记本科目（××项目），贷记“事业基金”科目。

四、事业单位发生需要调整以前年度非财政补助结转的事项，通过本科目核算。

五、本科目期末贷方余额，反映事业单位非财政补助专项结转资金数额。

3402　事业结余

一、本科目核算事业单位一定期间除财政补助收支、非财政专项资金收支和经营收支以外各项收支相抵后的余额。

二、事业结余的主要账务处理如下：

（一）期末，将事业收入、上级补助收入、附属单位上缴收入、其他收入本期发生额中的非专项资金收入结转入本科目，借记“事业收入”“上级补助收入”“附属单位上缴收入”“其他收入”科目下各非专项资金收入明细科目，贷记本科目；将事业支出、其他支出本期发生额中的非财政、非专项资金支出，以及对附属单位补助支出、上缴上级支出的本期发生额结转入本科目，借记本科目，贷记“事业支出——其他资金支出”或“事业支出——基本支出（其他资金支出）、项目支出（其他资金支出）”科目、“其他支出”科目下各非专项资金支出明细科目、“对附属单位补助支出”“上缴上级支出”科目。

（二）年末，完成上述（一）结转后，将本科目余额结转入“非财政补助结余分配”科目，借记或贷记本科目，贷记或借记“非财政补助结余分配”科目。

三、本科目期末如为贷方余额，反映事业单位自年初至报告期末累计实现的事业结余；如为借方余额，反映事业单位自年初至报告期末累计发生的事业亏损。年末结账后，本科目应无余额。

3403 经营结余

一、本科目核算事业单位一定期间各项经营收支相抵后余额弥补以前年度经营亏损后的余额。

二、经营结余的主要账务处理如下：

（一）期末，将经营收入本期发生额结转入本科目，借记“经营收入”科目，贷记本科目；将经营支出本期发生额结转入本科目，借记本科目，贷记“经营支出”科目。

（二）年末，完成上述（一）结转后，如本科目为贷方余额，将本科目余额结转入“非财政补助结余分配”科目，借记本科目，贷记“非财政补助结余分配”科目；如本科目为借方余额，为经营亏损，不予结转。

三、本科目期末如为贷方余额，反映事业单位自年初至报告期末累计实现的经营结余弥补以前年度经营亏损后的经营结余；如为借方余额，反映事业单位截至报告期末累计发生的经营亏损。

年末结账后，本科目一般无余额；如为借方结余，反映事业单位累计发生的经营亏损。

3404 非财政补助结余分配

一、本科目核算事业单位本年度非财政补助结余分配的情况和结果。

二、非财政补助结余分配的主要账务处理如下：

（一）年末，将“事业结余”科目余额结转入本科目，借记或贷记“事业结余”科目，贷记或借记本科目；将“经营结余”科目贷方余额结转入本科目，借记“经营结余”科目，贷记本科目。

（二）有企业所得税缴纳义务的事业单位计算出应缴纳的企业所得税，借记本科目，贷记“应缴税费——应缴企业所得税”科目。

（三）按照有关规定提取职工福利基金的，按提取的金额，借记本科目，贷记“专用基金——职工福利基金”科目。

（四）年末，按规定完成上述（一）至（三）处理后，将本科目余额结转入事业基金，借记或贷记本科目，贷记或借记“事业基金”科目。

三、年末结账后，本科目应无余额。

四、收入类

4001　财政补助收入

一、本科目核算事业单位从同级财政部门取得的各类财政拨款，包括基本支出补助和项目支出补助。

二、本科目应当设置“基本支出”和“项目支出”两个明细科目；两个明细科目下按照《政府收支分类科目》中“支出功能分类”的相关科目进行明细核算；同时在“基本支出”明细科目下按照“人员经费”和“日常公用经费”进行明细核算，在“项目支出”明细科目下按照具体项目进行明细核算。

三、财政补助收入的主要账务处理如下：

（一）财政直接支付方式下，对财政直接支付的支出，事业单位根据财政国库支付执行机构委托代理银行转来的《财政直接支付入账通知书》及原始凭证，按照通知书中的直接支付入账金额，借记有关科目，贷记本科目。

年度终了，根据本年度财政直接支付预算指标数与当年财政直接支付实际支出数的差额，借记“财政应返还额度——财政直接支付”科目，贷记本科目。

（二）财政授权支付方式下，事业单位根据代理银行转来的《授权支付到账通知书》，按照通知书中的授权支付额度，借记“零余额账户用款额度”科目，贷记本科目。

年度终了，事业单位本年度财政授权支付预算指标数大于零余额账户用款额度下达数的，根据未下达的用款额度，借记“财政应返还额度——财政授权支付”科目，贷记本科目。

（三）其他方式下，实际收到财政补助收入时，按照实际收到的金额，借记“银行存款”等科目，贷记本科目。

（四）因购货退回等发生国库直接支付款项退回的，属于以前年度支付的款项，按照退回金额，借记“财政应返还额度”科目，贷记“财政补助结转”“财政补助结余”“存货”等有关科目；属于本年度支付的款项，按照退回金额，借记本科目，贷记“事业支出”“存货”等有关科目。

（五）期末，将本科目本期发生额转入财政补助结转，借记本科目，贷记

“财政补助结转”科目。

四、期末结账后，本科目应无余额。

4101 事业收入

一、本科目核算事业单位开展专业业务活动及其辅助活动取得的收入。

二、本科目应当按照事业收入类别、项目、《政府收支分类科目》中“支出功能分类”相关科目等进行明细核算。事业收入中如有专项资金收入，还应按具体项目进行明细核算。

三、事业收入的主要账务处理如下：

（一）采用财政专户返还方式管理的事业收入。

1.收到应上缴财政专户的事业收入时，按照收到的款项金额，借记“银行存款”“库存现金”等科目，贷记“应缴财政专户款”科目。

2.向财政专户上缴款项时，按照实际上缴的款项金额，借记“应缴财政专户款”科目，贷记“银行存款”等科目。

3.收到从财政专户返还的事业收入时，按照实际收到的返还金额，借记“银行存款”等科目，贷记本科目。

（二）其他事业收入。

收到事业收入时，按照收到的款项金额，借记“银行存款”“库存现金”等科目，贷记本科目。

涉及增值税业务的，相关账务处理参照“经营收入”科目。

（三）期末，将本科目本期发生额中的专项资金收入结转入非财政补助结转，借记本科目下各专项资金收入明细科目，贷记“非财政补助结转”科目；将本科目本期发生额中的非专项资金收入结转入事业结余，借记本科目下各非专项资金收入明细科目，贷记“事业结余”科目。

四、期末结账后，本科目应无余额。

4201 上级补助收入

一、本科目核算事业单位从主管部门和上级单位取得的非财政补助收入。

二、本科目应当按照发放补助单位、补助项目、《政府收支分类科目》中“支出功能分类”相关科目等进行明细核算。上级补助收入中如有专项资金收入，还应按具体项目进行明细核算。

三、上级补助收入的主要账务处理如下：

（一）收到上级补助收入时，按照实际收到的金额，借记“银行存款”等科目，贷记本科目。

（二）期末，将本科目本期发生额中的专项资金收入结转入非财政补助结转，借记本科目下各专项资金收入明细科目，贷记“非财政补助结转”科目；将本科目本期发生额中的非专项资金收入结转入事业结余，借记本科目下各非专项资金收入明细科目，贷记“事业结余”科目。

四、期末结账后，本科目应无余额。

4301　附属单位上缴收入

一、本科目核算事业单位附属独立核算单位按照有关规定上缴的收入。

二、本科目应当按照附属单位、缴款项目、《政府收支分类科目》中“支出功能分类”相关科目等进行明细核算。附属单位上缴收入中如有专项资金收入，还应按具体项目进行明细核算。

三、附属单位上缴收入的主要账务处理如下：

（一）收到附属单位缴来款项时，按照实际收到金额，借记“银行存款”等科目，贷记本科目。

（二）期末，将本科目本期发生额中的专项资金收入结转入非财政补助结转，借记本科目下各专项资金收入明细科目，贷记“非财政补助结转”科目；将本科目本期发生额中的非专项资金收入结转入事业结余，借记本科目下各非专项资金收入明细科目，贷记“事业结余”科目。

四、期末结账后，本科目应无余额。

4401　经营收入

一、本科目核算事业单位在专业业务活动及其辅助活动之外开展非独立核算经营活动取得的收入。

二、本科目应当按照经营活动类别、项目、《政府收支分类科目》中“支出功能分类”相关科目等进行明细核算。

三、经营收入的主要账务处理如下：

（一）经营收入应当在提供服务或发出存货，同时收讫价款或者取得索取价款的凭据时，按照实际收到或应收的金额确认收入。

实现经营收入时，按照确定的收入金额，借记“银行存款”“应收账款”“应收票据”等科目，贷记本科目。

属于增值税小规模纳税人的事业单位实现经营收入，按实际出售价款，借记“银行存款”“应收账款”“应收票据”等科目，按出售价款扣除增值税额后的金额，贷记本科目，按应缴增值税金额，贷记“应缴税费——应缴增值税”科目。

属于增值税一般纳税人的事业单位实现经营收入，按包含增值税的价款总额，借记“银行存款”“应收账款”“应收票据”等科目，按扣除增值税销项税额后的价款金额，贷记本科目，按增值税专用发票上注明的增值税金额，贷记“应缴税费——应缴增值税（销项税额）”科目。

（二）期末，将本科目本期发生额转入经营结余，借记本科目，贷记“经营结余”科目。

四、期末结账后，本科目应无余额。

4501　其他收入

一、本科目核算事业单位除财政补助收入、事业收入、上级补助收入、附属单位上缴收入、经营收入以外的各项收入，包括投资收益、银行存款利息收入、租金收入、捐赠收入、现金盘盈收入、存货盘盈收入、收回已核销应收及预付款项、无法偿付的应付及预收款项等。

二、本科目应当按照其他收入的类别、《政府收支分类科目》中“支出功能分类”相关科目等进行明细核算。对于事业单位对外投资实现的投资净损益，应单设“投资收益”明细科目进行核算；其他收入中如有专项资金收入（如限定用途的捐赠收入），还应按具体项目进行明细核算。

三、其他收入的主要账务处理如下：

（一）投资收益。

1.对外投资持有期间收到利息、利润等时，按实际收到的金额，借记“银行存款”等科目，贷记本科目（投资收益）。

2.出售或到期收回国债投资本息，按照实际收到的金额，借记“银行存款”等科目，按照出售或收回国债投资的成本，贷记“短期投资”“长期投资”科目，按其差额，贷记或借记本科目（投资收益）。

（二）银行存款利息收入、租金收入。

收到银行存款利息、资产承租人支付的租金，按照实际收到的金额，借记“银行存款”等科目，贷记本科目。

（三）捐赠收入。

1.接受捐赠现金资产，按照实际收到的金额，借记“银行存款”等科目，贷记本科目。

2.接受捐赠的存货验收入库，按照确定的成本，借记“存货”科目，按照发生的相关税费、运输费等，贷记“银行存款”等科目，按照其差额，贷记本科目。

接受捐赠固定资产、无形资产等非流动资产，不通过本科目核算。

（四）现金盘盈收入。

每日现金账款核对中如发现现金溢余，属于无法查明原因的部分，借记“库存现金”科目，贷记本科目。

（五）存货盘盈收入。

盘盈的存货，按照确定的入账价值，借记“存货”科目，贷记本科目。

（六）收回已核销应收及预付款项。

已核销应收账款、预付账款、其他应收款在以后期间收回的，按照实际收回的金额，借记“银行存款”等科目，贷记本科目。

（七）无法偿付的应付及预收款项。

无法偿付或债权人豁免偿还的应付账款、预收账款、其他应付款及长期应付款，借记“应付账款”“预收账款”“其他应付款”“长期应付款”等科目，贷记本科目。

（八）期末，将本科目本期发生额中的专项资金收入结转入非财政补助结转，借记本科目下各专项资金收入明细科目，贷记“非财政补助结转”科目；将本科目本期发生额中的非专项资金收入结转入事业结余，借记本科目下各非专项资金收入明细科目，贷记“事业结余”科目。

四、期末结账后，本科目应无余额。

五、支出类

5001　事业支出

一、本科目核算事业单位开展专业业务活动及其辅助活动发生的基本支出和项目支出。

二、本科目应当按照“基本支出”和“项目支出”“财政补助支出”和“非财政专项资金支出”及“其他资金支出”等层级进行明细核算，并按照《政府收支分类科目》中“支出功能分类”相关科目进行明细核算；“基本支出”和“项目支出”明细科目下应当按照《政府收支分类科目》中“支出经济分类”的款级科目进行明细核算；同时在“项目支出”明细科目下按照具体项目进行明细核算。

三、事业支出的主要账务处理如下：

（一）为从事专业业务活动及其辅助活动人员计提的薪酬等，借记本科目，贷记“应付职工薪酬”等科目。

（二）开展专业业务活动及其辅助活动领用的存货，按领用存货的实际成本，借记本科目，贷记“存货”科目。

（三）开展专业业务活动及其辅助活动中发生的其他各项支出，借记本科目，贷记“库存现金”“银行存款”“零余额账户用款额度”“财政补助收入”等科目。

（四）期末，将本科目（财政补助支出）本期发生额结转入“财政补助结转”科目，借记“财政补助结转——基本支出结转、项目支出结转”科目，贷记本科目（财政补助支出——基本支出、项目支出）或本科目（基本支出——财政补助支出、项目支出——财政补助支出）；将本科目（非财政专项资金支出）本期发生额结转入“非财政补助结转”科目，借记“非财政补助结转”科目，贷记本科目（非财政专项资金支出）或本科目（项目支出——非财政专项资金支出）；将本科目（其他资金支出）本期发生额结转入“事业结余”科目，借记“事业结余”科目，贷记本科目（其他资金支出）或本科目（基本支出——其他资金支出、项目支出——其他资金支出）。

四、期末结账后，本科目应无余额。

5101 上缴上级支出

一、本科目核算事业单位按照财政部门和主管部门的规定上缴上级单位的支出。

二、本科目应当按照收缴款项单位、缴款项目、《政府收支分类科目》中“支出功能分类”相关科目等进行明细核算。

三、上缴上级支出的主要账务处理如下：

（一）按规定将款项上缴上级单位的，按照实际上缴的金额，借记本科目，贷记“银行存款”等科目。

（二）期末，将本科目本期发生额转入事业结余，借记“事业结余”科目，贷记本科目。

四、期末结账后，本科目应无余额。

5201 对附属单位补助支出

一、本科目核算事业单位用财政补助收入之外的收入对附属单位补助发生的支出。

二、本科目应当按照接受补助单位、补助项目、《政府收支分类科目》中“支出功能分类”相关科目等进行明细核算。

三、对附属单位补助支出的主要账务处理如下：

（一）发生对附属单位补助支出的，按照实际支出的金额，借记本科目，贷记“银行存款”等科目。

（二）期末，将本科目本期发生额转入事业结余，借记“事业结余”科目，贷记本科目。

四、期末结账后，本科目应无余额。

5301 经营支出

一、本科目核算事业单位在专业业务活动及其辅助活动之外开展非独立核算经营活动发生的支出。

二、事业单位开展非独立核算经营活动的，应当正确归集开展经营活动发生的各项费用数；无法直接归集的，应当按照规定的标准或比例合理分摊。

事业单位的经营支出与经营收入应当配比。

三、本科目应当按照经营活动类别、项目、《政府收支分类科目》中“支出功能分类”相关科目等进行明细核算。

四、经营支出的主要账务处理如下：

（一）为在专业业务活动及其辅助活动之外开展非独立核算经营活动人员计提的薪酬等，借记本科目，贷记“应付职工薪酬”等科目。

（二）在专业业务活动及其辅助活动之外开展非独立核算经营活动领用、发出的存货，按领用、发出存货的实际成本，借记本科目，贷记“存货”科目。

（三）在专业业务活动及其辅助活动之外开展非独立核算经营活动中发生的其他各项支出，借记本科目，贷记“库存现金”“银行存款”“应缴税费”等科目。

（四）期末，将本科目本期发生额转入经营结余，借记“经营结余”科目，贷记本科目。

五、期末结账后，本科目应无余额。

5401　其他支出

一、本科目核算事业单位除事业支出、上缴上级支出、对附属单位补助支出、经营支出以外的各项支出，包括利息支出、捐赠支出、现金盘亏损失、资产处置损失、接受捐赠（调入）非流动资产发生的税费支出等。

二、本科目应当按照其他支出的类别、《政府收支分类科目》中“支出功能分类”相关科目等进行明细核算。其他支出中如有专项资金支出，还应按具体项目进行明细核算。

三、其他支出的主要账务处理如下：

（一）利息支出。

支付银行借款利息时，借记本科目，贷记“银行存款”科目。

（二）捐赠支出。

1.对外捐赠现金资产，借记本科目，贷记“银行存款”等科目。

2.对外捐出存货，借记本科目，贷记“待处置资产损溢”科目。

对外捐赠固定资产、无形资产等非流动资产，不通过本科目核算。

（三）现金盘亏损失。

每日现金账款核对中如发现现金短缺，属于无法查明原因的部分，报经批准后，借记本科目，贷记“库存现金”科目。

（四）资产处置损失。

报经批准核销应收及预付款项、处置存货，借记本科目，贷记“待处置资产损溢”科目。

（五）接受捐赠（调入）非流动资产发生的税费支出。

接受捐赠、无偿调入非流动资产发生的相关税费、运输费等，借记本科目，贷记“银行存款”等科目。

以固定资产、无形资产取得长期股权投资，所发生的相关税费记入本科目。具体账务处理参见“长期投资”科目。

（六）期末，将本科目本期发生额中的专项资金支出结转入非财政补助结转，借记“非财政补助结转”科目，贷记本科目下各专项资金支出明细科目；将本科目本期发生额中的非专项资金支出结转入事业结余，借记“事业结余”科目，贷记本科目下各非专项资金支出明细科目。

四、期末结账后，本科目应无余额。

第四部分　会计报表格式

编　号	财务报表名称	编制期
会事业01表	资产负债表	月度、年度
会事业02表	收入支出表	月度、年度
会事业03表	财政补助收入支出表	年度
	附注	年度

资产负债表　　会事业01表

编制单位：　　________年____月____日　　单位：元

资　产	期末余额	年初余额	负债和净资产	期末余额	年初余额
流动资产：			流动负债：		
货币资金			短期借款		
短期投资			应缴税费		
财政应返还额度			应缴国库款		
应收票据			应缴财政专户款		
应收账款			应付职工薪酬		
预付账款			应付票据		
其他应收款			应付账款		
存货			预收账款		
其他流动资产			其他应付款		
流动资产合计			其他流动负债		
非流动资产：			流动负债合计		
长期投资			非流动负债：		
固定资产			长期借款		
固定资产原价			长期应付款		
减：累计折旧			非流动负债合计		
在建工程			负债合计		
无形资产			净资产：		
无形资产原价			事业基金		

续表

资　产	期末余额	年初余额	负债和净资产	期末余额	年初余额
减：累计摊销			非流动资产基金		
待处置资产损溢			专用基金		
非流动资产合计			财政补助结转		
			财政补助结余		
			非财政补助结转		
			非财政补助结余		
			1.事业结余		
			2.经营结余		
			净资产合计		
资产总计			负债和净资产总计		

收入支出表

会事业02表

编制单位：　　　　________年____月____日　　　　单位：元

项　目	本月数	本年累计数
一、本期财政补助结转结余		
财政补助收入		
减：事业支出（财政补助支出）		
二、本期事业结转结余		
（一）事业类收入		
1.事业收入		
2.上级补助收入		
3.附属单位上缴收入		
4.其他收入		
其中：捐赠收入		
减：（二）事业类支出		
1.事业支出（非财政补助支出）		
2.上缴上级支出		
3.对附属单位补助支出		
4.其他支出		
三、本期经营结余		
经营收入		
减：经营支出		
四、弥补以前年度亏损后的经营结余		
五、本年非财政补助结转结余		
减：非财政补助结转		
六、本年非财政补助结余		
减：应缴企业所得税		
减：提取专用基金		
七、转入事业基金		

财政补助收入支出表

会事业03表

编制单位： ________年度 单位：元

项　目	本年数	上年数
一、年初财政补助结转结余		—
（一）基本支出结转		—
1. 人员经费		—
2. 日常公用经费		—
（二）项目支出结转		—
××项目		—
（三）项目支出结余		—
二、调整年初财政补助结转结余		—
（一）基本支出结转		—
1. 人员经费		—
2. 日常公用经费		—
（二）项目支出结转		—
××项目		—
（三）项目支出结余		—
三、本年归集调入财政补助结转结余		
（一）基本支出结转		
1. 人员经费		
2. 日常公用经费		
（二）项目支出结转		
××项目		
（三）项目支出结余		
四、本年上缴财政补助结转结余		
（一）基本支出结转		
1. 人员经费		
2. 日常公用经费		
（二）项目支出结转		
××项目		

续表

项　目	本年数	上年数
（三）项目支出结余		
五、本年财政补助收入		
（一）基本支出		
1.人员经费		
2.日常公用经费		
（二）项目支出		
××项目		
六、本年财政补助支出		
（一）基本支出		
1.人员经费		
2.日常公用经费		
（二）项目支出		
××项目		
七、年末财政补助结转结余		—
（一）基本支出结转		—
1.人员经费		—
2.日常公用经费		—
（二）项目支出结转		—
××项目		—
（三）项目支出结余		—

第五部分　财务报表编制说明

一、资产负债表编制说明

（一）本表反映事业单位在某一特定日期全部资产、负债和净资产的情况。

（二）本表“年初余额”栏内各项数字，应当根据上年年末资产负债表“期末余额”栏内数字填列。如果本年度资产负债表规定的各个项目的名称和内容同上年度不相一致，应对上年年末资产负债表各项目的名称和数字按照本年度的规定进行调整，填入本表“年初余额”栏内。

（三）本表“期末余额”栏各项目的内容和填列方法：

1.资产类项目

（1）“货币资金”项目，反映事业单位期末库存现金、银行存款和零余额账户用款额度的合计数。本项目应当根据“库存现金”“银行存款”“零余额账户用款额度”科目的期末余额合计填列。

（2）“短期投资”项目，反映事业单位期末持有的短期投资成本。本项目应当根据“短期投资”科目的期末余额填列。

（3）“财政应返还额度”项目，反映事业单位期末财政应返还额度的金额。本项目应当根据“财政应返还额度”科目的期末余额填列。

（4）“应收票据”项目，反映事业单位期末持有的应收票据的票面金额。本项目应当根据“应收票据”科目的期末余额填列。

（5）“应收账款”项目，反映事业单位期末尚未收回的应收账款余额。本项目应当根据“应收账款”科目的期末余额填列。

（6）“预付账款”项目，反映事业单位预付给商品或者劳务供应单位的款项。本项目应当根据“预付账款”科目的期末余额填列。

（7）“其他应收款”项目，反映事业单位期末尚未收回的其他应收款余额。本项目应当根据“其他应收款”科目的期末余额填列。

（8）“存货”项目，反映事业单位期末为开展业务活动及其他活动耗用而储存的各种材料、燃料、包装物、低值易耗品及达不到固定资产标准的用具、装具、动植物等的实际成本。本项目应当根据“存货”科目的期末余额填列。

（9）“其他流动资产”项目，反映事业单位除上述各项之外的其他流动资产，如将在1年内（含1年）到期的长期债券投资。本项目应当根据“长期投资”等科目的期末余额分析填列。

（10）“长期投资”项目，反映事业单位持有时间超过1年（不含1年）的股权和债权性质的投资。本项目应当根据“长期投资”科目期末余额减去其中将于1年内（含1年）到期的长期债券投资余额后的金额填列。

（11）“固定资产”项目，反映事业单位期末各项固定资产的账面价值。本项目应当根据“固定资产”科目期末余额减去“累计折旧”科目期末余额后的金额填列。

“固定资产原价”项目，反映事业单位期末各项固定资产的原价。本项目应当根据“固定资产”科目的期末余额填列。

“累计折旧”项目，反映事业单位期末各项固定资产的累计折旧。本项目应当根据“累计折旧”科目的期末余额填列。

（12）“在建工程”项目，反映事业单位期末尚未完工交付使用的在建工程发生的实际成本。本项目应当根据“在建工程”科目的期末余额填列。

（13）“无形资产”项目，反映事业单位期末持有的各项无形资产的账面价值。本项目应当根据“无形资产”科目期末余额减去“累计摊销”科目期末余额后的金额填列。

“无形资产原价”项目，反映事业单位期末持有的各项无形资产的原价。本项目应当根据“无形资产”科目的期末余额填列。

“累计摊销”项目，反映事业单位期末各项无形资产的累计摊销。本项目应当根据“累计摊销”科目的期末余额填列。

（14）“待处置资产损溢”项目，反映事业单位期末待处置资产的价值及处置损溢。本项目应当根据“待处置资产损溢”科目的期末借方余额填列；如“待处置资产损溢”科目期末为贷方余额，则以“-”号填列。

（15）“非流动资产合计”项目，按照“长期投资”“固定资产”“在建工程”“无形资产”“待处置资产损溢”项目金额的合计数填列。

2.负债类项目

（16）“短期借款”项目，反映事业单位借入的期限在1年内（含1年）的各种借款。本项目应当根据“短期借款”科目的期末余额填列。

（17）“应缴税费”项目，反映事业单位应交未交的各种税费。本项目应当根据“应缴税费”科目的期末贷方余额填列；如“应缴税费”科目期末为借方余额，则以“-”号填列。

（18）“应缴国库款”项目，反映事业单位按规定应缴入国库的款项（应缴税费除外）。本项目应当根据“应缴国库款”科目的期末余额填列。

（19）“应缴财政专户款”项目，反映事业单位按规定应缴入财政专户的款项。本项目应当根据“应缴财政专户款”科目的期末余额填列。

（20）“应付职工薪酬”项目，反映事业单位按有关规定应付给职工及为职工支付的各种薪酬。本项目应当根据“应付职工薪酬”科目的期末余额填列。

（21）“应付票据”项目，反映事业单位期末应付票据的金额。本项目应当根据“应付票据”科目的期末余额填列。

（22）“应付账款”项目，反映事业单位期末尚未支付的应付账款的金额。本项目应当根据“应付账款”科目的期末余额填列。

（23）“预收账款”项目，反映事业单位期末按合同规定预收但尚未实际结算的款项。本项目应当根据“预收账款”科目的期末余额填列。

（24）“其他应付款”项目，反映事业单位期末应付未付的其他各项应付及暂收款项。本项目应当根据“其他应付款”科目的期末余额填列。

（25）“其他流动负债”项目，反映事业单位除上述各项之外的其他流动负债，如承担的将于1年内（含1年）偿还的长期负债。本项目应当根据“长期借款”“长期应付款”等科目的期末余额分析填列。

（26）“长期借款”项目，反映事业单位借入的期限超过1年（不含1年）的各项借款本金。本项目应当根据“长期借款”科目的期末余额减去其中将于1年内（含1年）到期的长期借款余额后的金额填列。

（27）“长期应付款”项目，反映事业单位发生的偿还期限超过1年（不含1年）的各种应付款项。本项目应当根据“长期应付款”科目的期末余额减去其中将于1年内（含1年）到期的长期应付款余额后的金额填列。

3.净资产类项目

（28）“事业基金”项目，反映事业单位期末拥有的非限定用途的净资产。本项目应当根据“事业基金”科目的期末余额填列。

（29）“非流动资产基金”项目，反映事业单位期末非流动资产占用的金额。本项目应当根据“非流动资产基金”科目的期末余额填列。

（30）“专用基金”项目，反映事业单位按规定设置或提取的具有专门用途的净资产。本项目应当根据“专用基金”科目的期末余额填列。

（31）“财政补助结转”项目，反映事业单位滚存的财政补助结转资金。本项目应当根据“财政补助结转”科目的期末余额填列。

（32）“财政补助结余”项目，反映事业单位滚存的财政补助项目支出结余资金。本项目应当根据“财政补助结余”科目的期末余额填列。

（33）“非财政补助结转”项目，反映事业单位滚存的非财政补助专项结转资金。本项目应当根据“非财政补助结转”科目的期末余额填列。

（34）“非财政补助结余”项目，反映事业单位自年初至报告期末累计实现的非财政补助结余弥补以前年度经营亏损后的余额。本项目应当根据“事业结余”“经营结余”科目的期末余额合计填列；如“事业结余”“经营结余”科目的期末余额合计为亏损数，则以“-”号填列。在编制年度资产负债表时，本项目金额一般应为“0”；若不为“0”，本项目金额应为“经营结余”科目的期末借方余额（“-”号填列）。

“事业结余”项目，反映事业单位自年初至报告期末累计实现的事业结余。本项目应当根据“事业结余”科目的期末余额填列；如“事业结余”科目的期末余额为亏损数，则以“-”号填列。在编制年度资产负债表时，本项目金额应为“0”。

“经营结余”项目，反映事业单位自年初至报告期末累计实现的经营结余弥补以前年度经营亏损后的余额。本项目应当根据“经营结余”科目的期末余额填列；如“经营结余”科目的期末余额为亏损数，则以“-”号填列。在编制年度资产负债表时，本项目金额一般应为“0”；若不为“0”，本项目金额应为“经营结余”科目的期末借方余额（“-”号填列）。

二、收入支出表编制说明

（一）本表反映事业单位在某一会计期间内各项收入、支出和结转结余情况，以及年末非财政补助结余的分配情况。

（二）本表“本月数”栏反映各项目的本月实际发生数。在编制年度收入支出表时，应当将本栏改为“上年数”栏，反映上年度各项目的实际发生数；如果本年度收入支出表规定的各个项目的名称和内容同上年度不一致，应对上年度收入支出表各项目的名称和数字按照本年度的规定进行调整，填入本年度收入支出表的“上年数”栏。

本表“本年累计数”栏反映各项目自年初起至报告期末止的累计实际发生数。编制年度收入支出表时，应当将本栏改为“本年数”。

（三）本表“本月数”栏各项目的内容和填列方法：

1.本期财政补助结转结余

（1）“本期财政补助结转结余”项目，反映事业单位本期财政补助收入与财政补助支出相抵后的余额。本项目应当按照本表中“财政补助收入”项目金额减去“事业支出（财政补助支出）”项目金额后的余额填列。

（2）“财政补助收入”项目，反映事业单位本期从同级财政部门取得的各类财政拨款。本项目应当根据“财政补助收入”科目的本期发生额填列。

（3）“事业支出（财政补助支出）”项目，反映事业单位本期使用财政补助发生的各项事业支出。本项目应当根据“事业支出——财政补助支出”科目的本期发生额填列，或者根据“事业支出——基本支出（财政补助支出）”“事业支出——项目支出（财政补助支出）”科目的本期发生额合计填列。

2.本期事业结转结余

（4）“本期事业结转结余”项目，反映事业单位本期除财政补助收支、经营收支以外的各项收支相抵后的余额。本项目应当按照本表中“事业类收入”项目金额减去“事业类支出”项目金额后的余额填列；如为负数，以“-”号填列。

（5）“事业类收入”项目，反映事业单位本期事业收入、上级补助收入、附属单位上缴收入、其他收入的合计数。本项目应当按照本表中“事业收入”“上级补助收入”“附属单位上缴收入”“其他收入”项目金额的合计数填列。

“事业收入”项目，反映事业单位开展专业业务活动及其辅助活动取得的收入。本项目应当根据“事业收入”科目的本期发生额填列。

“上级补助收入”项目，反映事业单位从主管部门和上级单位取得的非财政补助收入。本项目应当根据“上级补助收入”科目的本期发生额填列。

“附属单位上缴收入”项目，反映事业单位附属独立核算单位按照有关规定上缴的收入。本项目应当根据“附属单位上缴收入”科目的本期发生额填列。

“其他收入”项目，反映事业单位除财政补助收入、事业收入、上级补助收入、附属单位上缴收入、经营收入以外的其他收入。本项目应当根据“其他收入”科目的本期发生额填列。

“捐赠收入”项目，反映事业单位接受现金、存货捐赠取得的收入。本项目应当根据“其他收入”科目所属相关明细科目的本期发生额填列。

（6）“事业类支出”项目，反映事业单位本期事业支出（非财政补助支出）、上缴上级支出、对附属单位补助支出、其他支出的合计数。本项目应当按照本表中“事业支出（非财政补助支出）”“上缴上级支出”“对附属单位补助支出”“其他支出”项目金额的合计数填列。

“事业支出（非财政补助支出）”项目，反映事业单位使用财政补助以外的资金发生的各项事业支出。本项目应当根据“事业支出——非财政专项资金支出”“事业支出——其他资金支出”科目的本期发生额合计填列，或者根据“事业支出——基本支出（其他资金支出）”“事业支出——项目支出（非财政专项资金支出、其他资金支出）”科目的本期发生额合计填列。

“上缴上级支出”项目，反映事业单位按照财政部门和主管部门的规定上缴上级单位的支出。本项目应当根据“上缴上级支出”科目的本期发生额填列。

“对附属单位补助支出”项目，反映事业单位用财政补助收入之外的收入对附属单位补助发生的支出。本项目应当根据“对附属单位补助支出”科目的本期发生额填列。

“其他支出”项目，反映事业单位除事业支出、上缴上级支出、对附属单位补助支出、经营支出以外的其他支出。本项目应当根据“其他支出”科目的本期发生额填列。

3.本期经营结余

（7）“本期经营结余”项目，反映事业单位本期经营收支相抵后的余额。本项目应当按照本表中“经营收入”项目金额减去“经营支出”项目金额后的余额填列；如为负数，以“-”号填列。

（8）“经营收入”项目，反映事业单位在专业业务活动及其辅助活动之外开展非独立核算经营活动取得的收入。本项目应当根据“经营收入”科目的本期发生额填列。

（9）“经营支出”项目，反映事业单位在专业业务活动及其辅助活动之外开展非独立核算经营活动发生的支出。本项目应当根据“经营支出”科目的本期发生额填列。

4.弥补以前年度亏损后的经营结余

（10）“弥补以前年度亏损后的经营结余”项目，反映事业单位本年度实现的经营结余扣除本年初未弥补经营亏损后的余额。本项目应当根据“经营结余”科目年末转入“非财政补助结余分配”科目前的余额填列；如该年末余额为借方余额，以“-”号填列。

5.本年非财政补助结转结余

（11）“本年非财政补助结转结余”项目，反映事业单位本年除财政补助结转结余之外的结转结余金额。如本表中“弥补以前年度亏损后的经营结余”项目为正数，本项目应当按照本表中“本期事业结转结余”“弥补以前年度亏损后的经营结余”项目金额的合计数填列；如为负数，以“-”号填列。如本表中“弥补以前年度亏损后的经营结余”项目为负数，本项目应当按照本表中“本期事业结转结余”项目金额填列；如为负数，以“-”号填列。

（12）“非财政补助结转”项目，反映事业单位本年除财政补助收支外的各专项资金收入减去各专项资金支出后的余额。本项目应当根据“非财政补助结转”科目本年贷方发生额中专项资金收入转入金额合计数减去本年借方发生额中专项资金支出转入金额合计数后的余额填列。

6.本年非财政补助结余

（13）“本年非财政补助结余”项目，反映事业单位本年除财政补助之外的其他结余金额。本项目应当按照本表中“本年非财政补助结转结余”项目金额减去“非财政补助结转”项目金额后的金额填列；如为负数，以“-”号填列。

（14）“应缴企业所得税”项目，反映事业单位按照税法规定应缴纳的企业所得税金额。本项目应当根据“非财政补助结余分配”科目的本年发生额分析填列。

（15）“提取专用基金”项目，反映事业单位本年按规定提取的专用基金金额。本项目应当根据“非财政补助结余分配”科目的本年发生额分析填列。

7.转入事业基金

（16）“转入事业基金”项目，反映事业单位本年按规定转入事业基金的非财政补助结余资金。本项目应当按照本表中“本年非财政补助结余”项目金额减去“应缴企业所得税”“提取专用基金”项目金额后的余额填列；如为负数，以“-”号填列。

上述（10）至（16）项目，只有在编制年度收入支出表时才填列；编制月度收入支出表时，可以不设置此7个项目。

三、财政补助收入支出表编制说明

（一）本表反映事业单位某一会计年度财政补助收入、支出、结转及结余情况。

（二）本表“上年数”栏内各项数字，应当根据上年度财政补助收入支出表

“本年数”栏内数字填列。

（三）本表“本年数”栏各项目的内容和填列方法：

1.“年初财政补助结转结余”项目及其所属各明细项目，反映事业单位本年初财政补助结转和结余余额。各项目应当根据上年度财政补助收入支出表中“年末财政补助结转结余”项目及其所属各明细项目“本年数”栏的数字填列。

2.“调整年初财政补助结转结余”项目及其所属各明细项目，反映事业单位因本年发生需要调整以前年度财政补助结转结余的事项，而对年初财政补助结转结余的调整金额。各项目应当根据“财政补助结转”“财政补助结余”科目及其所属明细科目的本年发生额分析填列。如调整减少年初财政补助结转结余，以“-”号填列。

3.“本年归集调入财政补助结转结余”项目及其所属各明细项目，反映事业单位本年度取得主管部门归集调入的财政补助结转结余资金或额度金额。各项目应当根据“财政补助结转”“财政补助结余”科目及其所属明细科目的本年发生额分析填列。

4.“本年上缴财政补助结转结余”项目及其所属各明细项目，反映事业单位本年度按规定实际上缴的财政补助结转结余资金或额度金额。各项目应当根据“财政补助结转”“财政补助结余”科目及其所属明细科目的本年发生额分析填列。

5.“本年财政补助收入”项目及其所属各明细项目，反映事业单位本年度从同级财政部门取得的各类财政拨款金额。各项目应当根据“财政补助收入”科目及其所属明细科目的本年发生额填列。

6.“本年财政补助支出”项目及其所属各明细项目，反映事业单位本年度发生的财政补助支出金额。各项目应当根据“事业支出”科目所属明细科目本年发生额中的财政补助支出数填列。

7.“年末财政补助结转结余”项目及其所属各明细项目，反映事业单位截至本年末的财政补助结转和结余余额。各项目应当根据“财政补助结转”“财政补助结余”科目及其所属明细科目的年末余额填列。

四、附注

事业单位的会计报表附注至少应当披露下列内容：

（一）遵循《事业单位会计准则》《事业单位会计制度》的声明；

（二）单位整体财务状况、业务活动情况的说明；

（三）会计报表中列示的重要项目的进一步说明，包括其主要构成、增减变动情况等；

（四）重要资产处置情况的说明；

（五）重大投资、借款活动的说明；

（六）以名义金额计量的资产名称、数量等情况，以及以名义金额计量理由的说明；

（七）以前年度结转结余调整情况的说明；

（八）有助于理解和分析会计报表需要说明的其他事项。